KB262829

일본어 과목

[청해 · 청독해 · 독해 · 기술]

　일본유학시험은 2002 년부터 실시된 시험으로써, 그전까지의 일본의 대학(학부) 등에 입학할 때, 일본의 대학(학부) 등 고등교육기관의 대부분이 수험을 의무화했던 「일본어능력시험」과 「사비외국인유학생통일시험」(2001년 12월 실시를 마지막으로 폐지)의 두 가지 시험에서 변경된 시험으로써, 일본의 대학에서 면학할 수 있는 일본어능력(아카데믹 재패니즈)을 측정하는 시험입니다.

　일본유학시험은, 2002년부터 년2회(6월 및 11월의 셋째 일요일) 일본국내와 국외에서 실시합니다. 한국국내에서는 한국실시기관인 서울과 부산에서 시험이 실시됩니다.

　본 교재는 일본유학시험의 시험과목인 일본어, 이과(물리 · 화학 · 생물), 종합과목 및 수학 중에서 일본어 과목인 기술 · 청해 · 청독해 · 독해 학습을 위한 교재입니다.

　일본어시험의 달인 마츠오카 선생님이 2002 년 이후의 일본유학시험의 출제경향을 분석하여 시험에 대해 이해하고 대책을 세울 수 있게 하였으며, 기출유사문제를 통한 포인트 학습과 연습문제를 통해 문제 유형에 익숙해지고 실력을 향상시킬 수 있도록 하였습니다.

　일본어 과목은 음성을 듣고 답하는 문제 (청해 20문항+청독해 20문항)가 기술문제를 제외한 문제 60문항 중 3분의 2를 차지하고 있습니다. 그러므로 청독해력은 시험 성적을 크게 좌우하게 됩니다 . 일본유학시험의 일본어 과목은 기술 · 독해 · 청해 · 청독해순으로 출시 됩니다만, 본교재에서는 청해 · 청독해력의 향상을 위해 청해 · 청독해 · 독해순으로 배열하였습니다 .

　본 교재에는 기출유사문제와 연습문제, 모의고사 2회분의 많은 문제가 들어있습니다. 본 교재로 열심히 공부해서 꼭 희망하는 대학에 합격할 수 있을 만한 수준의 실력을 키울 수 있기를 바랍니다.

목차

＊부록 – 모의시험 1회 · 2회

2002년부터 일본유학시험이 실시되게 되었다.
그 동안의 「일본어」 시험내용은 다음과 같다.

①

과목	기술문제	독해문제	청해문제	청독해문제
배점	6점	160점	120점	120점
시간	20분	30분	70분	
문제수	1문	20문	20문	20문

합계점수 400점(단 기술은 따로 6점만점) 으로 합격 불합격판정은 없다.
평균 220 ~ 230점(55 ~ 58%)

② 각 과목 평균점을 비교하면, 청해와 청독해는 대체로 비슷하고(52 ~ 55%), 독해가 가장 높고(약 60%), 독해가 비교적 점수를 따기 쉽다는 것을 알 수 있다.

③ 합계득점 400 점 × 70% = 280점 이상이 목표점수이다. (기술은 4점이상)

④ 일본어능력시험 1급에 비하면, 일본유학시험은 청해 · 청독해가 차지하는 비율이 크고, 점수 따는 것이 어렵다고들 한다. (일본어능력시험 1급 평균 260 ~ 280점)

⑤ 일본유학시험은, 일년에 2회, 6월과11월 3째 일요일에 행해진다.

⑥ 일본대학을 수험할 때에 필요한 시험이다. (특히 국공립대학과 유명사립대학)

이상의 내용에서 말할 수 있는 것은, 일본유학시험은 일본대학에 들어가기 위한 시험으로, 듣는 능력을 중심으로 측정하는 시험이라는 것이다.

> · 문제수 ⇒ 청취력 (청해 + 청독해) = 60문 중 40문 = 67%
> · 배점 ⇒ 청취력 (청해 + 청독해) = 400점 중 240점 = 60%
> · 시간 ⇒ 청취력 (청해 + 청독해) =120분 중 70분 = 58%

I 청해

① 음성을 듣고 대답하는 문제로, 문제와 선택지(1~4)도 모두 음성으로 출제된다.
② 전부 20점, 약 40분이다.
③ 배점은 한 문제에 6점으로 120점 만점이다.
④ 평균점은 대략 60~65점(50%~55%)정도이다.
⑤ 평균점을 비교하면 청해와 청독해는 비슷하다.

경향분석

01 이야기하는 사람

① 「두 사람의 대화」와 「한 사람의 이야기」로 나뉘어진다.
② 「남학생과 여학생의 대화」, 「학생과 선생님의 대화」, 「선생님의 이야기」 등으로 합계는 15문이다.
③ 「학생의 대화」와 「선생님의 이야기」, 즉 대학에 관련된 이야기가 많고 중심이 된다.
④ 「선생님의 이야기」는 대학에서의 수업내용이 많고, 후반(11번~20번)에 집중되어 있다.

> ≪두 사람≫ 두 사람 ⇒ 5~9문　학생과 선생님 외-1~3문　남성과 여성-3문
> ≪한 사람≫ 선생님 ⇒ 4~9문　학생과 선생님 등(전문가 · 직원 · 아나운서 · 부재중 전화 등)-2문
> ※두 사람의 대화 ⇒ 45~75%　한 사람의 대화 ⇒ 30~55%
> ※대학관련 내용[학생간의 대화] + [학생과 선생님 · 직원 등의 대화] + [학생의 이야기] = 15문, 75%
> ※대학이외[남성과 여성] + [학생 · 그 외의 이야기] = 5문, 25%

02 질문형식

① 전반문제는 후반에 비해서 「언제」 「어디」를 묻는 등의 단순한 문제가 출제된다.
② 청해의 기본문제인 「이후 어떻게 하는가」라는 질문도 전반에 출제되는 경우가 많다.
③ 그 외는 이야기 내용에 대한 질문에서 행위의 방법, 수단 등을 묻는 문제 ⇒ どのように？(어떻게)
④ 그리고 이야기중에 나오는 어휘설명에 포인트를 잡아서 묻는 문제 ⇒ どんな？(어떤)
⑤ 또 원인, 이유와 의견, 생각 등에 대한 문제 ⇒ ～ことは何？(~는 무엇)
⑥ 후반, 특히 14번에서 대학 선생님의 이야기가 출제되는 경우가 많다.

① 「どうしますか 어떻게 합니까」「何をしますか 무엇을 합니까」「何をしなければなりませんか 무엇을 해야 합니까」
　⇒ 2문, 10%
② 「どのように 어떤 식으로」「どうやって 어떻게 해서」「どうですか 어떻습니까」 ⇒ 3문, 15%
③ 「どんな〜 어떤〜」「どんなこと 어떤 일」「どのような〜 어떠한〜」「どうすること 어떻게 하는 것」「どうい
　う点 어떤 점」「どうすることが大事だと言っていますか？ 어떻게 하는 것이 중요하다고 말하고 있습니까?」
　⇒ 3문, 15%
④ 「〜ことは何ですか　〜것은 무엇입니까」「原因・理由は何ですか(なぜ) 원인・이유는 무엇입니까(왜)」「〜のは
　どれですか 〜것은 어느 것입니까」「先生の話からわかったことは何ですか？선생님의 이야기에서 알 수 있는 것은
　무엇입니까?」 ⇒ 9問 45%

※ 「どこ 어디」「いつ 언제」「何 무엇 (何台 몇 대・何週間など 몇 주 등)」 ⇒ 출제가 줄어 들었다

03 테마분류

① 테마는 「대학관계 27%」「학생 20%」「일상생활 14%」「선생님 이야기 12%」「전문가 이야기 8%」「복지・환경문제
　8%」「경제・비즈니스 6%」「식물・생물 5%」의 8개로 나뉘어진다.
② 일본유학시험은 일본대학에 입학하기 위한 시험이기 때문에, 대학에 관한 테마가 많다. 좀 더 자세하게 살펴보면 「수
　업에 관계되는 학생의 이야기, 선생님의 이야기 15%」「리포트 등에 대해 7%」「도서관 등의 시설과 절차에 대한 안내
　5%」이다.
③ 다음으로 많은 것이, 스피치 콘테스트 등을 포함한 학생의 일상적인 대화이다. 이것에는 전화연락과 이사 이야기 등,
　대학생이 생활하면서 경험하는 여러 가지 문제가 있다.
④ 일상적인 대화의 다른 화제로, 남자와 여자의 대화가 있다. 이것은 컴퓨터나 영화, 테니스 시합의 이야기 등, 현대사
　회에서 일반인이 경험하는 여러 가지 주제이다.
⑤ 다음으로, 한 사람의 이야기로서 선생님과 전문가 이야기가 있다. 선생님의 이야기에서는 심리학 강의에서부터 교육,
　도시정책 등, 전문가 이야기에도 로봇, 동물원, 건강 등, 여러가지 테마가 있다.
⑥ 선생님과 전문가 이야기 중에서 특히 매년, 출제되는 테마가 「복지・환경문제」「경제・비즈니스」「식물・생물」의 세
　가지이다.

대 책

① 청해에 나오는 테마는 대부분 「대학 생활」이므로 등장인물이 「남학생, 여학생, 유학생」인 경우가 반 이상이다.
② 일본에 있는 대학에 들어가기 위한 시험이므로 대학수업을 이해할 수 있어야 한다. 그러므로, 「선생님의 이야기」
　도 출제된다.
③ 「선생님의 이야기」테마는 「복지・환경문제」「경제・비즈니스」「식물・생물」과 심리학 등 주변내용이 많다. 전문
　용어가 나왔을 경우는 전문용어를 몰라도 답을 판단할 수 있도록 문제가 만들어져 있으므로 이야기 속의 설명과
　키워드로 알 수 있다.

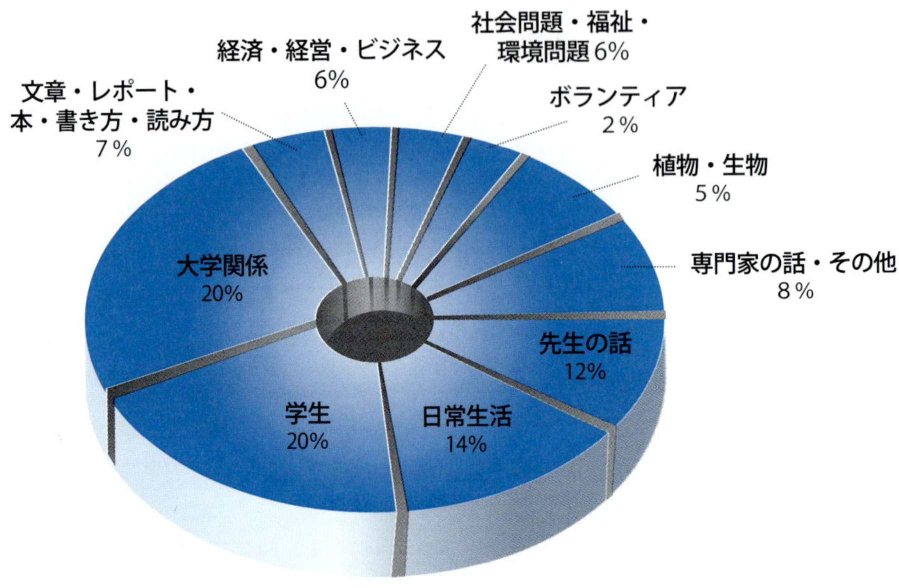

• **大学関係** 20% 35問

*테마 앞의 숫자는 출제연도와 몇 회에 출제 되었는지를 나타냄.

施設・案内 5% 9問

061 履修に関する新しい制度	042 留学生会館 交流会のお知らせ	042 研究室の使い方
032 留学生会館の利用方法	031 図書館 本の貸出	022 学生課 学生証再発行
021 授業の履修届	021 図書館 貸出期限の延長	021 学園祭演劇発表会開演前アナウンス

授業内容 7% 13問

061 大学の授業経済学のプリント	061 講義専門用語の定義	061 コミュニケーション能力
051 集中講義	051 第二外国語の授業ラテン語	042 英語の授業
041 大学の講義	041 産業の発展と災害	032 授業の内容
032 日本の子どもの英語学習	031 授業で出された課題	022 大学の英語のクラス
021 国際政治の講義		

講演会・特別講義 2% 4問

051 講演会の準備	041 大学公開講座の準備	032 講演会について
031 集中講義		

• 日常生活 14% 25問

• 先生の話 12% 22問

• 専門家の話・その他 8% 15問

• ボランティア 2% 4問

(　　)안은 같은 질문이 나온 출제 연도와 회, 번호를 나타냄.

연습문제 1  1-01

「どうしますか？ 어떻게 합니까?」(⇒ 2005 年 2 回 1 番)

メモ

연습문제 2  1-02

「何をしますか？ 무엇을 합니까?」(⇒ 2005 年 1 回 1 番)

メモ

연습문제 3  1-03

「何をしなければなりませんか？ 무엇을 해야 합니까?」(⇒ 2005 年 2 回 2 番)

メモ

연습문제 4  1-04

「どのように～？ 어떤 식으로~?」(⇒ 2005 年 1 回 2 番)

メモ

  1-05

「どう思っていますか？ 어떻게 생각합니까?」(⇒2005年2回17番)

メモ

  1-06

「どのようなことですか？ 어떠한 것입니까?」(⇒2005年1回5番)

メモ

  1-07

「どんな〜ですか？ 어떤 〜것입니까?」(⇒2005年2回9番)

メモ

  1-08

「どうすることが大事だと言っていますか？ 어떻게 하는 것이 중요하다고 말하고 있습니까?」(⇒2006年1回10番)

メモ

「どんな点がいいと言っていますか？ 어떤 점이 좋다고 합니까?」(⇒2006年1回3番)

メモ

「〜ことは何ですか？ 〜것은 무엇입니까?」(⇒2006年1回4番)

メモ

「言いたいことは何ですか？ 말하고자 하는 것은 무엇입니까?」(⇒2006年1回12番)

メモ

「最も評価していることは何ですか？ 가장 높게 평가하고 있는 것은 무엇입니까?」(⇒2006年1回18番)

メモ

 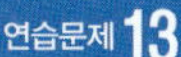 

「理由は何だと言っていますか？ 이유는 무엇이라고 말하고 있습니까?」

「～のはなぜですか？ ～것은 왜입니까?」(⇒2006年1回17番)

メモ

「何が原因だと言っていますか？ 무엇이 원인이라고 말하고 있습니까?」(⇒2005年2回8番)

メモ

「最も適切なものはどれですか？ 가장 적절한 것은 어느 것입니까?」(⇒2005年2回7番)

メモ

① 두 사람의 대화에서도, 한 사람의 선생님의 이야기에서도 기본적으로 중요한 포인트는 이야기 마지막 부분에 있는 것이 많다. 즉, 정답은 이야기 후반에 있는 것이 많다. 이야기 후반 내용을 다른 말로 바꾼 것이 올바른 답이다. 정답이 첫부분에 오는 경우도 있지만, 그리 많지 않다. (＊스크립트의 ﹏﹏ 표시 된 부분이 포인트이다.)

기출유사문제 ①  1-16

先生が「都市計画」すなわち都市に対する計画について話しています。この先生は、今後の都市計画にはどうすることが必要だと言っていますか

　従来、日本の都市計画には、経済的な面ばかりを重視し、住民が犠牲になるという問題点がありました。例えば高速道路や空港の建設では、住民の生活の快適さよりも交通の利便性が優先されていました。これからの都市計画は、政治的な利害関係ではなく、住民自身が中心です。住民が自分の町に愛着をもって暮らし、それを名誉に感じるような町づくりが求められています。そうした町づくりの主役となるのは、行政ではなく住民だということです。**その町に住む住民自身が都市計画を行政任せにせず、計画を立てる段階から積極的に関わっていく。そういうことが、今後重要になってくると思っています。**

問：この先生は、今後の都市計画にはどうすることが必要だと言っていますか。

1. 交通手段を便利にし、流通の効率化を図ること
2. 住民自身も、都市計画を立てることに協力していくこと
3. 住民が都市計画を立てることに対して、行政が反対すること
4. 行政が都市計画に関わらないようにし、住民に全てを任せること

선생님이 「도시계획」 즉, 도시에 대한 계획에 대해 이야기하고 있습니다. 이 선생님은 앞으로의 도시계획에는 어떻게 하는 것이 필요하다고 말하고 있습니까?

　종래, 일본의 도시계획에는 경제적인 면만을 중시해서, 주민이 희생된다는 문제점이 있었습니다. 예를 들면 고속도로와 공항건설에서는 주민생활의 쾌적함보다 교통의 편리성이 우선되었습니다. 앞으로의 도시계획은 정치적인 이해관계가 아니라 주민 스스로가 중심입니다. 주민이 자기 동네에 애착을 가지고 살며 그것을 명예롭게 느끼는 것과 같은 마을 만들기가 요구되고 있습니다. 그러한 마을 만들기의 주역이 되는 것은 행정이 아니고, 주민이라는 것입니다. **그 동네에 사는 주민스스로가 도시계획을 행정에만 맡겨놓지 말고, 계획을 세우는 단계에서 적극적으로 관여해 간다. 그러한 것이 앞으로 중요해질거라고 생각합니다.**

문 : 이 선생님은 앞으로의 도시계획에는 어떻게 하는 것이 필요하다고 말하고 있습니까?

1. 교통수단을 편리하게 하고, 유통의 효율화를 도모하는 것
2. 주민스스로도 도시계획을 세우는 일에 협력해 가는 것
3. 주민이 도시계획을 세우는 것에 대해, 행정이 반대하는 것
4. 행정이 도시계획에 관여하지 않도록 하고, 주민에게 모두 맡기는 것

연습문제 16  1-17

メモ

② 포인트가 이야기 전반과 후반의 2군데 있는 경우가 있으므로 주의한다.

先生が夏休みの課題の内容について話しています。この先生は、レポートのまとめ方について、どのように言っていますか。

　夏休みの課題はレポートにします。今学期の**授業でとり**あげたテーマを選び、それに関する本を１冊選んで批評を書いてもらいます。批評には、その本の概要が最低限必要です。筆者は、どんなテーマについて、どんな視点から、どんな主張を述べ、どんな経緯で結論を導いているのかなど、整理してよくまとめてください。その後で、**必ず**、「**批評**」を書いてください。批評というのは、その本の内容について、単に自分の感想を書くだけではなく、その本の客観的な価値を判断することです。批評**するには『比較』が必要です**。その本の中に書かれていることと、他の文献に書かれていることなどとを比較し、何が違うのか、その違いから何が言えるのかということを考えていくのです。

問：この先生は、レポートのまとめ方について、どのように言っていますか。

1. いくつかの文献を要約し、それらを比較する。
2. いくつかの文献を読み、それを要約する。
3. 授業でとりあげた本を要約し、他の文献と比較する。
4. 授業でとりあげた本を読み、感想文を書く。

선생님이 여름방학과제의 내용에 대해 이야기하고 있습니다. 이 선생님은 리포트 정리하는 법에 대해 어떻게 말하고 있습니까?

　여름방학과제는 리포트로 하겠습니다. 이번 학기 **수업에서 다루었던 테마를 선택해**, 그것에 **관련된 책을 한 권 골라서 비평을 써 주세요.** 비평에는 그 책의 개요가 최소한 필요합니다. 필자는 어떤 테마에 대해, 어떤 시점에서, 어떤 주장을 하며, 어떤 경위로 결론을 이끌어내는가 등, 정리해서 **잘 요약해 주세요**. 그 후에 **반드시**, 「**비평**」을 써 주세요. 비평이라는 것은 그 책 내용에 대해 단순히 자기 감상을 쓰는 것 뿐만아니라, 그 책의 객관적인 가치를 판단하는 것입니다. 비평하기 **위해서는** 「**비교**」**가 필요합니다.** 그 책 속에 쓰여진 것과 **다른 문헌에** 쓰여져 있는 것 등을 비교해서 무엇이 다른지 그 차이에서 무엇을 말할 수 있는가 하는 것을 생각해 가는 것입니다.

문 : 이 선생님은 리포트 정리하는 법에 대해 어떻게 말하고 있습니까?

1. 몇 개의 문헌을 요약해서, 그것들의 비교한다.
2. 몇 개의 문헌을 읽고, 그것을 요약한다.
3. 수업에서 다루었던 책을 요약하고, 다른 문헌과 비교한다.
4. 수업에서 다루었던 책을 읽고, 감상문을 쓴다.

メモ

③ 회화의 경우 남자와 여자 두 사람 중, 어느 한 쪽의 의견을 묻는 경우가 있다.

女性と男性が酸素を売る店について話しています。この女性は、人々がなぜ酸素を買うと考えていますか。

女性　きのう、まちを歩いてたら、酸素を売っている店を見つけたの。

男性　へえー、酸素か。なんだか頭がすっきりしそうな感じがするな。それって高い山に登るときのじゃないの？ 缶入りの。

女性　違うと思うわよ。みんなお店で、鼻にチューブを入れて吸ってたから。パンフレットによると、体の疲労を回復して、気分もリフレッシュできるんだって。

男性　ふうん。で、いくらぐらいなの？

女性　10分で500円。お店にはけっこう人がいたけど、私はちょっと理解できないな。**目新しいことがしてみたいだけなんじゃないかと思うけど。**

男性　都会は空気が汚いし、500円で元気になれるんなら、そんなに高いとは思わないんじゃない？

女性　そうかなあ。

問：この女性は、人々がなぜ酸素を買うと考えていますか。

1. あたまをすっきりさせたいから
2. はやく元気になりたいから
3. からだのつかれをとりたいから
4. めあたらしいことがしてみたいから

여자와 남자가 산소를 파는 가게에 대해서 이야기하고 있습니다. 이 여자는 사람들이 왜 산소를 산다고 생각하고 있습니까?

여자　어제 길을 걷다가 산소를 파는 가게를 봤어.

남자　와~, 산소라. 왠지 머리가 맑아질 것 같은 느낌이 드는 걸. 그거 높은 산에 올라 갈 때 쓰는 것 아냐? 캔에 든 것.

여자　아닐거야. 모두 가게에서 코에 튜브를 넣고 들이마시고 있었으니까. 팸플릿에 의하면 몸의 피로를 회복하고 기분도 릴랙스할 수 있대.

남자　음~. 그래서 얼마 정도 해?

여자　10분에 500엔. 가게에 사람들이 꽤 있었는데, 난 좀 이해가 안 돼. **색다른 것을 해보고 싶은 것뿐이지 않을까 생각해.**

남자　도시는 공기가 더럽기도 하고, 500엔으로 건강해질 수 있다면 그렇게 비싸지는 않은 것 같은데?

여자　그런가.

문 : 이 여자는 사람들이 왜 산소를 산다고 생각하고 있습니까?

1. 머리를 맑게 하기 때문에
2. 빨리 건강해 지고 싶기 때문에
3. 몸의 피로를 풀고 싶기 때문에
4. 색다른 것을 해 보고 싶기 때문에

メモ

④ 「선생님 이야기」 문제 중에는 「선생님 설명에서, 생각할 수 있는」을 답하는 문제가 있을 수 있다. 이것은 이야기 속에는 그대로 정답이 없기 때문에, 가장 어려운 문제라고 말할 수 있다.

先生が、ある植物を二つの環境で育てた実験について話しています。先生の説明からこの植物が花を咲かせるのに必要な条件は何だと考えられますか。

　植物はどうやって季節を知るのでしょうか。植物は種類によって、花の咲く時期が春だったり秋だったりします。今回は、秋に花を咲かせる植物を二つの異なる環境で育ててみました。実験時期は夏です。夏ですから、日が長いということを頭に入れておいてください。

　先ず一つめは、午前9時から午後4時まで、7時間、太陽の光に当てました。そのほかの時間は箱に入れました。箱には光は入りませんが空気は通るので、箱の中の温度は外部とほとんど変わりません。一方、二つめは、箱は使わず日の当たるところで普通に育てました。そのころ、1日の日照時間は14時間近くありました。

　この実験の結果、**箱に入れた方**が入れない方よりも、1ヶ月以上も**早く花を咲かせました**。

問：先生の説明からこの植物が花を咲かせるのに必要な条件は何だと考えられますか。

1．長い時間太陽の光に当てること
2．風通しのいい環境にあること
3．光の当たる時間が短くなること
4．温度が一定に保たれること

선생님이 어떤 식물을 두 가지 환경에서 기른 실험에 대해 이야기하고 있습니다. 선생님의 설명에서 이 식물이 꽃을 피우는데 필요한 조건은 무엇이라고 생각할 수 있습니까?

　식물은 어떻게 해서 계절을 아는 것일까요? 식물은 종류에 따라서 꽃이 피는 시기가 봄이거나 가을입니다. 이번에는 가을에 꽃을 피우는 식물을 두 개의 다른 환경에서 길러 봤습니다. 실험시기는 여름입니다. 여름이므로 해가 길다는 것을 염두해 두세요.

　우선 첫 번째는 오전 9시에서 오전 4시까지 7시간 태양빛을 받게 했습니다. 그 외의 시간은 상자에 넣었습니다. 상자에는 빛은 들어가지 않습니다만, 공기는 통하기 때문에 상자 안의 온도는 외부와 거의 변함없습니다. 한편 두 번째는, 상자는 사용하지 않고 해가 쬐는 곳에 그냥 길렀습니다. 그 때 하루에 일조시간은 14시간 가까이 됐습니다.

　이 실험결과 **상자에 넣은 것**이 넣지 않는 것보다도 한 달 이상이나 **빨리 꽃을 피웠습니다**.

문：선생님의 설명에서 이 식물이 꽃을 피우는데 필요한 조건은 무엇이라고 생각할 수 있습니까?

1. 장시간 태양빛을 쬐는 것
2. 통풍이 좋은 환경에 있는 것
3. 빛을 받는 시간이 짧아지는 것
4. 온도가 일정하게 유지되는 것

メモ

① 청해 이야기 속에는 이야기의 흐름이 바뀌는 포인트가 되는 단어(접속사와 부사)가 있다.
② 그리고, 정답은 그 단어 뒤에 오는 경우가 많다.(그 단어 앞에 오는 경우도 있다)
③ 두 사람의 대화인 경우, 포인트가 되는 단어는 다음 7개이다.
　≪でも・しかし 하지만 · 그러나≫ ≪では・じゃあ 그러면 · 그럼≫ ≪そこで・それで 그러므로 · 그래서≫
　≪つまり 즉≫ ≪やっぱり・やはり 역시≫ ≪実は・実際は 실은 · 사실은≫ ≪とにかく・まず 아무튼 · 우선≫
④ 한 사람의 이야기인 경우, 포인트가 되는 말은 다음 4개이다.
　≪しかし 그러나≫ ≪たしかに 분명히≫ ≪そこで 그래서≫ ≪ですから 그러니까≫
　또, 정답이 이야기의 초반부에 있는 경우도 있으므로 주의한다.

01 2人の会話 두 사람의 대화

でも・しかし 하지만 · 그러나

● 두 사람의 대화에서는 거의 「でも」가 사용된다. 한 사람의 이야기에서는 「しかし」가 많다.
● 「でも」에 의해서 상대의 의견을 부정한다든지, 앞에서 말한 것을 부정한다든지, 이야기 내용이 크게 바뀐다.
● 나올 가능성이 20%로 가장 높다. 가장 중요한 접속사이다.
● 하나의 대화에 「でも」가 2번 사용되는 경우도 있다.
● 「では」「たしかに」「そこで」 등과 함께 사용되는 경우도 있기 때문에 주의해야 한다.

기출유사문제 ⑤　 **1-24**

女性と男性が、家庭のゴミについての新聞記事を見ながら話しています。女性はこれからどうするように気を付けると言っていますか。

女性　へえ、生ゴミって家庭から出るのが年間1200万トンもあるんだって。で、企業から出るのが年間950万トンぐらいなんだって。

男性　え、企業の方が少ないの？

女性　うん。家庭は全国で5000万世帯もあるんだからね。「ゴミも積もれば山となる」ってことかな。

男性　それは、チリでしょ。あ、ここに生ゴミ対策が書いてあるよ。分別を徹底する。水切りを徹底する。できるだけ食品を捨てない、だって。

女性　分別は、結局、役所の問題だから、個人が努力しようとしても、意味ないよね。

男性　そうそう。ぼくの場合、食べ物を捨てるなんてかんがえられないし。

여자와 남자가 가정의 쓰레기에 대해서 신문기사를 보면서 이야기하고 있습니다. 여자는 앞으로 어떻게 하도록 주의한다고 말하고 있습니까?

여자　어머, 음식물쓰레기가 가정에서 나오는 것이 연간 1200만톤이나 된대. 그리고 기업에서 나오는 것이 연간 950만톤 정도래.

남자　에? 기업 쪽이 적어?

여자　그래. 가정은 전국에 5000만 세대나 있으니까. 「쓰레기도 모아 태산」이라는 거겠지.

남자　쓰레기가 아니라 티끌이겠지. 아, 여기에 음식물 쓰레기 대책이 써 있어. 분리를 철저히 한다. 물을 철저히 뺀다. 가능하면 식품을 버리지 않는다, 라고.

여자　분리는 결국 관청의 문제니까, 개인이 노력하려고 해도 의미가 없는 거지.

남자　그렇지. 내 경우 음식을 버린다는 것은 생각도 못할 일이고.

| 女性 | そうね。でも、**水をよく切ってから捨てる**ようにすることはできるわね。それだけでも、ゴミを燃やすときの燃料が節約できるんだって。生ゴミを燃やすには大量の油が必要だから。これは注意した方がいいわね。 | 여자 | 그건 그래. 하지만 **물기를 잘 빼서 버리**도록 하는 것은 할 수 있잖아. 그것만으로도 쓰레기를 태울 때의 연료를 절약할 수 있대. 음식쓰레기를 태우기 위해서는 대량의 기름이 필요하니까. 이건 주의하는 것이 좋아. |

問：**女性はこれからどうするように気を付けると言っていますか。**

1. 生ゴミになるものを減らす。
2. 生ゴミの水を切る。
3. ゴミをよく分別する。
4. 生ゴミを燃やしてから捨てる。

문 : 여자는 앞으로 어떻게 하도록 주의한다고 말하고 있습니까?

1. 음식물쓰레기가 되는 것을 줄인다.
2. 음식물쓰레기의 물기를 뺀다.
3. 쓰레기를 잘 분리한다.
4. 음식물쓰레기를 태우고 나서 버린다.

연습문제 20  `1-25`

メモ

では・じゃあ 그렇다면・그럼

- 상대의 말을 듣고, 자기 의견을 더할 때의 말투.
- 「じゃあ、〜してみたら？그럼, 〜해 보는 게 어때?」⇒ (〜してみたら、どうですか？〜해 보는 게 어떻습니까? = いいと思いますよ。좋다고 생각합니다.) ⇒ 상대에게 제안한다든지, 조언한다든지 할 때에 사용한다.
- 「じゃあ、〜してもらえますか？・〜してください 그럼, 〜해 주시겠습니까?・〜해 주세요」⇒ 상대방에게 부탁할 때의 표현
- 「では、しかたがない。〜します。がんばります！그렇다면, 할 수 없지. 〜하겠습니다. 열심히 하겠습니다!」⇒ 스스로 결론을 낼 때의 표현

<table>
<tr><td>

研究室で先生と女子学生が、話しています。この女子学生はこの後どうしますか。

学生	先生、この間おっしゃっていた「経済学原論」という本をお借りしたいんですが。
先生	あ、ちょっと待ってね。あれ？　あ、そうそう、きのう山田君が借りに来たんだ。
学生	え、そうなんですか。やっぱり書店にはないし、古本でも見つからなくて……
先生	図書館にはもう行ってみた？
学生	はい。でも、貸し出し中になっていて……。で、授業で先生が研究室にもあるとおっしゃってたのを思い出したんです。
先生	そうか。私の家になら1冊あるんだけど、午後から出張で、来週の月曜まで学校に来ないからねぇ。
学生	そうですか。
先生	急いでいる？
学生	ええ、まあ。
先生	**じゃ、山田君に連絡してみたら？** 彼はそんなに急いでる様子じゃなかったから。
学生	あ，そうですか？　じゃあ，そうします。

問：この女子学生はこの後どうしますか。

1. 図書館に行きます。
2. 研究室で本を借ります。
3. 先生の家に行きます。
4. 山田君に連絡します。

</td><td>

연구실에서 선생님과 여학생이 이야기하고 있습니다. 이 여학생은 이후 어떻게 합니까?

학생	선생님, 요전에 말씀하셨던 「경제학개론」이라는 책 빌리고 싶은데요.
선생님	아, 잠깐만. 어찌된 일이지? 아, 맞아. 어제 야마다 군이 빌리러 왔었지.
학생	어머, 그래요? 서점에도 없고, 헌 책방에도 없어서….
선생님	도서관에는 가 봤나?
학생	네. 하지만, 대출 중이어서…. 그래서 수업 중에 선생님이 연구실에도 있다고 말씀하신 것이 생각나서요.
선생님	그랬었군. 집에 한 권 있긴 한데, 오후부터 출장이라서 다음 주 월요일까지 학교에 오지 않을 거라서.
학생	그렇습니까?
선생님	급한 건가?
학생	네, 좀.
선생님	**그럼, 야마다 군에게 연락해 보는게 어때?** 야마다 군은 그렇게 급한 것 같지 않았으니까.
학생	아, 그래요? 그럼, 그렇게 하겠습니다.

문 : 이 여학생은 이후 어떻게 합니까?

1. 도서관에 갑니다.
2. 연구실에서 책을 빌립니다.
3. 선생님 집에 갑니다.
4. 야마다 군에게 연락합니다.

</td></tr>
</table>

メモ

● 이야기 전후관계에서, 다음에 할 행동을 정해서 나타내는 표현

기출유사문제 ⑦  1-28

テレビで司会者が文章の書き方について作家にインタビューしています。この作家は、文章を上達させるためにはどうすれば良いと言っていますか。

司会者 今ではコンピュータを使ってかんたんに文章を書いて印刷することができるようになりました。また、ブログなどに公開したりする人も増えています。このような人たちが文章の上達を目指すにはどのようにすればいいでしょうか。

作　家 そうですね。基本的に趣味で書く場合は、時間の制限もないし、書く長さも自由ですよね。それでは、上手になりにくいでしょうね。

司会者 自由だと、かえって良くないんですか。

作　家 ええ。文章を書く上で一番大切なのは、ポイントを絞ること、それ以外は削ること、そして内容を洗練させることです。**そこで、例えば、一時間で原稿用紙２枚の作文を書く**、というように課題を設定しましょう。そうすることで、過去の自分の体験や新聞、雑誌で調べたことなど、多くの情報の中から、最も大切なことだけを選び取る訓練ができるでしょう。

問：この作家は、文章を上達させるためにはどうすれば良いと言っていますか。

1. 作家に見てもらって内容を洗練させること
2. 書く分量や書く時間に制限を設けること
3. 自分の調べたことのポイントを全部書くこと
4. 過去の情報をよく整理して保存しておくこと

TV에서 사회자가 글 쓰는 법에 대해서 작가에게 인터뷰하고 있습니다. 이 작가는 글을 잘 쓰게 되기 위해서는 어떻게 하면 된다고 말하고 있습니까?

사회자 요즘은 컴퓨터를 사용해 간단하게 글을 쓰고 인쇄할 수 있게 되었습니다. 또 블로그 등에서 공개하거나 하는 사람도 늘고 있습니다. 이러한 사람들이 글을 잘 쓰는 것을 목표로 하기 위해서는 어떻게 하면 될까요?

작　가 글쎄요. 기본적으로 취미로 쓰는 경우는 시간의 제한도 없고, 쓰는 길이도 자유지요. 그래서는, 능숙하게 되기 힘들어요.

사회자 자유로운 것이 오히려 좋지 않은 것입니까?

작　가 네. 글을 쓰는데 있어서 가장 중요한 것은 포인트를 잡는 것, 그 외의 것은 버리는 것, 그리고 내용을 세련되게 하는 것입니다. **그래서 예를 들면, 1시간에 원고지 2장 분량의 작문을 한다**는 식으로 과제를 정하세요. 그렇게 함으로써 과거의 본인의 체험이나 신문, 잡지에서 조사한 것 등 많은 정보 중에서 가장 중요한 것만을 요약하는 훈련을 할 수 있을 것입니다.

문： 이 작가는 글을 잘 쓰게 되기 위해서는 어떻게 하면 된다고 말하고 있습니까?

1. 작가에게 보여서 내용을 세련되게 하는 것
2. 쓸 분량과 쓸 시간에 제한을 둘 것
3. 자기가 조사한 것의 포인트를 전부 쓸 것
4. 과거 정보를 잘 정리해서 보존해 둘 것

연습문제 22  1-29

メモ

● 앞의 말을 정리해서 말할 때의 표현. 결론을 말할 때 사용되는 경우가 많다.
● 결론을 말할 때 사용하는 단어로는 이 외에 「このように」「ですから」 등이 있다.

※ 確かに 확실히 ⇒ でも 하지만 ⇒ では 그럼 ⇒ 実は 실은 ⇒ つまり 즉

기출유사문제 ⑧  **1-30**

記者がロボットの研究者に質問しています。この研究者は企業がお金のかかるロボット開発に取り組む理由は何だと言っていますか。

記　者　日本のロボット技術は高い評価を受けていますね。最近は専門学校や大学だけではなく、企業も力を入れているそうですが、それは、やはり利益優先で、もうかるビジネスだからでしょうか。

研究者　**確かに**、ロボット市場は今後ますます大きくなると予想されています。**でも**、ロボット開発には莫大なお金がかかりますから、利益が出るかどうかは難しいところで、リスクの大きいビジネスだと言えるでしょう。

記　者　**では**、リスクを承知で利益のない開発をしているということですか。

研究者　**いえ、実は**、ロボットを開発する過程で、数々の新しい技術が生み出されていることが注目されているんです。**つまり**、そこで開発した技術がロボット以外に応用できるということです。そういう意味では、必ずしもロボットの販売で利益が出なくてもいいわけです。

問：この研究者は企業がお金のかかるロボット開発に取り組む理由は何だと言っていますか。

1. ロボット開発の技術を他の製品に役立てられるから。
2. ロボット市場が拡大しつつあり、大きな利益が予想されるから。
3. 成功する確率は低いが、成功したときの利益は莫大だから。
4. ロボットの開発費用は莫大でリスクも大きいと自覚しているから。

기자가 로봇연구자에게 질문하고 있습니다. 이 연구자는 기업이 돈이 드는 로봇개발에 임하는 이유는 뭐라고 말하고 있습니까?

기자　일본의 로봇기술은 높은 평가를 받고 있는데요. 요즘에는 대학뿐만 아니라 기업도 힘을 쏟고 있다고 하던데요, 그건, 역시 이익우선으로 돈을 벌 수 있는 비즈니스라서일까요?

연구자　**확실히**, 로봇시장은 앞으로 점점 커질 것이라고 예상됩니다. **하지만**, 로봇개발에는 막대한 돈이 드니까, 이익이 나올지 어떨지 알 수가 없기 때문에 위험이 큰 비즈니스라고 말할 수 있겠죠.

기자　**그럼**, 위험을 알면서도 개발을 하고 있다는 것입니까?

연구자　**아니요, 실은** 로봇을 개발하는 과정에서 수많은 새로운 기술이 만들어지는 것이 주목받고 있습니다. **즉**, 거기서 개발된 기술이 로봇 이외에 응용할 수 있다는 것이지요. 그런 의미에서는 반드시 로봇판매에서 이익이 나지 않아도 된다는 것이지요.

문 : 이 연구자는 기업이 돈이 드는 로봇개발에 임하는 이유는 뭐라고 말하고 있습니까?

1. 로봇개발기술이 다른 제품에 도움이 될 수 있으므로.
2. 로봇시장이 확대되고 있고, 큰 이익을 예상되므로
3. 성공할 확률은 낮지만 성공했을 때의 이익은 막대함으로
4. 로봇개발비용은 막대하고 위험도 크다고 자각하고 있으므로

メモ

やっぱり・やはり 역시

● 스스로 여러 가지를 생각해서, 자기의견을 정할 때의 말투 ⇒ 결론의 말투

기출유사문제 ⑨  1-32

女性と男性が、映画について話しています。この男性はどんな映画がいいと言っていますか。

女性　ねえねえ、昨日の映画、どうだった？

男性　ああ。ゆるい感じの映画だったね。おなかを抱えて笑うシーンもあったけど、それだけって感じ。

女性　内容がないってこと？

男性　うーん……人物がみんな淡々（たんたん）としてるっていうか、軽いっていうか……。

女性　そう？　私は、あの映画、ずいぶん前に見たんだけど、けっこう泣ける場面もあったわよ。

男性　ああ、ぼくは**やっぱり**見終わった後、**感動でしばらく動けないとか、それから何日も考えさせられるような、**そんな映画がいいな。

女性　へえー。私は思い切り笑えるのが一番ね。笑って泣いて、それでストレス解消できればいいって感じかな。あんまり心に残るようなのは…ねえ。

男性　まあ、昨日のは確かにストレス解消にはなったけどね。

問：この男性はどんな映画がいいと言っていますか。

1. おもしろくて、思い切り笑える映画
2. 感動的で、深く考えさせられる映画
3. 笑うことで、ストレス解消になる映画
4. 笑って泣いて、心に残らない映画

여자와 남자가 영화에 대해서 이야기하고 있습니다. 이 남자는 어떤 영화가 좋다고 말하고 있습니까?

여자　있잖아, 어제 영화 어땠어?

남자　아아. 느슨한 느낌의 영화였어. 배꼽 잡고 웃는 장면도 있었지만, 그것뿐이란 느낌.

여자　내용이 없다는 얘기?

남자　아니. 인물들이 담백하다고나 할까, 가볍다고나 할까.

여자　그래? 난 그 영화 아주 오래전에 봤는데, 눈물나는 장면도 꽤 있었어.

남자　아, 난 **역시** 다 보고 난 후, **감동해서 잠시 자리를 못 뜬다든지, 그 뒤 며칠이고 생각하게 되는** 그런 영화가 좋아.

여자　그래? 난 마음껏 웃을 수 있는 것이 제일 좋아. 웃다가 울고 그래서 스트레스 해소를 할 수 있으면 된다는 느낌이랄까, 마음에 남는 영화는 그다지….

남자　음. 어제 것은 확실히 스트레스 해소는 되긴 했지만.

문 : 이 남자는 어떤 영화가 좋다고 말하고 있습니까?

1. 재미있고, 마음껏 웃을 수 있는 영화
2. 감동적이고, 깊게 생각하게 하는 영화
3. 웃음으로써, 스트레스 해소가 되는 영화
4. 웃다가 울고, 마음에 남지 않는 영화

メモ

実は・実際は　실은·사실은

● 「実は」=「ほんとうは」이라는 의미이므로, 그 단어 다음에 중요한 포인트가 오는 경우가 많다.

기출유사문제 ⑩　　1-34

男子学生と女子学生が有料の勉強部屋「レンタル自習室」について話しています。この女子学生が自習室を利用する一番大きな理由は何ですか。

남학생과 여학생이 유료공부방 「렌탈 자습실」에 대한 이야기하고 있습니다.이 여학생이 자습실을 이용하는 가장 큰 이유는 무엇입니까?

男子学生	あれ、どこ行くの？	남학생　어, 어디 가?
女子学生	レンタル自習室。	여학생　렌털 자습실.
男子学生	何、それ。塾（じゅく）とは違うの？	남학생　그게 뭐야? 학원하고는 달라?
女子学生	うん、まあ、塾（じゅく）みたいなところなんだけどね。机とイスが並べてあって、一応ブースみたいに区切られてるんだけど、その一人分のスペースを1時間300円で貸してくれるの。	여학생　응, 학원 같은 곳이긴 한데. 책상과 의자가 나란히 나열되어 있고, 일단 부스 같은 것으로 칸이 나뉘어져 있는데, 그 한 사람의 공간을 1시간 300엔에 빌려 주는 거야.
男子学生	え、そんなにするの？　勉強するんだったら図書館ですればいいのに・・・。	남학생　어, 그렇게나 해? 공부할거면 도서관에서 하면 될텐데….
女子学生	うん、でもね、サービスが充実してるの。夜遅くまで勉強できるし、その間は机を独占できるし、イスだっていいイスなの。コーヒーやジュースだって無料で飲めるようになっているんだから。もちろん高いから毎日は行かないけど。	여학생　응, 하지만, 서비스가 알차. 밤 늦은 시간까지 공부할 수 있고, 그 사이에는 책상을 독점할 수 있고, 의자도 좋은 의자야. 커피와 쥬스도 무료로 마실 수도 있게 되어 있어. 물론 비싸니까 매일은 가지 않지만.
男子学生	へえ、それはいいね。だから利用してるんだ。	남학생　어, 그거 괜찮네. 그래서 이용하는 거구나.
女子学生	ううん。**実は、もっと大きな理由があるの。**自習室に来てる人って、みんな真剣なのよ。わざわざお金払って来てるから、家で**一人で勉強するより、やる気が出る**んだ。	여학생　아니. **실은 더 큰 이유가 있어.** 자습실에 오는 사람들은 모두 진지해. 일부러 돈을 내고 공부하러 오니까, **집에서 혼자서 공부하는 것보다 의욕이 생겨.**
男子学生	ふーん、なるほど。だから利用する価値があるってわけなんだね。	남학생　음, 그렇구나. 그러니까 이용할 가치가 있다는 거네.

問：この女子学生が自習室を利用する一番大きな理由は何ですか。

1．自分ひとりのスペースを独占できるから
2．夜遅い時間に勉強をはじめることができるから
3．無料の飲み物などサービスが充実しているから
4．勉強している人がほかにいると刺激になるから

문 : 이 여학생이 자습실을 이용하는 가장 큰 이유는 무엇입니까?

1. 자기만의 공간을 독점할 수 있기 때문에
2. 밤 늦은 시간에 공부를 시작할 수 있기 때문에
3. 무료인 음료수 서비스가 알차기 때문에
4. 공부하고 있는 사람이 옆에 있으면 자극이 되기 때문에

연습문제 25  1-35

メモ

とにかく 아무튼

● 주제와 문제점을 하나로 요약해서 말할 때의 표현

기출유사문제 ⑪  1-36

女性と男性がテレビ番組のモニターという仕事について話しています。この男性はテレビ番組のモニターに向いているのはどんな人だと言っていますか。

女性　ねえ、雑誌で「番組モニター募集」っていうのを見たんだけど、モニターって何をするの？

男性　そのテレビ番組の内容について視聴者の立場で意見を言うんだよ。

女性　専門家じゃなくてもいいの？

男性　もちろん。テレビ局としては、一般の視聴者から率直に意見や苦情を聞かせてもらいたいんだと思うよ。

女性　私はテレビはあんまり見ないんだけど、そんなに

여자와 남자가 TV프로그램 모니터라는 일에 대해 이야기하고 있습니다. 이 남자는 TV프로그램 모니터에 맞는 사람은 어떤 사람이라고 말하고 있는가?

여자　있잖아, 잡지에서 「프로그램 모니터 모집」이라고 쓰여 있는 것을 봤는데, 모니터는 무슨 일을 하는 거니?

남자　그 TV프로그램의 내용에 대해 시청자 입장에서 의견을 말하는 거야.

여자　전문가가 아니어도 돼?

남자　물론이지. 방송국으로서는 일반 시청자로부터 솔직한 의견과 불만을 듣고 싶을걸.

여자　난 TV는 별로 보지 않지만, 그다지 불

不満とか感じたことはないな。

男性　そう？　キミみたいにすなおな人よりも、**いつも文句ばかり言っているような人の方がモニターには向いている**かもね。

女性　でも、そういう人って、ああだこうだって言って、文句つけてるだけでしょ。問題の改善にはならないんじゃない？

男性　改善方法を考えるのは専門家の仕事さ。**モニターは、とにかく問題点をたくさん挙げればいいんだ**と思うよ。

問：この**男性**はテレビ番組のモニターに向いているのはどんな人だと言っていますか。

1．専門的な知識や経験を持っている人
2．何でもすなおに受け入れる人
3．問題の改善方法を考えられる人
4．問題点を数多く指摘できる人

만이라든지 느낀 적은 없어.

남자　그래? 너처럼 불만없는 사람보다 **항상 불평만 하는 사람이 모니터일이 적성에 맞을지도 몰라.**

여자　하지만, 그런 사람은 그게 마음에 안 들어, 이게 마음에 안 들어하며 말 뿐이잖아. 문제개선은 안 되지 않나?

남자　개선방법을 생각하는 것은 전문가 일이지. **모니터는 아무튼 문제점을 많이 거론하는 게 좋아.**

문 : 이 남자는 TV프로그램 모니터에 맞는 사람은 어떤 사람이라고 말하고 있는가?

1. 전문적인 지식과 경험을 가지고 있는 사람
2. 뭐든 있는 그대로 받아들이는 사람
3. 문제개선방법을 생각할 수 있는 사람
4. 문제점을 많이 지적할 수 있는 사람

연습문제 26　1-37

メモ

● 기출 횟수는 적지만, 대화의 첫부분에 정답이 있는 경우가 많다.

기출유사문제 ⑫  1-38

女性と男性が道路のアスファルトについて話しています。この道路の温度が高くならないのはなぜですか。

女性　見て、この表示。「道路を涼しいアスファルトに変えました」だって。

男性　ああ、それは新素材のアスファルトのことだよ。**水分を吸収して、長時間保てる**素材が混ぜてあるんだ。

女性　それが、どうして涼しいの。

男性　いいかい。雨が降ると、その素材が水分を吸収する。雨が上がっても、水分は残ってる。そして、いい天気になったら、その水分が蒸発する時にアスファルトの熱をうばう。それで、道路の表面温度が下がって、涼しいってわけさ。

女性　じゃあ、水をまいたのと同じようなものね。長時間ってどのくらい？

男性　一週間くらいかな。それでも６度か８度くらいは温度が低いらしいよ。

女性　へえー、すごいねえ。

問：この道路の温度が高くならないのはなぜですか。

1. アスファルトに水をよく通す素材が入れてあるから
2. アスファルトに蒸発しやすい水が混ぜてあるから
3. アスファルトに水分を通さない素材がまぜてあるから
4. アスファルトに水分を吸収する素材が入れてあるから

여자와 남자가 도로 아스팔트에 대해 이야기하고 있습니다. 이 도로의 온도가 높아지지 않는 것은 왜입니까?

여자　봐, 이 표시. 「도로를 시원한 아스팔트로 바꿨습니다」라는데.

남자　아아, 그건 신소재 아스팔트야. **수분을 흡수해서 장시간 유지할 수 있는** 소재가 섞여 있어.

여자　그게, 왜 시원하지?

남자　잘 들어. 비가 오면 그 소재가 수분을 흡수해. 비가 그쳐도 수분은 남아있지. 그리고 날씨가 좋아지면 그 수분이 증발할 때 아스팔트 열을 뺏았아. 그래서, 도로표면온도가 내려가고 시원해지는 거야.

여자　그럼, 물을 뿌린 것과 마찬가지네. 장시간이란 건 어느 정도?

남자　일주일 정도. 그래도 6도나 8도 정도는 온도가 낮아진대.

여자　와, 굉장한 걸.

문 : 이 도로의 온도가 높아지지 않는 것은 왜입니까?

1. 아스팔트에 물을 잘 통과시키는 소재가 들어 있으므로
2. 아스팔트에 증발하기 쉬운 물이 섞여 있으므로
3. 아스팔트에 수분을 통과시키지 않는 소재가 섞여 있으므로
4. 아스팔트에 수분을 흡수하는 소재가 들어있기 때문에

연습문제 27  2-01

メモ

しかし 그러나

● 한 사람의 이야기라도, 「しかし」가 가장 나올 가능성이 높다.
● 「しかし」에 의해서 내용이 부정되기 때문에, 「しかし」 뒤에 중요한 포인트가 오는 경우가 많다.

기출유사문제 ⑬  2-02

新入生のオリエンテーションで大学職員が履修に関する新しい制度について説明しています。大学がこの制度を導入した理由は何ですか。

職員　本学では今年度から新しい制度を導入し、一年間に履修できる単位数が制限されるようになりました。以前ですと、１・２年生の間に単位を多めに取って、３・４年生の授業を少なくするということもできました。**しかし**、本来、<u>単位を取るということ</u>は、学んだ内容を**きちんと**理解し、**習得する**ということです。それには講義に出席するだけではなく、**自宅での学習が不可欠です**。自宅学習に必要な時間を想定すれば、一年間に取得可能な単位数も決まってきます。そこで、単位数の上限を定める制度を導入することにしたわけです。

問：大学がこの制度を導入した理由は何ですか。

1. 授業の内容を自宅で十分に学ぶ時間を取るため
2. 講義に出席することをより重視したため
3. １, ２年生の段階で単位を取りやすくするため
4. ３, ４年生の段階で単位を取りにくくするため

신입생 오리엔테이션에서 대학교직원이 이수에 관한 새로운 제도에 대해 설명하고 있습니다. 대학이 이 제도를 도입한 이유는 무엇입니까?

직원　본 대학에서는 올해부터 새로운 제도를 도입해서 일년에 이수할 수 있는 학점이 제한되도록 되었습니다. 이전에는 1·2학년 동안에 학점을 많이 따고, 3·4학년때는 수업을 적게 할 수도 있었습니다. **그러나**, 원래 <u>학점을 딴다는 것은</u> 배운 내용을 **정확하게 이해하고 습득한다**는 것입니다. 그러기위해서는 강의에 출석하는 것만이 아니라, **집에서 학습이 불가결합니다**. 집에서 학습에 필요한 시간을 상정하려면, 일년에 취득가능한 학점도 정해집니다. 그래서 학점 상한을 정하는 제도를 도입하게 된 것입니다.

문 : 대학이 이 제도를 도입한 이유는 무엇입니까?

1. 수업내용을 집에서 충분히 공부할 시간을 얻기 위해
2. 강의에 출석하는 것을 보다 중시하기 위해
3. 1, 2학년 단계에서 학점을 따기 쉽게 하기 위해
4. 3,4학년 단계에서 학점을 따기 어렵게 하기 위해

● 「しかし」의 바로 뒤가 아닌, 조금 떨어진 이야기 끝부분에 정답이 오는 경우가 있다.

  2-03

先生が、学校教育にマンガを使うことについて話しています。この先生はマンガと教育の関係について、どう考えていますか。

　最近、学校教育にマンガを使うのがよいかどうか、教師の間で活発な議論がなされています。マンガがプラスに評価される点は、内容をイメージしやすく、瞬時に理解できるという点です。特に歴史上のできごとは、文字だけの文章で読むより、マンガで読むほうがずっとわかりやすくなります。

　一方で、「マンガを使っていると、物事の見えない背景を深く考えていく能力が育たない」と心配する声もあります。マンガは内容をすばやく理解できるが、それだけに表面的な理解しかできないのではないかというわけです。

　しかし、私は思うのですが、マンガは物事を考えさせるためのきっかけなのではないでしょうか。

　マンガから得られた理解をいかに深めさせていくかということは、むしろ教師の腕しだいなのです。

問：この先生はマンガと教育の関係について、どう考えていますか。

1. 漫画を使うと、物事を深く考える能力が育たない。
2. 漫画を使うと、表面的な理解しかできなくなる。
3. 漫画を使うことが有効かどうかは、生徒の能力による。
4. 漫画を使うことが有効かどうかは、教師の能力による。

선생님이 학교교육에 만화를 사용하는 것에 대해 이야기하고 있습니다. 이 선생님은 만화와 교육의 관계에 대해서, 어떻게 생각합니까?

요즘, 학교교육에 만화를 사용하는 것이 좋은지 어떤지, 교사 사이에서 활발한 논의가 되고 있습니다. 만화가 플러스 평가된 점은 내용을 상상하기 쉽고, 금방 이해 할 수 있다는 점입니다. 특히 역사상의 사건은 글자만 있는 문장으로 읽는 것보다 만화로 읽는 편이 훨씬 이해하기 쉬워집니다.

한편으로「만화를 사용하면, 사물의 보이지 않는 배경을 깊게 생각하는 능력이 길러지지 않는다」고 걱정하는 목소리도 있습니다. 만화는 내용을 금방 이해할 수 있지만, 그만큼 표면적인 이해밖에 할 수 없는 게 아닌가 하는 것입니다.

그러나 나는 생각합니다만, 만화는 사물을 생각하게 하기 위한 계기가 아닐까요?

만화에서 얻어진 이해를 얼마나 깊게 이해시켜가는가 하는 것은 오히려 교사의 실력 여하에 달린 것입니다.

문 : 이 선생님은 만화와 교육의 관계에 대해서, 어떻게 생각합니까?

1. 만화를 사용하면, 사물을 깊게 생각하는 능력이 길러지지 않는다.
2. 만화를 사용하면, 표면적인 이해밖에 할 수 없어진다.
3. 만화를 사용하는 것이 유효한지 어떤지는 학생 능력에 달려있다.
4. 만화를 사용하는 것이 유효한지 어떤지는 교사 능력에 달려있다.

  2-04

メモ

● 「たしかに」는 다른 의견을 인정하는 말투. 그 다음에, 「が／しかし」에 따라 자기의 의견을 주장할 때의 말투. 「が／しかし」의 뒤에 정답이 오는 경우가 많다.

기출유사문제 ⑮  2-05

先生が「バリアフリー」について、話しています。この先生は今後どんなことが大切だと言っていますか。

足が不自由で車いすに乗っている人から「混雑した電車に乗ろうとすると、周りの視線が冷たい」という話を聞いたことがありますが、皆さんはどう思いますか。日本では一応バリアフリーに関する法律が制定されており、その結果、ハード面では障害者とふつうの人とのバリア、つまり「かべ」はなくなったように見えます。

たしかに、建築物の床や通路の段差を無くしたり、障害者にも使いやすい商品を開発したりするといったことが進んできました。が、ソフト面、つまり、障害者とのコミュニケーションという面では決して十分とは言えません。しかし最近は、テレビで取り上げられることもあり、学校で子どもたちが障害者と接する機会を設けているところもあるようです。

このような具体的な交流をすることが、これからはますます重要になっていくでしょう。

問：この先生は今後どんなことが大切だと言っていますか。

　1．バリアフリーを実現するための法律を作ること
　2．どんな人でも利用しやすい公共の建物を作ること
　3．だれにでも使いやすい商品を開発すること
　4．障害者に対する理解を促進すること

선생님이 「배리어 프리」에 대해 이야기하고 있습니다. 이 선생님은 앞으로 어떤 일이 중요하다고 말하고 있습니까?

다리 장애로 휠체어를 탄 사람으로부터 「복잡한 전철에 타려고 하면, 주위의 시선이 차갑다」라는 말을 들은 적이 있습니다만, 여러분은 어떻게 생각합니까? 일본에서는 일단 배리어 프리에 관한 법률이 제정되어 있어, 그 결과, 하드 면에서는 장애인과 비장애인과의 배리어, 즉 「장벽」은 없어진 듯이 보입니다.

확실히 건축물의 바닥과 통로에 단차를 없앤다거나, 장애인도 사용하기 편리한 상품을 개발한다든지 하는 것이 진행되어 왔습니다. 하지만, 소프트면, 즉, 장애인과의 커뮤니케이션이라는 면에서는 결코 충분하다고는 말할 수 없습니다. 그러나 요즘에는 TV에서 다뤄지는 경우도 있고, 학교에서 아이들이 장애인과 접할 기회를 만드는 경우도 있는 것 같습니다.

이와 같이 구체적 지도를 하는 것이 앞으로는 더욱 더 중요해질 것입니다.

문 : 이 선생님은 앞으로 어떤 일이 중요하다고 말하고 있습니까?

　1．배리어프리를 실현하기 위한 법률을 만들 것
　2．어떤 사람이라도 이용하기 쉬운 공공의 건물을 만드는 것
　3．누구에게라도 사용하기 쉬운 상품을 개발하는 것
　4．장애인에 대한 이해를 촉진하는 것

연습문제 29  2-06

メモ

● でも 하지만 ⇒ そこで 그래서
● 이야기의 전후관계에서, 다음에 오는 행동을 정해서 나타내는 표현

기출유사문제 ⑯  2-07

先生が授業で行ったディベートの感想文について話をしています。次回はディベートのやり方をどのように変えますか。

　一回目のディベートについての皆さんの感想文を読みました。ディベートでは、決められたテーマについて賛成か反対かどちらの側に立って、正しさを証明しなければなりません。このとき、自分の意見とは無関係に賛成か反対かを表明する、というのがポイントですが、これには多くの人が抵抗を感じたようですね。でも、これはディベートの基本ルールですから、どうしようもありません。次に多かった感想は、自分が意見を述べるとき、対戦相手ではなく審判員たちに向かって話すというのが、やりにくいというものでした。聞いている審判員が勝敗を決めるのだから、当然のことなのですが、ディベートを言葉の戦い、つまり言葉で相手を言い負かすゲームだと思っている人が多く、どうしても相手チームに気を取られてしまうようです。**そこで**、次回は、まず相手を見て話すことにしましょう。ただし、ディベートの目的は審判員を説得することだということは忘れないようにしてください。

問：次回はディベートのやり方をどのように変えますか。
　1．自分の意見と関係のあることを述べる。
　2．賛成か反対かどちらかの側に立って話す。
　3．対戦相手の方を見て話す。
　4．審判員の方を見て話す。

선생님이 수업에서 행한 토론의 감상문에 대해서 이야기하고 있습니다. 다음 회는 토론방식을 어떻게 바꿉니까?

　첫 번째 토론에 대한 여러분의 감상문을 읽었습니다. 토론에서는 정해진 주제에 대해 찬성인지 반대인지를 어느 한쪽의 입장에 서서, 정당함을 증명해야합니다. 이 때, 자기 의견과 관계없이 찬성인지 반대인지를 표명하는 것이 포인트입니다만, 이것에는 많은 사람이 저항감이 있었던 것 같군요. 하지만, 이것은 토론의 기본규칙이니까, 어쩔 수가 없습니다. 다음으로 많았던 감상은 자기의견을 말할 때, 대전상대가 아니라 심판원들을 향해서 이야기한다는 것이지만, 하기 힘들다는 것이었습니다. 듣고 있는 심판원이 승패를 결정하기 때문에 당연한 것이겠지만 토론을 말의 전투 즉, 말로 상대를 이기는 게임이라고 생각하는 사람이 많아서 아무래도 상대 팀에 정신을 뺏기는 듯 합니다. **그래서**, 다음 회는 우선 상대편을 보고 말하는 것으로 합시다. 단, 토론의 목적은 심판원을 설득하는 것이라는 것은 잊지 않도록 해 주세요.

문 : 다음 회는 토론방식을 어떻게 바꿉니까?
　1．자기 의견과 관계가 있는 것을 말한다.
　2．찬성이냐 반대냐 어느 한쪽 편에 서서 이야기한다.
　3．대전상대쪽을 보고 이야기한다.
　4．심판원쪽을 보고 이야기한다.

연습문제30  2-08

メモ

● 앞의 이야기를 이유·원인으로서, 결과와 결론을 나타낼 때의 표현 ⇒「このように」「つまり」

기출유사문제 ⑰  2-09

日本語のスピーチ大会で留学生がスピーチをしています。この留学生の言いたいことは何ですか。

よく私たち学生に対して、何事も経験が大事だと大人は言いますが、経験だけでいいのでしょうか。

例えば、自分の視野を広げるのが目的で海外に旅行したのに、旅行先でいやな目にあってその国のことが嫌いになったりする人がいるようです。これではせっかくの経験が生かされず、とても残念です。なぜ、そうなってしまうのか。そういう人は、その国のことをよく知らなかったからではないでしょうか。

もし、その国について少しでも知識があれば、自分の国とは違う習慣に接したときも、「そうだった。これはこの国の習慣だった。」と、文化の違いを楽しむ余裕ができます。

ですから、何も知らずに経験するのではなく、知識の確認をしながらの経験こそが人間の視野を大きくするのだと思います。

問：この留学生の言いたいことは何ですか。
1．どんなことでも経験することが重要だ。
2．海外旅行をすると視野を広げることができる。
3．海外に行っていやな経験をするのは残念だ。
4．経験する前に勉強しておくことが必要だ。

일본어 스피치대회에서 유학생이 스피치를 하고 있습니다. 이 유학생이 말하고자 하는 것은 무엇입니까?

흔히들 우리들 학생들에게 무슨 일이든 경험이 중요하다고 어른들은 말을 합니다만, 경험만으로 되는 것일까요?

예를 들면, 자기의 시야를 넓힐 목적으로 해외로 여행을 갔더니, 여행지에서 안 좋은 일을 당하면 그 나라가 싫어진다든지 하는 사람이 있는 것 같습니다. 그러면 모처럼의 경험을 살리지 못해 아주 유감스럽습니다. 왜 그렇게 되버린 것일까? 그런 사람은 그 나라에 대해서 잘 알지 못했기 때문이 아닐까요?

만약, 그 나라에 대해 조금이라도 지식이 있으면, 자기나라와는 다른 습관에 접했을 때도 「그랬구나. 이것은 이 나라의 습관이었군.」하고, 문화의 차이를 즐기는 여유가 생깁니다.

그러니까, 아무것도 모르고 경험하는 것이 아니라, 지식확인을 하면서 경험하는 것이야말로 인간을 시야를 넓게 하는 것이라고 생각합니다.

문：이 유학생이 말하고자 하는 것은 무엇입니까?
1．어떤 것이라도 경험하는 것이 중요하다.
2．해외여행을 하면 시야를 넓힐 수 있다.
3．해외에 가서 싫은 경험을 하는 것은 유감이다.
4．경험하기 전에 공부해 두는 것이 필요하다.

연습문제 31  2-10

メモ

● 특히, 한 사람의 이야기일 때는 특별한 단어는 없어도 정답이 후반에 오는 경우가 많다.

기출유사문제 ⑱  2-11

女子学生が、ボランティアをした体験についてスピーチをしています。この女子学生は病院のボランティアをしてどんなことに気付いたと言っていますか。

　私は、この夏休みに病院でボランティアをしました。担当したのは、本を貸し出す仕事でした。ワゴンに本を積んで病院内を回るのですが、実際にやってみると、入院患者さんたちだけでなく、その家族の方々もけっこう利用されていることがわかりました。ある方は病人にずっと付き添っていて、本を買いに行く時間がなかったので、病室で借りられるのは嬉しいとおっしゃっていました。

　それから、病院のスタッフからは、私たちのようなボランティアが加わったことで、スタッフのみんなが刺激され、活気が出てよかったと言われました。始める前は、入院患者の方々の役に立てるかどうかも心配だったのですが、患者さんの**ご家族や病院のスタッフに対しても重要な役割を果たせた**ことがわかって安心しました。

問：この女子学生は病院のボランティアをしてどんなことに気付いたと言っていますか。

1．ボランティアは患者に本を届ける仕事しか任されていないということ
2．ボランティアは患者の周辺にいる人にも役に立つ存在だということ
3．患者の家族の仕事を手伝うのもボランティアの役目だということ
4．ボランティアは病院関係者にかなり負担をかけているということ

여학생이 자원봉사를 한 체험에 대해 스피치를 하고 있습니다. 이 여학생은 병원의 자원봉사를 하고 어떤 것을 알게 되었다고 말하고 있습니까?

　저는 이번 여름방학에 병원에서 자원봉사를 했습니다. 담당했던 것은 책을 빌려주는 일이었습니다. 손수레에 책을 쌓아서 병원 내를 도는 것입니다만, 실제로 해 보니, 입원환자들뿐만 아니라, 그 가족분들도 꽤 이용하신다는 걸 알게 되었습니다. 어떤 분은 환자 옆에 쭉 붙어 있어야 해서 책을 사러 갈 시간이 없었기 때문에, 병원에서 빌릴 수 있는 것이 기쁘다고 말씀하셨습니다.

　그리고, 병원스텝으로부터는 우리들같은 자원봉사자들이 참여한 것으로 스텝 모두 자극을 받아, 활기가 생겨서 좋았다고 했습니다. 시작하기 전에는 입원환자분들의 도움이 될지 어떨지도 걱정이었습니다만, 환자분의 **가족과 병원스텝에 대해서도 중요한 임무를 다했다**는 것을 알게 되어 안심했습니다.

문 : 이 여학생은 병원의 자원봉사를 하고 어떤 것을 알게 되었다고 말하고 있습니까?

1. 자원봉사자는 환자에게 책을 가져다 주는 일밖에 맡겨지지 않는다는 것
2. 자원봉사자는 환자 주변에 있는 사람에게도 도움이 되는 존재라는 것
3. 환자 가족 일을 돕는 것도 자원봉사자의 역할이라는 것
4. 자원봉사자는 병원관계자에게 상당한 부담을 끼친다는 것

연습문제 **32**  2-12

メモ

● 초반부에 의견 · 결론을 말하고, 그 후에 설명을 하는 것이 있기 때문에 주의한다.

기출유사문제 ⑲  2-13

**先生が読書について話しています。この先生は読書をする
ときはどんなふうに読むことが大事だと言っていますか。**

　読書をするときには、**先入観を捨てて**本と向き合いま
しょう。例えば、本に自分がよく知っていることが書かれ
ていると、それだけで読者はうれしくなり、筆者の考えは
自分のと同じだと思ってしまいがちです。このような主観
的な思い込みがあると、筆者がどのように考えを展開して
いるのか理解できなくなってしまいます。そして、自分の
考えにむりやり合わせて、筆者の考えを自分に都合のいい
ように変えてしまったりするのです。そして、筆者の主張
がわからなくなってしまいます。

問：この先生は読書をするときはどんなふうに読むことが大事だ
　　と言っていますか。

　1.　自分の知識をうれしく感じながら読むこと
　2.　先入観や思い込みを捨てて読むこと
　3.　筆者の考えを自分の考えだと思って読むこと
　4.　筆者の意見を都合よく変えて読むこと

선생님이 독서에 대해서 이야기하고 있습니다.
이 선생님은 독서를 할 때는 어떤 식으로 읽는
것이 중요하다고 말하고 있습니까?

　독서를 할 때는 **선입견을 버리고** 책을 읽읍시
다. 예를 들면, 책에 자기가 잘 아는 것이 쓰여
있으면, 그것만으로 독자는 기뻐하게 되고 필자
의 생각은 자기와 같다고 생각해 버리기 쉽습니
다. 이렇게 주관적인 생각이 있으면, 필자가 어
떻게 생각을 전개해 갈 것인가 이해할 수 없게
돼 버립니다. 그리고 자기 생각에 무리하게 맞
춰서 필자의 생각을 자기나름대로 해석해서 바
꿔버린다든지 하는 것입니다. 그리고 필자의 주
장이 알 수 없게 돼 버리는 것입니다.

문 : 이 선생님은 독서를 할 때는 어떤 식으로
　　읽는 것이 중요하다고 말하고 있습니까?

　1. 자기 지식을 기뻐하면서 읽는 것
　2. 선입견과 자기 생각을 버리고 읽는 것
　3. 필자의 생각이 자기생각이라고 생각하며
　　읽는 것
　4. 필자의 의견을 자기 나름대로 해석해서
　　읽는 것

연습문제 **33**  2-14

メモ

① 청해에서는 [두 사람의 대화] ⇒ [인터뷰] ⇒ [한 사람의 이야기]의 순으로, 하나의 문장이 길어지고, 문장체에 가까워진다. [한 사람의 이야기]의 대부분은 대학 교수의 이야기이다.

② 전반적으로 말할 수 있는 것은 역시 문의 끝 표현이 중요하다는 것을 말하는 것이다.

③ [두 사람의 이야기]에서는 문장의 초반부에 [질문·응답]의 표현도 중요하다.

　• 문장의 종반부

　　의문 표현「〜ない？」등·「〜んだ」·「〜の」·「〜ね」·「〜な」·「〜よ」·「〜わ」·「〜こと」·「〜って」·「〜けど／〜が」·「〜から／〜し」·「〜とか」·수동/경어 그 외의 동사

　• 문장의 초반부

　　「あ、」·「あのう」·「そう」·「ええ」·「いえ」·「ううん」·「へえ」·「ふーん」·「えーと」·「なるほど」·「ちょっと」등

④ [한 사람 이야기]에서는, 문장의 마지막 부분의 표현과 거기에 관계되는「접속사·부사」에 주의한다.

　⇒「본문의 구성」

　• 문장의 종반부 :「〜こと／ということです」·「〜のです」·「〜ようです」·「〜もの／わけ／からです」·「〜と思う／考える／言う」·「必要です」·부정/의문표현·수동표현·경어 등

⑤ 문장 안에서 나오는 지시어「それ·これ·その·この·そういう·こういった」등에도 주의한다.

01 **2人の会話** 두 사람의 대화

■ ［疑問］ 의문

〜ない？ ～않니?

• え、だいじょうぶ？　寂（さび）しくない？　　• 行（い）ってみない？

• よかったら一度（いちど）、いっしょにやってみない？

• ねえ今日（きょう）テニス部（ぶ）のミーティングがあるんだけどちょっとのぞいてみない？

• じゃあ手分（てわ）けして新聞（しんぶん）、雑誌（ざっし）の関連記事（かんれんきじ）を集（あつ）めることにしない？

• 必要（ひつよう）なんじゃないの？　自分（じぶん）の考（かんが）えていることを相手（あいて）にわかってもらうっていうのは。

• その方（ほう）がテーマが絞（しぼ）られてて、わかりやすい講演（こうえん）なんじゃないかな。

• チンさん気楽（きらく）にワイワイやれるようなクラブに入（はい）ればいいんじゃない。

• んー、ねえ、今回（こんかい）先生（せんせい）がいらっしゃらなくてもいいんじゃない？

• ねえ、もう一（ひと）つ吉本（よしもと）先生（せんせい）の集中講義（しゅうちゅうこうぎ）があるじゃない。

・え、たったそれだけ？　半分にもなってないじゃない。
・小屋の中に人が残っていてもわからないんじゃない？
・理由の情報と時間の情報が、それを聞いた人にどう影響したかは判断できないんじゃありませんか。

・来週の月曜日の午前中はいかがです？　　　・キムさんも一緒にどう？　　　・南原のあたりはどう？
・そういえば心理学入門って本はどう？
・それで、来週みんなで検討するって言うのは？
・それはどうでしょうか。　　　・内容はどうでしたか。　　　・あ、どうでした？　集中講義。
・ねえねえ、昨日の映画どうだった？　・そうですか。で、実際に行ってみて、どうでしたか。

・じゃあ、すぐにもう一度手紙を書いて謝って、切手も同封して送ったらどうですか。
・じゃあ、それをコピーしたら？　　　・じゃ、先生のところにでも行ったら。
・あら、そんな深刻な話だったの。それじゃ、大学の相談室へ行ってみたらどう？
・じゃあ、とりあえずあさってのクラブ合同説明会に行ってみたら？
・どうだろう？　また電話してみたら？　　　・じゃ、鈴木君に連絡してみたら？
・じゃあ、まずその本を読んでみたら。　　　・じゃ、他の国の事情と比較してみたらどう？

・では、利益が得られなくても開発をしているということですか。
・面接調査ということですか？　　　・じゃあ、今回はもう無理ってこと？
・中身がないってこと？　　　・三人以上になると区別できなくなっちゃうってこと？
・クリーン・エネルギーって、二酸化炭素を出さないエネルギーってこと？

・ディベートって、あの二組に分かれて議論をたたかわせるっていう？ ⇒ というのですか？
・来月で大学の寮を出るんだって？ ⇒ というのはほんとうですか？
・リーさん、ボランティア活動をやってみたいんだって？ ⇒ というのはほんとうですか？
・まだ使ったことないけど、ずいぶん便利になったんだって？ ⇒ 便利になったそうですね。

・何だって？⇒何と言いましたか？⇒何ですか？　　・仕事の分担って？⇒というのは何ですか？
・えっ、学割って？⇒というのは何ですか？

・うーん、じゃあ、期限までにファックスかメールで送ってもらえますか？
・うーん。申しわけないんですが、お電話いただけますか。
・じゃ、今度行くときに見学させてもらってもいい？　　・留学生にも貸してくれるの？
・僕の分も取っといてくれる？　　・何か参考になる本、教えてくれない？
・試験範囲はもう知らせてあるから、テキストを復習しておくように言っておいてくれないか。

・先生、今よろしいですか？　　・じゃ、僕からでいいですか。　　・借りて帰ってもいいんですか。
・金曜までにはできると思うんですけど、出すのは月曜日の朝でもいいでしょうか？
・どのようにすればいいでしょうか。
・「おおかわ駅」まで行きたいんですけどどうすればいいでしょうか。

・あれ、どこ行くの？　　・アパート、どの辺で探してるの？　　・山田君どうしたの。
・どうしたの、こんなに朝早く。　　・ねえ、昨日の練習、どうしたの？
・元気ないじゃない。心配なことでもあるの？　　・コピーの機械の方は、この紙でも大丈夫なの？
・何よ。私には話すこともできないの。　　・この紙じゃなきゃだめなの？

・あ、先輩、どこに行くんですか。　　・先生、レポートは事務局に出すんですか。
・発表とかはあったんですか。　　・質問の時間はなかったんですか。
・ええ？　読まなきゃいけないんですか？
・そうですか。先生の話をずっと聞いているわけではないんですか？
・あのう、延長して借りることは出来ないんですか。

・どうしよう。　　　　　　　　　　　・どっちにしようかな。

・そうだね、お店にも予約入れてしまっているしね。そうしよう。

・全員そろったから、そろそろ始めようか。　・じゃ、後ろにしようか。

・あ、そうだ。心理学科に知っている先輩がいるからその人に頼んであげようか。

・旅行の方は、今年はあきらめて来年行くことにするか。

・越して来たばっかりでみんなの顔も知らないし、やっぱり大家さんに間に入ってもらうことにするか。

・リスクの大きいビジネスだと言えるでしょう。　・今回はもう時間がないでしょう？

・暖房をつけっぱなしにしてると、部屋の空気が悪くなるだろう？

・一週間だからだいじょうぶでしょ？　・例えば、観察小屋に二人入るだろ？

・だけど、すごく時間取られるんだろ？　・スピーチってのは、一方通行のものでしょ。

・ほら、証明書の自動発行機ってのができたでしょ？

・だって、再来週から試験だろ？　　・だって、勝つためには知識が必要だろ？

・朝は道がこんでるから、１時間ぐらいでしょうか。

・あっれえー、どうしたんだろう。　　・何を書けばいいんだろう。

・学生じゃない人とも知り合えて、いいかもしれないね。(⇒ ～일지도 모른다)

・今日はゼミの発表だったんだけど、それも行けそうにないんだ。(⇒ ～일 것 같지 않다)

・そう？　じゃあ仕方がない。(⇒ 도리가 없다)

・うーん、どうしよう……。しょうがない。(⇒ 할 수 없다)

・そうよ。それぐらいがんばらなくちゃ。(⇒ ～하지 않으면, ～해야 한다)

・競争は厳しくならざるをえませんね。(⇒ ～하지 않을 수 없다, 해야 한다)

・そんなに少ないとは思わなかった。(⇒ ～라고는 생각 안 했다)

・ふーん、そんなのがあるなんて知らなかった。(⇒ ～라는 건 몰랐다)

・私がよく理解できてないのか、先生が間違ってるのか、よくわからなくて…。(⇒ ～인지 ～인지 잘 모른다)

- どこにすわる？　前のほうに行く？
- 長い間ってどのくらい？
- あ、何か見つかった？
- ううん、まだ。何か出ていた?
- どんな題？
- いいけど、トイレはどっち？ (⇒ 어디, 어느 쪽)
- どれくらい回収できた？ (⇒ 어느 정도)
- ううん、まだ。何か出ていた? (⇒ 뭔가)
- え？　どんな方法？
- どの授業？ (⇒ 어떤, 어느)
- 早速ですが、本田さん、大学を休学しての参加だったそうですが、海外でボランティアをしようと思われたそのきっかけは何ですか。 (⇒ 계기는 무엇입니까?)
- 会社などから事故やトラブルなど、いわゆる「失敗」の事例を集めてデータベースを作られているそうですが、それはどうしてですか。　・えっ、小学生が？　どうして？ (⇒ 왜, 어째서)
- 今、書いているんですが、明日までに完成させられるかどうか…。

- ねえねえ、夕食会って今週だったっけ？　あ、えーと本田さんでしたっけ？ (⇒ ～였던가)
- じゃ、今日は先ず、何を準備するかリストアップしてみる？ 買うものとか、借りるものとか。 (⇒ ～라든가)
- 相手の人の電話番号はわかりますか？
- ねえ、心理学概論のレポート、もう書いた？
- 自分の住所と名前を封筒に書きましたか？
- 掲示板に社会学入門と経営学概論は、初めの水曜日に変更って書いてあったの、見なかった？
- 何時ごろまで、大丈夫ですか？
- ねえ、チンさんはクラブに入るつもり？
- 人工フェロモンっていうのは？
- ボランティア活動？
- えっ、ほんと？　経営学概論まで？
- はい。休講にしますか？
- 山田さんに電話した？
- ねえ、ボランティア活動したことある？
- 15日までに着かないとダメですか？
- じゃ、試験が終わってからは？
- おはよう、あれ、新しい自転車？
- 同封？

※「そうですか。」⇒ 의문 질문이 아닌, 확인할 때의 표현
- ああ、高橋君か。　・え、もう就職活動ですか。　　・1時間ですか。

■ ［文末会話表現］ 문말회화표현

- 家で一人で勉強するより、私もやる気が出るんだ。　・そういう仕事ができる会社を探すんだ。

・へえ、算数ができる**んだ**。⇒ できる**んですね**。

・で、この二つの方法を組み合わせて使うともっといい**と思うんだ**。

・産業界の失敗事例を集め、共通する原因を分析してそれを公表することで、失敗の再発を防いでいただきたいと考えた**んです**。

・うん、迷ってる**んだよ**。　　　　　　・でもいい方法がある**んだよ**。

・この研究室は学生が自由に使える**んだよ**。

・つまり、オスを呼び寄せて、それを天敵に食べさせる**んだよ**。

・今日の経済学の授業**なんだけど**。　　　　・このすぐ近く**なんです**。

・日常生活の中のほんのちょっとの配慮が意外に重要**なんです**。

・自分の知的欲求を満たすため**なんですね**。　　・そこにお金を払う価値があるってわけ**なんだね**。

・7月23日から北海道旅行をするつもり**なんだよ**。　・紙がうまく流れていか**ないんだ**。

・望遠鏡を選ぶとき、大切なのは倍率の高さじゃ**ないんだ**。

・あ、辞書や辞典は、みんながよく使うものだから研究室の外へは持ち出せ**ないんだ**。

・今朝からひどく痛くって、もう仕事も手につか**ないんです**。

・まあそうなんだけど、それだけで良いってわけじゃ**ないんだ**。

・ううん、吉本先生の「教育史」は**あんまり**興味**ないんだよ**。

・対物レンズが小さいのにいくら倍率を高くしても暗くてきれ**いには見えないんだよ**。

・いやあ、今、うちの近くの駅にいるんだけど、電車が事故で、しばらく動きそうに**ないんだよ**。

・学外向けのチラシ作りとか当日の会場整理とかをうちの学部で**しなきゃならないんだ**。

・へえー。いろいろ準備**しないといけないんですね**。

・明日までにどの英語のクラスを取るか決め**なきゃいけないんですけど**、よく**わかんないんですよ**。

・いえ、住所**しか**聞か**なかったんです**。　　・それが、封筒には名前**しか**書か**なかったんです**。

・そのとき何か手伝いたいと心では思っていても、実際は**何も**でき**なかったんです**。

・環境経営論。すっごくおもしろい**の**。　　　　・毎回ディベートをする**の**。

・うん、高いからもちろん毎日は行かないけど、サービスが充実してる**の**。

・夜遅い時間まで勉強できるし、机は広いし、イスも疲れにくくていいイス**なの**。

・スピーチだけじゃ足りない**のね**。　　　　　・へえー、そうだった**の**。⇒ **のですか**。

・へえどんな内容？　そんなにおもしろい**の**？　・勉強するんだったら図書館ですればいい**のに**…。

・前だったら証明書頼んでから3日後じゃなきゃできなかった**のに**。

・えっ？　僕は田中先生の集中講義に合わせて旅行の予定を組んだ**のに**。

・ああ、でも、私もちょっと出先**なので**……。　・もう少しで運転が再開すると思う**ので**。

・ああ、なるほど、それは海外ならではの体験です**ね**。

・以前からあるホテルを含めて、生き残りは難しい**ということです**ね。

・時間差で、それぞれが役割を果た**すってこと**ね。

・公開講座って、この大学の学生じゃなくても参加できる講義**のことです**よね。

・データの集め方を考える前に、やるべきことがある**ようだ**ね。

・へえ。じゃ、中古よりいい**ねえ**。　　　　・日本でいい友だちができてよかったです**ね**。

・「高校野球の報道に多くのページを割く日本の新聞」っていうテーマがおもしろい**ね**。

・後半の盛り返しがすごかった**ね**。　　　　・へえ、それは便利だ**ね**。

・どっちもおもしろ**そうだ**ね。　　　　　　・みんなで全部話し合うより早**そう**ね。

・ふーん、なんだか大変**そうだ**ね。　　　　・ああ、それもまた貴重な教訓になります**ね**。

・じゃあ、戻ってきません**ね**。　　　　　　・それ石油ファンヒーターだよ**ね**。

・そう。キムさん、写真が曖昧だったよ**ね**　　・でも、それはしょうがない**よ**ね。

・それもいい**わ**よね。　　　　　　　　　　・途中でトイレに行く人があるといや**よねえ**。

・その問題は発電所を増やせば解決します**よ**ね。

・遅刻ならまだしも欠席だとメンバーのやりくりが大変**なの**よね。

・それでも、先輩はラテン語を選んだんです**よ**ね。

・**確かに**、あの地震で産業は一時停滞したと言えます**が**、**でも**、その後の防災意識が高まって防災関連の

　商品がたくさん売れたり、地震に強い建物の開発が進んだりという事実も**あります**よね。

・ねえ、アンケートの回収期限今日**だった**よね。

・失敗というのは当人にとっては恥ずかしいこと**ですから**ね。

・環境の保全も大切なことです**から**ね。

・そう**ね**。普通は将来の進路につながるような外国語を選ぶ**かも**ね。

・今年はうちの学部が担当**で**ね。　　　　　　・**よく我慢できるわ**ね。

・新しい紙**だ**よ。　　　・また**だ**。お隣さん**だ**よ。　　　・半分も回収できたら大成功**だ**よ。

・そういうこともあるけど、ほとんどは学生同士のディスカッション**だった**よ。

・それは……、知らない人だし、今回は**いい**よ。

・南原って、あの大きい団地のある所ですか？　駅から遠い**です**よね。

・どれどれ、ああこれ、去年、私取ったんだけど、なかなか良かった**よ**。

・いや、来週試験だから、講義はする**よ**。

・だけど、とにかく明日は君につきあう**よ**。　　　・こっちのほうが早く着く**と思いますよ**。
・日本の国のなかで、中途半端に勉強するのがいちばん危ない**と思うよ**。
・温度を下げた状態にしておける**らしいよ**。
・やっぱり、大学生活に慣れるまでちょっと様子を見る**ことにするよ**。
・でも日本語もしっかりしていないのに英語まで勉強したらどっちも中途半端に**なっちゃうよ**。
・書いてもらったレポートを来週の授業に使いたいので、週末に読んでしまいたい**んですよ**。
・それは環境が整っていた**からだよ**。　・本当の意味でクリーン**とは言えないよ**。

※여성 어투
・私が選んだのはテニス部**よ**。　　　・図書館の３階**よ**。　　　・もし学生証を忘れたら大変**よ**。
・やりかた次第**よ**。　　　・1、2年のうちは授業がここだけど、2、3年になると北山キャンパス**よ**。
・昨日徹夜して仕上げた**のよ**。　・団地の人のために、バスがいっぱい通ってる**のよ**。
・あのペアのように二人の力に差があるとうまくいかないことがある**のよ**。

・大丈夫だ**と思うわ**。　　　・専門の人が相談を聞いてくれるし秘密は絶対に守るって言ってた**わ**。
・駅から遠いとちょっと不便だけど家賃は安い**わよ**。
・そう言えばこの前何かで読んだんだけど過去100年間で地球の平均気温は0.6度くらいの上昇なのに
　東京は平均気温が３度近くも上がっている**らしいわよ**。
・私の場合、食べ物を捨てるということはあまりない**わね**。

・これも見たいし……あ、これもいい**な**。　　　・ゼミみたいな形式の方が良かった**な**。
・そりゃ、また攻撃的**だな**。　　　・ふーん、それも面白そう**だな**。
・植物園で花の写真、撮り**たいな**。　　　・地下鉄で回っていくから30分ぐらい遅れる**な**。
・もうだいぶ前になるけど神戸の大地震のとき助けに行った先輩の話、聞いたことある**な**。
・『現代の心理学』が難しいって言うんじゃ、**困ったなあ**。
・２台借りるのはお金が**もったいないしなあ**。　　・だけど学割使っても二つは見られ**ないな**。
・マイクロバスを借りるつもりなんだけど、20人乗りだから乗り切れ**ないなあ**。
・この時間でもだいじょうぶ**かな**。　　　・何人か手伝ってくれる学生を集めてくれない**かな**。
・だったら換気警告が出た**のかな**。
・暑いから余計エアコンを使わなくちゃ耐えられなくなって悪循環**だよなあ**。
・なかなか終わらない**よな**。　　　　　・よく勝てた**よな**。

- 他の人がその本を借りたいという予約が入っていなければ、続けてもう一週間借りる**ことができます**。
- なるほど。では、データベース作りに際し、ご自身でも何か「失敗」した**ことはありますか**。
- 障害のある方に直接何かしてあげるということのほかにも、ちょっとした配慮をしていただけるだけで非常にありがたい**ということが**たくさん**あります**。
- 例えば、電車の中では、優先席や車椅子のスペースをきちんと空けておくとか、町では道いっぱいに広がって歩いたり自転車を放置したりしない**というようなことです**。
- タイトルは、講演してくださる先生が、今週中にメールで知らせてくれる**ことになってる**。
- 学割**って**学生割引**のことか**。(⇒「～というのは、～のことですか。」)
- でも、何よりいい**のは**ゴミにならないこと。

- だって、16度だ**もん**。(もん＝もの ⇒「しょうがないんです」)
- そういう意味では、必ずしもロボットの販売で採算を取らなくてもいい**わけです**。
- そうやって、大量の花粉を虫に運ばせる**わけ**。
- それで、道路の表面温度を下げられる**ってわけ**さ。

※「って」＝「ということです」＝「～そうです」
- 急用ができたから、ちょっと遅れる**って**。
- 道路を涼しいアスファルトに変えました、**だって**。
- 生ゴミって企業から出るのが１年間950万トンぐらいなのに対して、家庭から出るのは年間1200万トンもある**んだって**。
- **それだけでも**、ゴミを処理するエネルギーが節約できる**んだって**。
- 鳥は、誰もいないと思っちゃう**んだって**。
- 発表は来週に回してくれる**って**。
- 7月25日から**だって**。

※이유를 설명할 때의 말투
- 読みかけたんだけど、すっごく難し**くて**。(⇒「むずかしい**ので、困っている**」)
- 夕べから右の奥歯が痛く**なっちゃって**…。
- きのうから熱が出**ちゃって** ･･･。

・近い方がいいかなと思って。　　　　　　　　　・はい。でも、貸出中になっていて……。

・レポートはもう何度も書いてるから慣れてるけど、ホームページのほうは、作り方はまあいいとして、
　内容をどうするか、アイデアが全然わかなくって。

・今週の土曜日のはずだったんだけど、先生のご都合が急に悪くなったらしくて……。

・しようと思ったんだけど、携帯電話の電池が切れてて……。

・それに、車とかエアコンとか、熱を出すものが増えていて……

・どうしたの？　授業休んでこんな所でコーヒーなんか飲んで。

・荷物が多いから2台じゃ無理。もう1台いるって。(⇒「と言ったでしょう？！」)

・そんなこと言ったって……。(⇒「言ったって」＝「言っても」)

・うーん、心に深く刻み込むものがないっていうか……。(⇒「って」＝「と」)

・でもそれだけって感じ。(⇒「って」＝「という」)

・生ゴミを燃やすには大量の燃料が必要だから。　　・友達とは大学で会えるからね。

・子供たちは、言葉だけの説明だとなかなか理解しにくいですから。

・明日の5時までに出さないといけないから……。

・ある情報を与えた場合と、その情報がない場合とを比較して初めて、何かが言えるわけだから……。

・図書館に入ったりするのにも学生証が要るんだから。

・英語にもラテン語に由来する単語はたくさん入ってるし。

・秋からでも遅くないしね。

・いろんな人と知り合えるし、どんな授業を取ればいいかも教えてもらえるしね。

・ああそうだなあ、みんなももう予定しているだろうし……。

・それにこっちのほうが後で越して来たわけだし……。・紙の枚数もこれならだいじょうぶなはずだし。

・だけど説明会に出ちゃうと入りたくなってしまうし。

・道子は、今日は遅くなりますが。

・先生、卒業研究の計画を見ていただきたいのですが。

・今回はふたつの条件の比較なんでそれは必要ないかと思ったんですが。

・もしよければ伝言うかがいますけど。

・ねえ、グループ研究の資料のことだけど。

・確かにそう言われればそうだけど。　　　　　・私は吉本先生の講義をとるつもりだけど。

・安い中古を買えばいいと思うけど。

・毎日暑いねえ。なんだか毎年暑くなっているような気がするけど。

・使い古しの紙で角が折れていたりするとうまく動かないことがあるけど。

・一つは有名な先生の講演なんだけどね……。

・僕、読んだり書いたりする練習は別にしなくてもいいんだけどな。

・内容じゃなくて、日本語の文法とか言葉の使い方なんかを見てもらえればいいんだけど。

・これなんかディスカッションの練習になりそうだし、よさそうだなあと思ってるんですけど。

・それが勝てた一番の理由だと思う。

・そんな自分を海外で試すことで鍛え直したいと思いました。

・今日は「産業の発展と災害」というテーマでみんなで話し合おうと思います。

・キャリアセンター。就職のことで相談しようと思って。　　・左側のドアから出てすぐだったと思う。

・うん、今日はそこまで決めて、後は宿題にしよう。

・おもしろそう。発表ではその方法を提案しよう。

・じゃあ、先ず、どんな仕事があるか考えてみよう。

・はい。今度は海に行こうって誘われました。

・日本には多くの火山があるので、地下の深いところに熱エネルギーが豊富にあり、それを利用して発電する「地熱発電」という方法が開発されています。

・異なる文化を知るとともに、自分が日本人だということ、それから、なぜここに来たのかということを考えさせられました。

・A：えーと、わたし本田と申しますが、道子さん、いらっしゃいますか。

・B：帰ってきたら、電話するように伝えましょうか。

・こちらからもう一度お電話します。

・はい、本田です。よろしくお願いします。失礼します。

・じゃあ、レポートを送ったときにEメールで「郵便で送りました」と知らせてください。

・この番組を見てくださったみなさんから「町で障害のある方を見かけたとき何かお手伝いしたいと思っても何となく言い出せない」というご意見をたくさんいただきました。

・あ、あのう、山田さんのお宅ですか。(⇒ お宅 댁)
・あのう、この授業どんなことをやるのかご存じですか？ (⇒ ご存知だ 아시다)
・ええ。事故がありまして……。もうしわけございません。 (⇒ 죄송합니다)

・例えば、原子力発電とか……。　　　　・例えば、料理の材料とか道具とか食べ方とか。
・例えば、川や海岸のごみを拾う活動とか、街の緑や花を増やす活動とか。
・たとえば、高校野球が他の国にあるかとかあるならその報道のされ方とか……。
・傾いたビルとか、燃えあがった商店街とか。　　・きっと迷惑してる人、他にもいるわよ、上の人とか。

・そのため、発電所を増やすことができないというのが実情です。
・出来ますが、その場合もいったん返却手続が必要です。
・20倍とか200倍とかいろいろあるみたい。　　・このビデオの授業も面白いらしいよ。
・数として区別できるのは1、2までで、3以上になると「たくさん」になっちゃうらしい。
・予約状況を見てみます。　　　　　　　・そうですか。じゃあ明日にでも行ってみます。
・はい。わかりました。みんなに聞いてみます。
・そこに気付くまでにかなりの時間がかかってしまいました。
・この前、旅行したとき友だちになったばかりなのに、私、失礼なことをしてしまいました。
・はい、失敗というのは教訓になることが多いのですが、人の命に関わるような大きな失敗を起こし
てからでは手遅れです。

■ ［問いかけ・受け答え］ 질문·응답

・あ、どうも。　　　　　　　・あ、そうですか？　　　　　　・ああ、それなら……。
・あ、そうね。　　　　　　　・ああ、そうですね。そうします。　・ああ、それいいねえ。
・あっ、そうだ！　　　　　　・あ、そうなの。　　　　　　　・ああ、そういうことってあるよね。
・ああ、それはない。　　　　・あ、いや、　　　　　　　　・あ、もしもし。
・もしもし、山田だけど。　　・そう。　　　　　　　　　　・そうそう。
・そうねえ。　　　　　　　　・そうだなあ。　　　　　　　・そうだね。
・そうですね。　　　　　　　・そうですねえ…　　　　　　・うーん、そうですよね。
・それもそうだね。　　　　　・そうだね。それもそうだね。　・そうか。

・そうですか。　　　　　　　・そっか。ありがとう。　　　　・そう？

・えっ、そうですか…。　　　　・え、そうなんですか。　　　　・そうなんです。

・それが、最近…　　　　　　　・ええ。　　　　　　　　　　　・ええ、まあ。

・うん。　　　　　　　　　　　・うん、いいよ。　　　　　　　・うん、そうだよ。

・うん、それじゃ。　　　　　　・うん、あんまり。　　　　　　・はい、中山歯科です。

・はい、そうですが。　　　　　・はい、なんですか。　　　　　・はい、どうぞ。

・わかった。　　　　　　　　　・わかりました。そうします。　・私はちょっと違う意見です。

・わかりました。では、そういうことで。　　　　　　　　　　・そうですか。わかりました。

・わかった。今度から気をつけるよ。　　　　　　　　　　　　・いえ、つくっていません。

・いえ、まだ……　　　　　　　・いや、だいじょうぶだよ。　　・ううん。

・別に。　　　　　　　　　　　・なるほど。　　　　　　　　　・ふーん。

・ああなるほど。ではさっそく準備します。　　　　　　　　　・あ、そう。ありがとう。

・そうですか。わかりました。ありがとうございました。　　　・おめでとう。

・すみません。　　　　　　　　・あのう、……　　　　　　　　・いいの？

・悪いけど、頼むね。　　　　　・今日はちょっと……。　　　　・んー、まあちょっと。

・だから、来週ではちょっとね…。・レポートの提出のことでちょっとご相談が…。

・あれよりわかりやすい本なんてちょっと……。

・でも、ちょっとややこしいことなので直接話したほうが……。

・ごめん、ごめん。ちょっと急用が入っちゃってさ

・へえ、そりや大変だ。　　　　・もう大変。　　　　　　　　　・まいったな……

■ ［接続詞］　접속사

・そして　　　　　　　　・それから　　　　　　　・それに　　　　　　　　・それでは

・それより　　　　　　　・そこで　　　　　　　　・そうすることで　　　　・たとえば

・では　　　　　　　　　・でも　　　　　　　　　・確かに　　　　　　　　・実際は

・実は　　　　　　　　　・すると　　　　　　　　・つまり　　　　　　　　・なのに

・だから、すごく参考になりそう。　　　　　　　・だけど、留学生の私でもだいじょうぶかなあ？

・じゃ、お願い。　　　　・じゃ、そうする？　　　・じゃあ、そうします。

■ ［こと・ということ］ 것·라는 것

・私の仕事はお客様とじっくり話し合ってご希望の部屋をデザインすることです。

・「ワークシェアリング」というのは、一人分の仕事を数人で分けることです。

・日本でテレビ放送が始まったのは、1953年のことです。

・まず屋上の直射日光を植物が受けてくれるのでビルの室温があまり上がらず、冷房費が節約できること。それから、事務機器に囲まれながら忙しい生活を送っている人々にとって緑のある屋上がストレスを解消してくれる癒しの空間になっていること。

・漫画の利点は短時間で内容理解ができるということです。(⇒「～ということです」＝「～そうです」)

・そのため、テレビ放送が始まって一年経ってもテレビを見る契約をしたのはわずか1万7千件だったということです。

・以前は、1・2年生の間に単位を多めに取って、3・4年生の授業を少なくするということもできました。

・このように、まるで鏡のように相手と同じ動作をする場合、この人は相手に対して悪い気持ちを持っていないと考えることができます。

・三、四日それで楽しませてもらった。そういうことになればね、たかが千五百円でね、その人は四日間の幸福を得たことになります。

・そこで、次回は、相手方を見て話すことにしましょう。

・本やマイクロフィルムの検索は、図書館でしかできないので、来週扱うことにします。

・まず、図書館やコンピュータ室での調べ物の仕方について学ぶことにしましょう。

・そこで私は、子供たち向けの料理教室を開くことにしました。

・そこで、この制度を導入することにしたわけです。本学では今年度から新しい制度を導入しました。

・車の在庫を持たず、情報だけを提供することにしたのです。

・流行に乗せられるのは馬鹿らしいと思っていたんですがそんな私も夏の「土用の丑の日」という日には必ずうなぎを食べることにしていました。

・しかし逆に、報酬をもらったとたんにやる気を失ってしまう、ということもあります。

・すると、残ったメスの中から、最も大きなもの一匹だけが、オスに変わることがわかりました。

・ボランティアをやる前は、入院患者の方々の役に立てたらいいなと漠然と思っていたのですが、患者さんのご家族や病院のスタッフに対しても重要な役割を果たしたのだということがわかりました。

■ ［のです］ 것입니다

・植物はどうやって季節を知るのでしょうか。
・そうするうちに、においに対する感覚が敏感になってきたんじゃないでしょうか。
・古くから伝わる日本の習慣だからと思っていたのですがしかし実はこちらも江戸時代にうなぎ屋さんが作り出した流行らしいんです。
・たとえば、イネなど人の役に立つ作物にこの遺伝子を組み入れれば将来塩に強い品種が作れるのではないかと考えている研究者もいるのです。
・ガムをかむことによって脳の活動性が上昇し集中力が持続するという実験結果が出ているんです。
・読書は娯楽なんです。　　・パソコンとは色々なことができるからパソコンなのです。
・その人自身の体の一部を使うことから暗証番号やIDカードに比べて安全性は高いんですが装置からの距離やそこの照明の関係もあるのでまだ完全とは言えないんです。
・つまり、やる気を起こさせるものは、報酬そのものだとは言えないのです。
・職業は、「好きなこと」の中からしか選べないのではなく、どんな仕事でもそこから、新しい「好きなこと」が見つけられるってことに気づいたのです。

■ ［よう／ように］　〜인 듯/도록/하도록

・ある調査結果によると、大学生のおよそ7割は「好きなことを職業にしたい」と考えているのですが、その一方で、「好きなことを職業にするのは不安だ」という考え方もあるようです。
・ディベートは相手を言い負かすゲームではなく、聞いている審判員が勝敗を決めるからなのだということを皆さんよく解ってはいるようですが、やはりこの点はまだ難しいようです。
・日本ではバリアフリーに関する法律が制定された結果、ハード面では障害者とそうでない人とのバリア、つまり、壁はなくなったように見えます。
・その管の先には小さなボールがはめ込まれていて、ペン先を紙の上で走らせると、そのボールがくるくると回るようになっています。
・ある種のテントウムシはかつて林の中に生息していましたが人間がジャガイモを栽培するようになってからジャガイモ畑に住むようになりました。
・ただし、ディベートの目的は審判員を説得することだということは忘れないようにしてください。
・これから紹介するボールペンは、インクの入っている管に圧縮した空気を入れて、常にインクがボールの方に押されるようにしているのです。
・しかも、工事の後の定期的な点検や節水の効果を保証するサービスを実施することで、顧客が安心して工事に踏み切れるようにしているのです。

■ ［くなる / になる］　〜해 지다

・特に歴史上のできごとは、文章で読むより漫画で読むほうがずっとわかりやすくなります。
・下には落ち葉などがあってその間に入れば見つかりにくくなります。
・しかし、明るいジャガイモ畑に住むようになったこの虫は死んだふりをしなくなりました。
・いろんな使い方に対応しなければならないのだから、ボタンの数が増えていき操作も複雑になります。
・今年は空梅雨のため米の収穫量が心配されていましたが、農林水産省の発表によりますと、今年の米は近年にない凶作となることが確実になりました。

■ ［もの・ところ・わけ・から・そう・はず・がち・ほう］
　　〜것・점・라는 것・때문・일 터・라고 한다・일쑤・쪽

〜もの　〜것

・自分のやっていることがうまくいったときに、ほめられたり、ごほうびとして何かもらったりすると、普通はうれしいものです。
・でもすべてプラスに働く行動というのも実は意外に少ないものなのです。
・それを思えばね、もう十分元が取れたというもんです。
・身近にいる男性を描いてもよさそうなものですが父親などを描いた絵はありませんでした。
・これは、ドアの横に本人を識別する装置があって本人であることが確認できたら、ドアが開くというものです。
・描く絵に男女差があるということはとても興味深いのですがこの報告はある幼稚園の一クラスだけを観察したものですしこの違いにどんな意味があるのかとかどんな影響によるものなのか、成長の過程で描く絵がどう変化するのかなどについては今後の調査研究に期待されるところです。

〜わけ　〜라는 것

・母親の社会参加はじりじりと上昇してきているわけです。
・こうすれば、駅前の歩道にたくさんの自転車が置かれたままになるということがなくなるわけです。
・それがもし、かりに古典作品なんかで読み抜くのに一か月かかったとすればね、千五百円で一か。
・漫画は内容をすばやく理解できるがそれだけに浅い理解しかできないのではないかというわけです。

〜から　〜때문

・そうなってしまうのは、その国のことをよく知らないからです。

・この方法だと、実物を仕入れに行ったり、客に海外からわざわざ車を見に来てもらったりしなくてもすむので、大量に販売することができるのではないかと考えた**からです**。
・それは中のインクが重力で下の方向、つまりペン先とは反対の方向に移動してしまう**からなんです**。
・状態が悪化しますと、手術しなければならなくなります**からね**。

・ある幼稚園の5、6歳児のクラスで、同じ数の男の子と女の子に自由に絵を描いてもらった**そうです**。
・すると、女の子は圧倒的に人を描き、男の子は船や飛行機などの乗り物を描く子が多かった**そうです**。

・そういう意味では、むしろ母親と子どもの接触時間は減ってきている**はずです**。

・例えば、本に自分がよく知っていることが書かれていると、その本は自分の考えと同じ意見で書かれていると思ってしまい**がちです**。

・もし、「テニス肘」だとしますとね、長い時間の練習はやめ**たほうがいいですね**。

■ ［と思う / と考える / と言う］ ～라고 생각한다 / 라고 한다

・その時、ただやたらとほめてさえおけば、部下は喜んで働くものだ**と思っている**上司に、仕事ぶりとは関係なくほめられたとしても、うれしいと感じることはない**と思います**。
・**ですから**、何も知らずに経験するのではなく、知識の確認をしながらの経験こそが、人間を大きくするのだ**と思います**。
・私の故郷には日本企業が多く進出していましたので、小さい頃から、将来は日本で学び、貿易の仕事をしたい**と思っていました**。

・このように、「屋上緑化」には注目すべき点がいくつもあり、この試みは、今後も増えていくだろうと思われます。

・前の仕事をしていたとき、まだまだ使えそうな車が廃棄のために業者に引き取られていくのを見て、どこかに販売できないかと考えました。
・汚いから、危ないからと子供たちを川から遠ざけることは、川に対する子供たちの無関心を生み、その結果、川が汚れていくのだと私たちは考えています。
・このビジネスの特徴として二つのことが考えられます。
・これは、男性側の勤務形態が改善されていないことが大きいと考えられます。

・人間の体内にあって生活のリズムを刻む時計を体内時計と言います。
・ある方は病人にずっと付き添っていて本を買いに行く時間がなかったので、こうして借りられるのが嬉しいとおっしゃっていました。
・それから、病院のスタッフからは、私たちのようなボランティアが加わったことで良い意味での緊張感が生まれ、活気が出てよかったと言われました。
・流行に敏感な若者の心理をうまく利用した販売戦略だと言えるでしょう。
・が、ソフト面、つまり障害者とそうでない人とのコミュニケーションは決して十分とは言えません。
・こういった経験は皆さんだれもが持っていると思いますが、これを感覚器官の順応と呼んでいます。

・原稿の締め切りは、4月20日必着とします。
・身近な例で考えてみましょう。今、自由に使えるお金が1万円あるとします。
・たとえば、面白いなあと思う小説を千五百円で買ってきたとしましょう。
・たとえば、ある仕事を自分自身おもしろいと感じて一生懸命やっているとしましょう。

■ ［否定表現・疑問］　부정표현 · 의문

・検査の結果次第では、練習を中止することも考えなければなりませんよ。
・他の人の意見を引用するのなら、だれだれはこうこう言っている、自分はこれこれこういう考えだ、というように、他人の意見と自分の意見をきちんと区別して書かなければいけません。

・調べたことを発表するときには、まず発表の内容がしっかりしていることが大事ですが、いくら内容がしっかりしていても、その内容が相手にきちんと伝わらなければ意味がありません。
・感受性の器を大きくするのは自分の責任においてやらないと。
・規格通りでない場合は、受け付けません。
・それには講義だけではなく、自宅での予習、復習が欠かせません。
・みなさんのレポートを読んでいると、皆さん自身の意見なのか、他の人の意見なのかあるいは事実なのか、はっきりと区別がつかないことがありますが、レポートの書き方としてそれはふさわしくありません。
・ただし、食事をとるのは部屋でもかまいません。
・しかし、その理由は、まだ明らかになっていません。
・それをしないでわからないものはつまらないと思ってしまっては、本当にもったいない。
・むしろ、そのような報酬には反発を感じ、やる気がなくなってしまうかもしれません。
・箱には光は入りませんが空気は通るので、箱の中の温度は外部とほとんど変わりません。
・でも、これはディベートの根本ルールですから、変えようがありません。（⇒ 変えることができません）
・この魚は群れで生活をしていますが、不思議なことに、どの群れにもオスは一匹しかいません。
・この会社は、他のメーカーより商品の生産量が少なく、雑誌やテレビの宣伝もいっさいしていません。

・紅茶と手作りのクッキーをいただきながら、日本語でのコミュニケーションを楽しみませんか。
・手術はしたくないでしょう。
・あなたがお金持ちで、ほしい物が何でも買えるという状況だったら、経済学はいらないでしょう。
・しかしそのためには従来のやり方と同じ事をやっていてはダメでしょう。
・先生、いかがでしょうか。　　　　　・相手の気持ちをどのようにして知ることができるでしょうか。
・「パソコンは使いやすくなった」とか「簡単になった」と言われていますが、本当にそうでしょうか。
・車椅子に乗っている人から「混雑した電車に乗ろうとすると、周りの視線が冷たい」という感想を聞いたことがありますが、みなさんはどう思いますか。

■　［受身・使役］　수동・사역

・石油から作られるプラスチックは軽くてじょうぶ。
・今年の地区大会は、国際ホールにおいて、5月30日土曜日の午後2時から行なわれます。
・順応は、一定の強さの刺激が続いているときに見られます。

・米の作柄がこのように悪化したのは、6月、7月の梅雨時に雨が少なく、稲の生育に十分な降水量が得られなかったためと見られています。
・最近、学校教育に漫画を使うのがよいかどうか、活発な議論がなされています。
・近所のお医者さんから"テニス肘"ではないかと言われた。
・大量生産をするために、巨大な工場を特定の地域に集中させて生産を行っているのですが、大きな工場からは当然大量の工業廃棄物が出されます。
・このようなことが心配される中で、マングローブと呼ばれる植物の遺伝子の研究が注目されています。

■ ［敬語・関係表現］ 경어 · 관계표현

・来週土曜日2時から、公民館におきまして、講師の先生方向けのオリエンテーションがございます。
・また、当日、受講者名簿をお渡しいたします。　　　・みなさんの参加をお待ちしております。
・お送りいただいた原稿の審査結果については5月10日ごろまでにお知らせいたします。
・一回目のディベートについて、みなさんの感想文を拝見しました。
・お手数ですが、この日に参加可能かどうか、公民館までお電話いただきたく存じます。
・この講座では、「調べる」「書く」「発表する」「討論する」といった、研究に必要となる技術を学んでもらいます。
・また、オリエンテーション当日に、授業の予定表をご提出ください。以上、よろしくお願いします。
・参加希望の方は12時40分に会館の交流室にお集まりください。
・この時、話した人が伝えようとしたポイントをとらえて、それについて質問するようにしてください。
・例えばですね。非常に強くて嫌なにおいのする部屋に入る場合を考えてみてください。
・この大学を志望する理由を聞かせてください。
・キッチンは各階に一つずつありますので、料理は必ずそちらでお願いします。
・では、次は17歳の高校生の方からのお手紙です。
・外国人のためのスピーチコンテスト地区大会のお知らせです。

■ ［必要］ 필요

・書評には、その本の基本的な紹介が最低限必要です。　　　・論評の際には『比較』が必要です。
・またボールに対する反射能力を高めるために適度な緊張が必要です。
・分かりやすく発表するためには、まず、どういう人がその発表を聞いてくれるかということを頭に入れておく必要があります。
・日本でのワークシェアリングは、一人分の賃金を減らす、ということばかりが強調されているようですが、「制約」があるからこそ経済学的な発想が必要となるのです。

■ ［があります］ 〜가 있습니다

・相手によっては、専門用語を積極的に使うことで、内容をより正確に、簡潔に伝えられるという**ことも あるでしょう**し、逆に専門用語を使わず、簡単な言葉に言い換えて説明し**た方がいい**場合もあります。
・そのため、南町に通う学生や日中そこを通る住民がとても歩きにくい**という**問題がありました。
・しかし、木や紙とは違い、土の中で分解されずにいつまでも残ってしまう**という難点**があります。
・この「屋上緑化」には舗装道路やコンクリートの建物の輻射熱などで都市の気温が高くなってしまう、ヒートアイランド現象をやわらげる効果が**あるんです**が、他にもいろいろな**メリット**があるんです。
・グループ3は、体の調子を良くする食べ物で、ビタミンが多く含まれている**という特徴**があります。
・これは紙となったときの用途に大きな**影響**があります。
・かといって、好きでもないことを職業にすることには、どうしても**抵抗がありました**。
・その**ねらいの一つは**店に商品を届けるためにかかるコストを下げる**こと**にあります。
・日本でも、正社員としてではなくパートタイム労働者として働く**という**選択肢はあります。
・一方で、「漫画を使っていると、物事を深く考えていく能力が育たない」と心配する声もあります。

■ ［ましょう・でしょう］ 〜ㅂ시다·일 것입니다

・読書をするときには、先入観を捨てて本と向き合い**ましょう**。
・今日は「コミュニケーショントレーニング」を**しましょう**。
・近年売り上げを伸ばしているシューズメーカーの例を紹介**しましょう**。
・このような具体的な指導をすることが、これからはますます重要に**なっていくでしょう**。

■ ［ていく・てくる・てみる］ 〜해 가다·해 오다·해 보다

・毎朝、通勤の時間帯になるとこれまでどおり駅前に自転車が**集まってきます**。
・このインクは粘り気があるので、ボールを回転させなければ外には**出てきません**。
・しかし、最近では違う考え方がされる**ようになってきています**。
・その町に住む住民自身が都市政策を行政任せにせず、政策を立てる段階から積極的に**関わっていく**。
・今日はこれから、コンピュータ室へいって、インターネットで情報収集を**やってみます**。

■ ［てしまう］ 〜해 버리다

・そして、筆者の主張が**わからなくなってしまいます**。
・入った直後はそのにおいを強く感じるでしょうけど、数分もすると鼻が**慣れてしまいます**。
　ひっくり返ると葉の上を滑って下に**落ちてしまいます**。

・今、買いたい物は、洋服とカバンで、全部買ってしまうと予算をオーバーしてしまう。
・6時間寝ていても、夜ふかししたり、朝寝したりして寝る時間が毎日バラバラでは、体のリズムが崩れてしまい、起きてからも体がすっきりしないという結果になってしまいます。

■ ［ています］ 〜하고 있습니다

・私たちの団体では、地元の川で子供たちに川遊びを教えるということを事業の一つとして行っています。
・新しいプラスチックはトウモロコシや植物のでんぷんなどを原料としていて、土の中に埋めておくと微生物によって分解されるという特徴をもっています。
・ビルのオーナーがトイレの設備を新しくしたいと思っても工事費用の面でなかなか難しいことがあるのですが、ここに目をつけた企業が話題を呼んでいます。
・また、そのオスは、群れの中で最も大きな体をしています。
・私が何かを伝えようとするときは、そんな気配りをしながら話をしています。
・環境問題というと、科学的、社会的な問題と捉えられているようで、生活のなかでどうやってこの問題に取り組んでいくべきか、ということについては、まだまだ情報発信が足りないような気がしています。
・幸いにも、私たちのグループにはこのような考え方に賛同してくださる方が大勢集まっていて、様々な活動に取り組んでいます。
・現在、物を生産する方法は、大量生産が主流となっています。
・本人であることを識別する手がかりとしては指紋が最も多く使われほかに、声、顔、目などを手がかりとするシステムも実用化が進んでいます。
・台風シーズンを迎え、収穫前の被害も予想されることから、政府は外国産米の緊急輸入を検討しています。
・花の咲く時期は、春だったり秋だったり、植物によって決まっています。

■ ［ます・ました］ ㅂ니다・했습니다

・牛乳から作られるチーズやヨーグルトもこのグループに入ります。
・そこで、客に実際に中古車を見せて品定めをしてもらうというスタイルをやめました。
・段差を無くしたり、だれにでも使いやすい商品を開発したりするといったことが進んできました。
・最近、建築に使われるようになった新素材は、それまで嗅いだことがないようなにおいがします。
・昼間も頭がボーっとします。　　・毎日6時間は寝ているのに、朝の目覚めがすっきりしません。
・それを調べるために秋に花を咲かせるある植物を二つの異なる環境で育ててみました。
・海が満潮になるとマングローブが生育する場所に海水が流れ込んで、マングローブは塩を含んだ水にさらされますが、それでも枯れることなく育ちます。

■ ［です・でした］　입니다・이었습니다

・川遊びを教えるのは近所のお年寄りで、子供のころ実際にその川で遊んだ人たちです。

・多かったのは、自分が意見を述べるとき、対戦相手ではなく審判員たちに顔を向けて話さなければなら
ないのはやりにくい、という声でした。

・グループ２は肉や血になる食べ物で、肉や魚、豆などが、その代表です。

・また、面白いことに女の子が描く人物はたいてい女性でした。

・ワークシェアリングを完全に実現するには、同じ価値の仕事に対しては誰でも同じ賃金がもらえると
いう原則を確立する必要があるんですが、現時点ではまだまだです。

・ほとんどの人々にとってテレビは電気屋の店頭や喫茶店などで見るのが、せいぜいでした。

・お客様にはいろいろな方がいらっしゃって若い方や年配の方、社会的地位の高い方、そして、主婦な
どさまざまです。

・えー、みなさんの部屋の電話は、部屋同士の通話と、外からの受信のみ可能です。

・理想を求めるならばDNA鑑定法の利用ですが、これだと血液や髪の毛などをその都度採取することにな
るので、現実的ではありません。

Ⅱ 청독해

① 문제용지에 쓰인 그림과 표, 그래프 등을 보면서 음성을 듣고 대답하는 문제이다.
② 질문은 문자로 쓰여 있다.
③ 선택지는 「4개의 그림과 표, 그래프 중에서 한 개를 고르는 것」
　　　　「한 개의 그림과 표와 그래프 중의 네 개 부분에서 한 개를 고르는 것」
　　　　「4개의 문자로 쓰인 선택지에서 한 개를 고르는 것」의 세 개로 나뉘어진다.
　　　　※2004년 부터 네 개의 문장 중에서 한 개를 고르는 문제가 많이 출제되게 되었다. (5문제＝25%)
④ 전부 20문제, 약 30분이다.
⑤ 배점은 1문제에 6점으로, 120점 만점이다.
⑥ 평균점은 대개 60~66점(50~55%)으로, 청독해와 청해는 비슷한 정도이다.

01 이야기하는 사람

① 「두 사람의 대화」와 「한 사람의 대화」로 나뉘어진다.
② 「남학생과 여학생의 대화」와 「선생님의 말씀」이 많고, 합해서 15문제이다.
③ 그 외는 「학생과 선생님의 대화」와 「남자와 여자와의 대화」 인터뷰 등이다.
④ 2004년 제 2회부터, 자료를 기초로 한 「학생발표」가 출제되게 되었다.
⑤ 「선생님의 말씀」은 대학에서의 수업내용이 많고, 후반(11번~20번)에 집중되어 있다.

> ≪두 사람≫ 남학생과 여학생 ⇒ 7문　학생과 선생님 외 ⇒ 2문　남성과 여성 ⇒ 1~3문
> ≪한 사람≫ 선생님 ⇒ 7~8문　학생 · 그 외(전문가 · 직원 · 아나운서 등)- 2문
> ※두 사람의 대화 ⇒ 45~75%　한 사람의 대화 ⇒ 40~55%
> ※대학관련 내용[학생간의 대화] ＋ [학생과 선생님 · 직원 등의 대화] ＋ [선생님 이야기] = 15문, 75%
> ※대학이외[남성과 여성] ＋ [학생 · 그 외의 이야기] = 5문, 25%

02 질문형식

① 청독해 질문형식은 크게 세 개로 나뉘어진다. 우선, 네 개의 그림과 그래프 중에서 한 개를 고르는 문제.
　⇒ 어느? 어느 것?
　다음으로 한 개의 표와 자료 중의 네 개 부분에서 한 개를 고르는 문제 ⇒ 어느 부분?
　그리고 그래프와 자료 아래에 문자로 나타낸 네 개의 선택지에서 한 개를 고르는 문제.
② 일정표와 가격표를 보고, 「いつ」「いくら」라는 질문에 대답하는 기본적인 문제도 있다.

③ 가장 많은 것은 4개 중에서 한 개를 고르는「どの〜ですか。」「どれですか。」라는 질문과 한 개의 표와 자료 중에 「どの部分ですか。」라는 질문이다. ⇒ 합계 13문제 65%

④ 가장 어려운 것은「先生はこの話の後にどのようなことを言いますか？」라는 질문이다.

질문의 단어와 그 비율

①「いつ 언제」「いくら 얼마」「どこ 어디」「何を 무엇을」「何〜 무슨〜」⇒ 2 문제 10%

②「どの部分 어느 부분」「どの〜 어느〜」⇒ 10문 50%

③「どれ 어느 것」⇒ 3 문제 15%

④「〜ことは何ですか ~것은 무엇입니까?」「理由は何ですか 이유는 무엇입니까?」「どうして 어째서」⇒ 2문제 10%

⑤「どんな / どのような〜 어떤〜 / 어떠한〜」「どう / どのように〜 어떻게 / 어떤 식으로〜」⇒ 3 문제 15%

---

03 테마분류

① 청독해 테마도 청해와 같이, 대학관계가 중심이다.

②「수업선택 · 스피치 대회 등」「학생생활」「대학 수업」「경제 · 경영 · 노동」「과학 · 생물」「봉사 활동 · 고령화 · 환경」 「앙케이트 조사결과」「일상생활」로 크게 나누어진다.

③ 대학에 관계되는 테마로서는 다음과 같이 나뉜다.

   a. 스피치 대회와 특별 수업 등의 안내를 보고, 참가할지 어떻게 할지 정한다는 내용

   b. 건강진단과 이사 등, 대학생활에서 체험하는 것

   c. 글 쓰는 법과 책 검색 · 구입 등의 내용

   d. 대학교수의 이야기로는 심리학 · 행동학 · 커뮤니케이션 · 교육 · 이 문화 이해 등의 문화계의 내용

   e. 경제와 사회의 경영 노동에 관한 내용

   f. 과학 · 생물에 관한 내용

④ 대학 수업에 한하지 않고, 매회「앙케트 등의 조사결과」를 보면서 이야기하는 식의 문제가 나온다.

⑤ 그리고「방재용품 카탈로그」에 대한 것 등, 남자와 여자의 일상생활 대화가 나온다.

대 책

테마는 대부분 위의 테마분류 안에서 나온다.
다음에 나오는 테마분류와 도표분류를 보면서 테마에 익숙해지도록 하고, 수업과 대학생활을 통해서 대학생이 접하는 안내와 알림, 자료 등의 문서에 대해 어떤 것이 있는가 생각해 두자.

• 授業選択・講演・特別講義・イベント

• スピーチコンテスト

• 学生生活

031　2番　**新入生に対するガイダンス**　会場で大学の職員が説明　どの項目についての説明か

031　5番　**図書館**の人と話しています。　どの図書館に行くように勧めていますか。

032　2番　**大学を受験する男子留学生**が話しています。　どこで**入学試験**を受けなければなりませんか。

0311 1番　留学生が**大学の事務局で入学試験**について聞いています。　いつ試験を受けますか。

052　2番　ある**陶芸家に対するインタビュー取材**の打ち合せ。　**プロフィール**

042　3番　**パンフレット**　パソコンが原因でおこる病気の予防法

032 10番　先生が**コンピューターの使い方**を説明しています。　画面のどこを選ぶように言いましたか。

031　4番　男子留学生のジョンさんが、**自己紹介**をしています。　言い忘れたことは何ですか。

• 文書 · レポート

061　3番　女子学生と男子学生が**アンケート用紙**について話しています。　**外食について**　どの部分を修正か

061　8番　**大学研究室**　FAXの文書を見ながら助手が先生に電話　思い違いの箇所

052 14番　先生が**文章の書き方**について話しています。

051 15番　先生がある**街の案内板の作り方**について話しています。　現在の案内板の形

042　1番　男子留学生が先輩に**メールの内容**をチェックしてもらっています。　削除してしまう部分

042 15番　女子学生が、先輩から**アンケート用紙の書き方**についてアドバイスを受けています。　直す箇所

041　6番　**研究室**に電話がかかってきました。　メモとして最も適当なものはどれですか。

032 11番　男子留学生と女子学生が、**レポートの評価表の見方**について話しています。　これからすること

032 12番　**学生が書いた文章**を先生が直しています。　先生はどのように直しましたか。

031　8番　教授が、**レポートの書き方**について話しています。　教授がしてほしいと言っているのはどれか。

031　1番　女性と男性が電話で話しています。　　女性が頼んだ**伝言をメモ**にするとどのようになりますか。

• 本 · 書籍 · テキスト

061　6番　**本屋**で学生と店員が話しています。　**パソコン関係の本**　どの本を薦めますか

051　1番　男子学生が、**図書館のパソコンで図書の検索**をしましたが、この後の操作がわかりません。

052　6番　男子留学生が、**日本語の先生**に、**テキスト**について質問しています。　**テキスト代いくら**

051 10番　日本人学生と中国人留学生が、**中国語の教材**を選んでいます。　どのテキストを使うことに

031　7番　男子学生と女子学生が、**新刊図書の案内**を見ながら話しています。　どの本を買うことにしたか。

• 大学での授業

心理学 · 行動学 · コミュニケーション · 教育 · 異文化理解

061　9番　女子学生が資料を基に「**大学生のおしゃべりの効用**」について発表しています。　どの項目

061 13番　先生が講義で**運動を上達させる方法**について話しています。　どのポイント

061 15番　**心理学の授業**で男子学生が、**ストレスについて調べたこと**を発表しています。例はどの部分

061 16番　先生が100メートル走の走り方について、分析して説明しています。　後半減速しないため

061 17番　授業で先生が、情報のデジタル化について話しています。　**デジタル化の問題点**

061 19番　**異文化コミュニケーション**の授業で先生が**人と人の間の距離**について話しています。

052 19番　先生が**2人の意見が異なる時の行動の仕方**について図を示しながら話しています。　問題解決例

051 20番　**教育学**の授業で、先生が「**原因帰属**」について話しています。　どの部分に帰属させてほめるか

041　9番　先生が「**自分は本当の自分を知っているか**」というテーマで話をしています。　例はどの部分

042 13番　先生が**子供に対して行った実験**について話しています。　どこを指し示すか　　「**壁と警官**」

042 16番　先生が「**コミュニケーション論**」について、**プリントを見せながら**話しています。　どの部分

042 18番　男子学生と女子学生が**ノートを見ながら**話しています。　**日本人の考え方　英語の諺の解釈**

042 20番　先生が、**相関関係と因果関係**について説明しています。　実例は**資料の中のどの場合か**

041　3番　先生が**ディベートについて資料に基づいて**話をしています。　資料の中のどの部分についてですか。

032 17番　先生が**人が悲しくなる仕組み**について話しています。　悲しいという気持ちを引き起こす要因

031 18番　女子学生と男子学生が**モデリング学習**という学習方法について話しています。　どの特長

031 19番　先生が**人間の欲求**について、話しています。　**マズロー自己実現の心理学**

052 16番　先生が、**子供が言葉の意味を習得していく過程**について話しています。　**言語 間違いの起因点**

051　9番　先生が**目標を達成するまでの経過**について話しています。　ここで話している経過を表す図はどれ

042 11番　先生が**アレルギー症状が出る過程**について図を見せながら説明しています。　防止する方法

国際化

052　5番　下の**資料**は、**国際協力への関わり方**にはどのようなものがあるかをまとめたものです。

052 11番　男子学生が**国際交流グループの責任者に調査の協力を依頼**しています。　メモ

041 13番　先生が、**日本の国際協力**について話しています。　どの分野の協力に重点が置かれているか

051 19番　先生が**いろいろな国の旅行者の数**について話しています。　「**3つのグループ**」のどのグループ

042　7番　先生が**観光地の魅力の作り方**について**資料を見せながら**話しています。　一番大事

032 14番　先生が**国によって子供の存在価値がどう違うか**について話しています。　日本での調査結果

•経済・経営・労働

061　1番　男子学生と女子学生が**掲示板を見ながらインターンシップ**について話しています。　**会社リスト**

052 13番　アナウンサーが、大学の先生に**インターンシップ**について話を聞いています。　苦労はどの段階

061 11番　先生が**マーケティング論**の講義で「**地域ブランド**」について説明しています。　一番重要

061 18番　先生が、**社員に対する賃金の決め方**について話しています。　企業の例

052 20番　経済学の授業で先生が「**消費者物価指数の変化率**」のグラフを見せながら話しています。

052 18番　先生が**サマータイム**について話しています。　**プリントのどの部分　今日の授業**

051　3番　先生が**プリントを見せながら貨物の輸送**について話しています。　プリントの中のどの部分

051 18番　女子学生と男子学生が、**グラフを見ながら**話しています。　**年齢別労働力率**　疑問に思ったこと

042 12番　男子学生と女子学生が新聞を見ながら話しています。　**銀行合併**　新聞のどの部分

041 11番　テレビ番組でアナウンサーが大学の先生に**生産物の流通**について聞いています。　**流通経路**

•科学・生物

061 12番　先生がある**植物の種の発芽実験**について説明しています。

061 20番　先生が、**生物学の授業**で**生存曲線**について説明した後、学生に質問します。

052　7番　男子学生と女子学生が**子供向けの科学教室で使うワークシート**について話しています。　修正部分

051 16番　先生が**生物学の講義**をしています。　これから描く図　脳　シナプス

051 14番　**美術の実習**で、先生が**ガラス細工**を作るときの温度について話しています。　**温度の範囲**

042 14番　先生が**島の広さとそこに住む鳥の種類の数**について説明しています。　島と鳥

042 17番　先生が、**果物の甘さの違い**について話しています。

042 19番　先生が**太平洋の海水の温度と気象の関係**について説明しています。

041 14番　授業で、先生が**実験結果**を紹介しています。　**酢酸の摂取とグリコーゲンの増減**について　推測

041 15番　女子学生と男子学生が**ペットボトル**について話しています。　果汁入り炭酸飲料を入れるボトル

041 16番　先生が**野菜と果物の分け方**について話しています。　「イチゴ」はどこに分類されますか。

041 18番　**臨床科学の授業**で先生が**グラフ**を見せながら説明しています。　「**全身浴**」を表す３本目の折れ線

041 20番　先生が**太陽電池**について説明しています。　A〜Cに入る言葉の組み合わせ

032 15番　先生が**味**について**講義**をしています。　学生が取った**ノートの表**はどうなりますか。

032 18番　先生が**橋の構造**について話しています。　長い橋に最も適しているのはどれ？

032 20番　先生が**エネルギー**について**説明**しています。　　どのような基準による区分であると言えますか。

031 17番　学生が**人類学の講義**を聞いています。　「**予想クイズ**」の中で間違いはいくつありますか。

•数値・グラフ

061 10番　ある会社の人が自社の**農業機械の生産高**がどのように**変化**してきたかについて説明しています。

052　9番　女子学生が男子学生に授業の**プリント**について説明をしています。　**ウグイスの鳴き声ソナグラム**

052 10番　**先生が日本における**電話の普及について話しています。　この内容を**グラフ**に

051 11番　先生が二つのグラフを見せながら**小売業の従業者数の変化**について話しています。

042　5番　女子学生と男子学生が**エネルギー消費の割合**を表すグラフを見ながら話しています。

031 15番　ゼミで女子学生が発表した後、先生が**資料の作り方**について問題点を指摘しました。　環境保全

•ボランティア・高齢化・環境問題・エネルギー

061　2番　女子学生と男子学生が**ノートテイカーの募集**を見ながら話しています。　福祉

061　7番　男子学生と女子学生が**食生活と環境についての資料**を見ながら話しています。

061 14番　先生が**NPOの定義**について資料を見せながら説明しています。　表組み合わせでマルとバツ

051 8番 男子学生と女子学生が、ボランティア募集のチラシを見ながら話しています。

031 3番 男子学生と女子学生が外国語を使うボランティアについて話しています。 登録

031 16番 男の人が大学祭にゲストとして招かれて話をしています。 プログラムの中の誰

052 15番 女子学生がゼミで高齢化社会について、図を見せながら発表しています。

032 16番 女子学生と男子学生が、高齢化について話しています。 日本の状況

041 19番 下の図は廃棄物を減らすための企業の取り組みについて、段階別に示したものです。 インタビュー

・アンケート・調査の結果

061 5番 男性と女性がアンケート結果を見ながら話しています。 交通機関グラフの中のどの項目

052 17番 先生が天気予報に関するアンケートの結果を見せながら話しています。

051 7番 男女学生が、水道水に対する不満や不安についてのアンケート結果を見ながら話しています。

051 12番 男子学生と女子学生が、アンケートの結果を見ながら話しています。 留学生の登山経験

051 17番 男性と女性が、駅の終日禁煙に関する調査結果の記事を見て話しています。

042 9番 授業で先生が世論調査結果を見せて、学生が意見を発表しています。 防犯カメラの設置理由

041 17番 男性と女性が、ある調査結果について話しています。 土曜日に中学生にしてほしいこと

032 19番 先生が「有給休暇」の調査結果について話しています。 特に注目したい部分

031 20番 先生がある調査の結果についてプリントを見せながら話しています。 自然と人間の関係

・日常生活

052 1番 男性と女性が防災用品のカタログを見ながら話しています。 何を買い足すつもりですか。

052 12番 男性と女性が新聞の記事を見ながら。 富士山と東京タワー観測地点　空気の透明度

042 2番 男性と女性が食べ物の食べやすさを四つに区分した表を見ながら話しています。

042 10番 女性と男性が電報についてのパンフレットを見ながら話しています。 料金　いくら

031 6番 夫婦が水道局のパンフレットを見ながら話しています。 節水　どの絵を見ていますか。

042 4番 男性と女性が劇場で話しています。 この二人はどこで会いますか。 待ち合わせ場所

032 8番 女性が市民会館の事務室で窓口の人と話しています。 会議室の利用料金はいくら

031 12番 女性客が男性の店員と相談しながらカーテンを選んでいます。 カーテンの商品番号は何番

① 그림과 표는 「안내 · 알림」「그래프」「표」「자료」「그림지도 · 개념지도」「경로도표」「앙케트」「문서」「서적」「메모」의 10종류와 「그 외」로 분류된다.

② 이 중에서 「안내 · 알림 」「그래프」「표」「자료」「그림지도 · 개념지도 」는 매회 출제 된다. 이것을 중심으로, 문제가 작성되고 있다. ⇒ 합계 80%

③ 문제수는 「안내 · 알림」 4문제, 「그래프」 3문제, 「표」 4문제, 「자료」 3문제, 「그림지도 · 개념도」 1문제, 「경로 도표」「앙케이트」「문서」 2문제, 「서적」「메모」「그 외」로 2문제의 비율이 된다. ⇒ 합계 20문제

④ 「모집 안내」와 「알림」, 「팸플릿」 등은 기본적인 문제로 전반(1번~10번)에 출제되는 경우가 많다.

⑤ 「그래프」는 꺾은 선 그래프, 막대그래프, 띠그래프, 원그래프가 기본이다. 이것들을 조합한 것, 그리고 2006년 1회 20번 「생존곡선」 처럼 대충 선으로 나타낸 「선그래프」도 있다.

⑥ 표의 기본은 세로 2항목 × 가로2항목 = 4개 난의 표이다.
또 가격표, 일정표, 회사리스트, 일람표 등, 여러 가지 표가 출제된다. 자료는 네 개의 항목에, 각각 간단한 내용설명문이 붙어있는 것이 기본이다.

⑦ 자료는 네 개 항목에, 각각 간단한 내용설명의 문장이 붙어있는 것이 기본이다.

⑧ 「그림지도 · 개념도」 : 구체적인 그림과 기호를 사용해서 나타낸 것. 대립하는 두 개 항목을 상하좌우의 축으로, 네 개로 분류한 좌표 등이다.

「경로도표」 : 하나하나의 항목을 「→(화살표)」로 이은 그림이다.

「앙케트」 : 앙케트 용지가 사용된다.

「문서」 : 메일과 리포트이다.

「서적」 : 책명, 저자, 출판사, 내용, 가격 등을 나타낸 것이다.

「메모」 : 전언과 노트이다.

실제로 과거 문제를 보고, 어떤 테마가, 어떤 그림과 표로 출제되었는지 구체적으로 떠올릴 수 있도록 해 보자. 그리고, 짧은 시간에 포인트를 구별할 수 있도록 연습하자.
예를 들면, 「모집안내」 의 포인트는
1. 일시 2. 장소 3. 내용 4.응모방법 5.자격 6.마감 이다.
이 중에서, 두 세 개의 포인트를 조합함으로써 정답이 결정된다. 또, 응모방법과 자격에 포인트를 좁힌 문제도 있다.

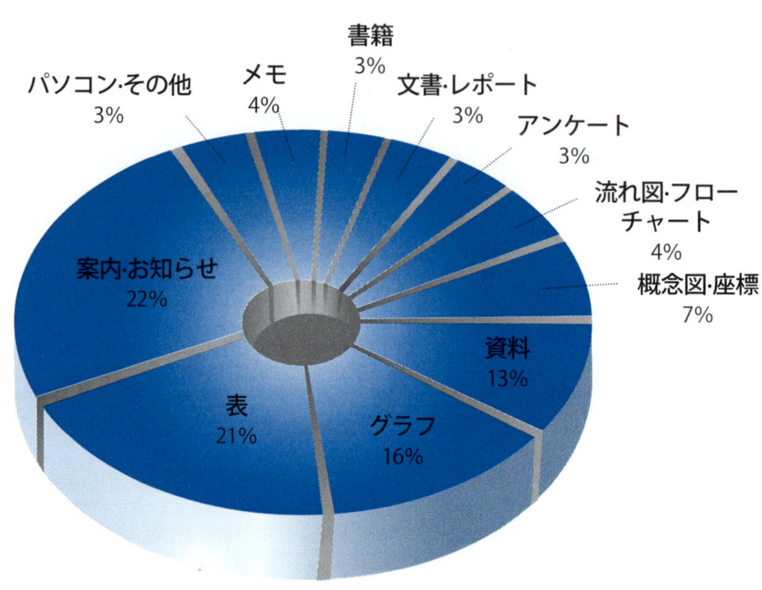

• 案内・ お知らせ 22%

61-2　募集案内「ノートテイカー募集」内容：業務内容・人数・応募資格・申し込み ・問い合わせ

51-8　ボランティア募集のチラシ（活動・内容・時間・回数）　選択肢：老人介護　子供　給食　朗読

31-3　募集「外国語ボランティア」（内容・資格・言語）4種類

22-6　募集「ボランティア募集のお知らせ」（内容・日時・場所・条件）4種類

21-10 掲示板「サークル部員募集」（曜日・時間・場所・特徴）　選択肢：バトミントン　バレーボール　ボラン
　　　ティア　英語

61-4　掲示板　スピーチ大会の案内4種類　ポイント：タイトル ・日時・場所・資格・締切

52-4　募集案内「桜花大学日本語スピーチコンテスト」日時・場所・資格・ テーマ ・応募方法・締切

　　　選択肢：応募できない理由

41-2　募集案内「山葉区　作文コンクール」（字数・宛先・締切）　選択肢（文字）：これからどうするか

32-3　募集「論文コンクール」　選択肢（文字）：4つのテーマ

61-1　表　掲示板「夏のインターンシップのお知らせ」 選択肢：縦列（社名・業務内容・研修時期）

• **表** 21%

61-14　表「ＮＰＯの定義」縦列（非営利・民間組織・公益目的）

　　　　横列（組織形態：株式会社、地方公共団体……）欄内は○×　　3行目の組み合わせが答え

61-19　異文化コミュニケーションの授業「対人関係と距離」

　　　　表：縦列ー距離区分・説明・音声の特徴・実測値　　横列ー密接距離・個体距離・社会距離・公衆距離

52-1　　表　防災用品カタログ　縦列ー商品名・詳細・価格　　選択肢：横列ー非常時持出セット・フード・パン・ク
　　　　リーンポット

52-6　　価格表「日本語初級クラスのテキスト」選択肢：2500円　3000円　3500円　4500円

52-8　　「健康診断日程表」　選択肢（文字）：25日午後　26日午後　27日午前　28日午前

52-15　発表用の図表「高齢化社会　県が1000人の村だったら」縦列ー埼玉・島根　　横列ー現在・20年後

51-14　表「ガラス細工を作るときの温度」　選択肢：作業に対応した温度の範囲

51-20　表「原因帰属について」縦列ー内的原因・外的原因　　横列ー安定要因・不安定要因

　　　　選択肢：4つの欄　　　問い：子供の成功時の原因帰属

42-2　　表「食べ物の食べやすさ」縦列ー区分1〜4（選択肢＝堅さ）横列ー食品形状　　かむ力　　飲み込む力

42-8　　表「授業要覧ー外国語科目　英語上級」　選択肢：英語1〜4

41-1　　表　掲示板「工学部　特別講座の案内」　縦列ー講義内容・講師・会場　　横列ー選択肢：特講1〜4

41-4　　表「健康診断日程表」　縦列ー対象学部・午前(男or女)・午後(男or女)　　横列ー日付＝選択肢

41-9　　表「自分は本当の自分を知っているか」　縦列ー自分が知っているか否か　　横列ー他人が…

41-12　表「必修科目一覧」＋「リーさんの週間スケジュール表」　選択肢：ギリシャ哲学　東洋哲学　中国
　　　　文学フランス語

41-15　表「ペットボトルについて」　縦列ーボトルの種類・次口・形　　選択肢：ＡＢＣＤ

41-16　表「果物の分け方」　縦列ー市場(野菜／果物)　　横列ー農林水産省(野菜／果物) 4つの分類

32-5　　表　許可届「大学構内での課外活動ー演劇発表」縦列ー種類・期限・備考　　選択肢：5つ⇒2つ組合せ

32-6　　表　大学のフロアー案内1階〜7階　選択肢：これから行く階

32-7　　表　体育科目一覧　縦列ー科目名・教官・曜日時・備考　　選択肢：科目2つ組合せ

32-8　　表「会議室利用料金表」縦列ー室名・定員・料金(日中／夜間／終日)　選択肢：金額

32-11　表「レポート評価表」構成・内容・データ・総合⇒良・可・不可・再　　問：これからすること

32-13　表「社会福祉実習リスト」縦列ー内容・時間及び期間・コメント

32-15　表「味の生物学的意義」　選択肢：うま味と酸味の意義の組合せ

32-18　表「構造による橋の分類」　縦列ー橋の名前・説明・橋の図

32-19　表「有給休暇を取った理由」　縦列ー項目・％（男女計・男・女）　選択肢：％4つの数字

31-10　表「週間時間割　英語の授業」

31-11　表「大学入試日程」（願書配布・受付・試験日・合格発表・入学手続)縦列：一般／特別／院　選択肢：日付

31-12　表「カーテンの価格表」(幅×丈cm・商品番号・価格)＋窓の図(縦横の長さ)　選択肢：商品番号

31-17　表「予想クイズ　○×表」縦列ーサル・チンパンジー・ヒト　　横列ー道具・ベッド・記号・まね

31-20　表「自然観ＡＢＣの割合　1958 〜 1998年まで５年おきの％」　選択肢：推移の特徴的な部分

22-2　表　バス時刻表２種類（コースＡ・Ｂ）　選択肢：出発時刻

22-3　表　パソコン教室リスト４つ（時間・回数・費用・参考情報）　選択肢：教室名

22-13　表「自転車の価格表」（価格・サイズ・タイヤ・重さ）４種類

22-14　表「留学生のための奨学金案内」（団体名・地域人数・対象・金額期間）４種類　選択肢：団体名

22-15　表「グループ学習室予約一覧」（人数・時間帯・注意書き）４種類

21-14　表「週間時間割」（月〜土／１〜５限）　選択肢：サークル参加可能回数

21-16　手帳　週間スケジュール　選択肢：先生に論文を見てもらえる時間帯

21-18　表「大学の年間予定表」　選択肢：帰国期間

• **グラフ** 16%

61-10　折線グラフ４種類「農業機械生産高の推移」　縦軸：生産高　横軸：65 〜 00年

61-12　折線グラフ１つ４本「シバの種の発芽実験の結果」（種２種類×場所２種類＝４本）
　　　選択肢（文字）：先生がこのあと言おうとしていること

61-16　折線グラフ「Ａ選手のスピード曲線」100ｍ走り方　縦軸：スピードｍ／秒　横軸：距離０〜 100
　　　選択肢（文字）

52-10　折線グラフ（３本）「電話加入数の推移」４種類　縦軸：万台　横軸：1930 〜 1980年

52-12　新聞記事−折線グラフ（２本）「富士山、東京タワーの見えた日」＋選択肢：地図上の位置

52-20　折線グラフ　経済学の授業「消費者物価指数の変化率」（４本）選択肢：食料・住居・衣服/靴・教育

51-18　折線グラフ２本「男女の年齢別労働力率」２種類（日本・イタリア）ｘ軸−％　ｙ軸−年齢
　　　選択肢（文字）

41-18　折線グラフ「入浴時間と発汗量」２本（半身浴・発汗浴）　問い：全身浴の線はどこに描く？

21-20　折線グラフ「日本人のＢＭＩ値」２本（BMI25以上/18.5以下）　ｘ軸− 1980 〜 2000年　ｙ軸−％
　　　選択肢（文字）：太っている人／やせている人　×　増えている／減っている　⇒組合せ

61-9　横棒グラフ「おしゃべりの効用」　選択肢：仲良くなれる・気持ちがすっきり・情報や知識・自分の気持ちが
　　　わかる

51-7　横棒グラフ「水道水に対する不満・不安」　選択肢：おいしくない　消毒剤　水道管の汚れ　水源汚染

51-19　縦棒グラフ「旅行者が多い国ベスト５」２種類（国外へ・国外から）　問い：日本の特徴

42-9　横棒グラフ「行政への要望」世論調査結果　選択肢（文字）：防犯カメラ設置理由

42-17　縦棒グラフ「糖類の甘味度の比較」　選択肢（文字）：この後に続けて言うこと

41-14　縦棒グラフ「酢酸の摂取と筋肉グリコーゲンの増減について」
　　　選択肢（文字）：酢酸とグリコーゲンの関係

32-14　横棒グラフＡ国〜Ｄ国「子供の存在価値」２種類（精神的支え・お金がかかる）

52-17　帯グラフ「天気予報に関する満足度調査」２種類　選択肢（文字）

51-17　帯グラフ「駅終日禁煙に関する調査結果」2種類（備え付け用紙・対面）　選択肢（文字）：異なる理由

22-16　帯グラフ「最近の患者の行動　カルテの開示」3種類　選択肢（文字）：内容と合っているもの

51-12　円グラフ＋横棒グラフ「留学生の登山経験」　選択肢（文字）：勘違いした理由

42-5　円グラフ「家庭におけるエネルギー消費の割合」　選択肢：給湯　冷房　照明・家電　乗用車

31-15　円グラフ「企業の環境保全活動」3種類　選択肢：グラフ　折線グラフ　縦棒グラフ　円グラフ

61-5　グラフ（折れ線＋棒）「交通機関に対する評価」縦軸%　横軸（新幹線・地下鉄・タクシー）

　　　選択肢：グラフの中の数字

61-20　生物学の授業　生存曲線　縦軸－個体数1〜1000　横軸－相対年齢　の線グラフ

　　　図1魚類・鳥類・ヒト／サルの曲線　図2－選択肢の4本の線

52-9　授業のプリント「ウグイスの声を図形化したソナグラム」グラフ縦軸－周波数　横軸－秒

51-9　線グラフ「目標達成までの経過」4種類　x軸－時間　y軸－達成度

51-11　線グラフ「小売業(コンビニ・スーパー・百貨店)の従業者数の変化」2種類（従業者数・正社員数）

　　　選択肢：コンビニ　スーパー　百貨店　コンビニ＋スーパー

42-14　線グラフ「島の広さと住む鳥の種類」x軸－km²　y軸－鳥の種類数　選択肢（文字）

•資料 13%

61-7　資料「環境にやさしい食生活のヒント」

　　　折選択肢（文字）：無農薬野菜・国産地域の食材・パックのない食品・肉より穀物、豆類を

61-11　講義（マーケティング論）「地域ブランド立ち上げに際しての5つの戦略」

　　　選択肢（文字）：インターナル・ブラディング　ブランド・プレミアム　ブランド・マネージメント
ブランド・コミュニケーション

61-13　講義「運動技術を向上させる方法」

　　　選択肢（文字）：視覚化・イメージトレーニング・フィードバック・動機付け

61-15　心理学の授業　発表資料「ストレスについて」

　　　選択肢（文字）：ストレッサーの種類(偶発的・発達的)受け入れの反応(肯定的・否定的)

61-17　授業資料「情報デジタル化」

　　　選択肢（文字）：問題点は？　情報量増大・開示先のコントドール・表現形式の混在・再利用

52-5　資料「国際協力への関わり方」選択肢（文字）：インターン・専門家・ジュニア専門員・マネジメント

52-18　授業プリント「日本でのサマータイム導入」選択肢（文字）：背景・風土・北欧事例・影響

52-2　陶芸家山本太郎プロフィール　年度別略歴　選択肢（文字）

52-7　子供向け科学教室用ワークシート　選択肢（文字）：修正部分

51-3　プリント「貨物の輸送について」選択肢（文字）：労働力不足　効率低下　環境保全　緊急輸送体制

42-3　パンフレット「VDT症候群ではありませんか？」(コンピューター室)　選択肢（文字）：予防法

42-7　資料「観光地の魅力作りのポイント」　選択肢：観光資源　人との触合い　見直し　国際化

42-16 プリント「対人コミュニケーション・チャネルの分類」

　　　選択肢：身体動作　空間行動　人工物　物理的環境

42-20 資料「相関関係と因果関係」①二項関係Ａ⇒Ｂ　　②三項関係　Ｃ⇒Ａ　Ｃ⇒Ｂ　選択肢（文字）

41-3　資料「ディベートとは」　選択肢：Ａルール　Ｂトピック　Ｃ賛否二つの立場　Ｄ勝敗の判定

41-7　ゼミ発表の準備「アンケート調査の手順」　選択肢（文字）：対象　作成　実施　分析

41-13 「日本の国際協力について」　選択肢：６つの項目（分野）の中から２つの組み合わせ

32-9　プログラム (10：00 〜 16：45)「情報技術研究会」　選択肢：参加予定の組合せ２つ

32-16 高齢化現象の要点（高齢化率・高齢化社会・高齢社会・要因）＋説明　選択肢（文字）

31-2　資料「新入生ガイダンス」　選択肢：学生課・教務課・会計課・情報課

31-6　パンフレット「水道局　節水」　選択肢：じゃ口　歯みがき　おふろの水　車洗い

22-18 プリント「森の木について」　選択肢：木の成長　光合成　生育環境　多雪地域

22-20 メモ「世界遺産について」問い：間違った部分　選択肢：分類　日本の現在　登録　認定

•概念図・座標 7%

61-18 先生の話「賃金の決め方について」

　　　座標：水平軸－集団的属性⇔個人　垂直軸－表面上の能力（上方向）⇔ 身につけている能力

52-16 概念図「子供が言葉の意味を獲得していく過程」選択肢（文字）：事実１　仮説１　事実２　仮説２

52-19 座標「対立意見時の行動」　ｘ軸－相手への配慮　ｙ軸－自分への配慮

51-16 脳のシナプスの図　正常な図⇒選択肢：先生がこれから描く図４種類

42-4　劇場案内図（平面図）　選択肢（文字）：待ち合わせ場所

42-13 上から見ると十字の形に見える壁で部屋を４つに仕切った図　選択肢：４つの空間ＡＢＣＤ

42-19 太平洋の赤道付近の海を横から見た図（断面図）２種類（平常時／エルニーニョ現象時）

　　　選択肢（文字）：この後に続けて言うこと

41-20 「太陽光線が家の窓ガラスに当たる図」　選択肢：３つの光線（紫外線/可視光線/赤外線の組合せ）

32-20 エネルギー全般の分類図（ＡＢＣの３区分）　選択肢（文字）：区分の基準

31-19 三角形　欲求階層図「自己実現の心理学」　選択肢（文字）：最も言いたいこと

22-5　平面図（大学構内）　問い：自転車置き場の位置

22-19 概念図「ＩＴ技術」（企業⇔個人）選択肢：同時発信　発信者の交替　双方向化（個人間）　双方向化

21-19 概念図「ボトムアップとトップダウン」　選択肢（文字）

•流れ図・フローチャート 4%

52-13 フローチャート「インターンシップ運営業務の流れ」　選択肢：受入先確保・事前研修・実習中の報告・事後報告

42-11 流れ図「アレルギー°症状が出る過程」　選択肢：各段階（四角の枠）

41-11 流通経路図「生産物の流通」　選択肢：図の中の４つの→

41-19 流れ図「産廃削減のための企業の取組」（４段階）　選択肢：レベルⅠ～Ⅳ

32-17 流れ図「悲しくなるしくみ」　選択肢：話を聞いた時のインパルスの流れ＝矢印

21-13 流れ図「体験学習」（習う・体験・記憶・意欲・効果）４種類

21-9　ゼミ発表の手順（テーマ・現状・解決方法・まとめ）４種類

21-11 順番（大家・学校・病院　３つの組合せ）

•アンケート 3%

61-3　アンケート用紙「外食について」　選択肢：修正箇所

42-15 アンケート用紙「大学のサークル活動について」　選択肢：直す箇所

41-17 調査結果「土曜日にしたいこと１～５位」２種類（中学生がしたいこと／親がしてほしいこと）

22-17 アンケート「大学教育に対する意識調査」　選択肢（文字）：これからの変更点

21-5　インタビュー「通勤電車の混雑度」（○の数で評価）　選択肢：よい　ふつう　ややひどい　ひどい

21-17 ランキング「大学生活に必要な施設・店ベスト５」４種類

•文書・レポート 3%

61-8　fax文書：送信年月日・送信先・送信元・件名・枚数・通信内容　問い：思い違いの内容

52-14 文章の書き方「病院内での注意事項」４種類

42-1　電子メール（男子留学生⇒先生宛）　選択肢：削除部分＝行

32-12 文の添削　添削前の文　⇒　選択肢：添削後の文４種類

31-8　レポートの書き方（タイトル・氏名・第１段落）４種類

22-12 ハガキの書き方「外国人留学生募集要項希望」４種類

•書籍 3%

61-6　本の案内４種類　内容：書名・出版社・定価・見出し

51-10「中国語教材リストメモ」（書名・著者・出版社・内容）

31-7　案内「新刊図書」（書名・著者・出版社・内容）４冊

21-8　広告「心理学の本」(書名·内容) 4種類

21-15 ゼミの参考書(書名·著者·出版社)　選択肢: 8冊の中から2冊組合せ

• メモ 4%

52-11 学生のメモ「国際交流グループの活動に関する調査」選択肢(文字):調査項目

51-13 ゼミ発表用メモ「高齢者市場」　選択肢: メモの項目の組み合わせ (5項目の中から2つ)

42-18 女子学生のノートの一部　英語の諺についての解釈A·B　選択肢(文字):ＡＢの関係

41-6　メモ「電話受付」4種類　選択肢(文字):林さんへのメモ

31-1　伝言メモ4種類　選択肢: 7時(までに·過ぎに·前に·以降に)電話する／電話してほしい

31-18 メモ「モデリング学習が上手な人の特長」　選択肢: 4つの特長のうち2つの組合せ

22-7　メモ「辞書の条件」(値段·特徴1·2)　選択肢: 4種類の辞書

22-9　メモ「ゼミ希望学生の面接」(志望理由·現在·将来) 4種類

• パソコン · その他 3%

51-1　図書館「学生が図書の検索をしたパソコンの画面」　選択肢(文字):この後の学生の行動

42-6　学生証のＩＤ番号(オリエンテーション)　選択肢(数字):学部or院　学部名　入学年度　学籍番号

42-12 新聞の一面(大見出しと全国天気欄　記事は線で示す)　選択肢: 一面の中の部分

32-10 コンピューターの画面　選択肢: お知らせ　各種手続き　利用の仕方　質問コーナー

22-4　電子辞書の使い方(メニュー · サーチボタン · 電源· キー)　選択肢: 使う順番

21-12 コンピューターの画面(書名·著者·出版社) 4種類

청독해문제는 청해에 비해서 도표와 문자가 있기 때문에 알기 쉽지만, 들으면서 눈으로 보이는 정보를 바로 판단해야 한다. 그러므로, 우선 익숙해지는 것이 중요하다. 여기서는 제시된 도표와 문자, 그리고 선택지 1 · 2 · 3 · 4를 알기 쉽게 분류했다. 출제형식에 익숙해지면, 시험 때도 안심하고 답할 수 있을 것이다.

① 먼저, 그림과 표가 네 개 있고, 그 중에서 올바른 한 개를 고르는 문제이다.

기출유사문제 ①　　**2-15**

女子学生が、不動産屋で部屋を探しています。この女子学生はどの部屋を見ますか。

1. 風呂つき
　 トイレつき
　 4万5千円
　 6畳
　 築20年 ←X❸

2. 4畳半
　 4万6千円
　 風呂つき
　 トイレつき
　 築1年

3. 6畳
　 6万円 ←X❷
　 風呂つき
　 トイレつき
　 新築

4. 4畳
　 4万円
　 トイレつき
　 風呂なし ←X❶
　 築5年

女子学生	すみません、部屋を探しているんですが。
不動産屋	学生さんですね。大学の近くがいいですか？それとも駅の近く？
女子学生	ええ、大学まで歩いて通えるような所がいいんですが。
不動産屋	じゃあ、この四つの物件がいいんじゃないですか？　お風呂とトイレは？
女子学生	狭くてもいいですから、❶両方ついている部屋がいいんです。
不動産屋	予算はどれくらいですか。
女子学生	まあ❷5万円までで、考えているんですけど。それから、❸できるだけ新しくて、きれいなお部屋をお願いします。別に新築じゃなくてもいいので。
不動産屋	じゃあ、これはどうですか？
女子学生	ええと…。ああ、いいですねえ。じゃあ、この部屋を見せてください。

여학생이 부동산에서 방을 찾고 있습니다. 이 여학생은 어느 방을 봅니까?

1. 욕실 있음
　 화장실 있음
　 4만 5천엔
　 6다다미
　 건축 20년 ←X❸

2. 4다다미 반
　 4만 6천엔
　 욕실 있음
　 화장실 있음
　 건축 1년

3. 6만엔 ←X❷
　 6다다미
　 욕실 있음
　 화장실 있음
　 신축

4. 4다다미
　 4만엔
　 화장실 있음
　 욕실 없음 ←X❶
　 건축 5년

여학생	저기요, 방을 찾고 있는데요.
부동산중개인	학생이군요. 대학 근처가 좋습니까? 아니면 역 근처?
여학생	네. 대학까지 걸어서 다닐 수 있는 곳이 좋겠는데요.
부동산중개인	그럼, 이 네 개의 물건이 좋지 않을까요? 목욕탕과 화장실은?
여학생	좁아도 되니까 ❶둘 다 있는 방이 좋아요.
부동산 중개인	예산은 어느 정도 생각하고 있습니까?
여학생	저, ❷5만엔까지해서, 생각하고 있는데요. 그리고 ❸될 수 있으면 지은 지 오래 안 된 깨끗한 방이었으면 좋겠어요. 특별히 신축이 아니어도 되니까.
부동산중개인	그럼, 이건 어떻습니까?
여학생	음…. 좋네요. 그럼 이 방을 보여주세요.

이것은 아주 알기 쉬운 예이지만, 대화를 들으면서 [4] ⇒ [3] ⇒ [1]순으로 지워가면, 마지막에 남은 [2]가 올바른 답이라는 걸 알 수 있다.

※한 번에 두 개 지우는 경우가 있으므로 주의한다.
※네 개 전부 지운 후에, 처음으로 돌아갈 경우가 있으므로 주의한다.

② 다음은 그래프 문제이다. 이것도 네 개 중에서 한 개를 고르는 문제이다.

기출유사문제 ② 2-16

ある会社の人が自社の機械の生産高がどのように変化してきたかについて説明しています。この説明の内容をグラフで表すとどのようになりますか。

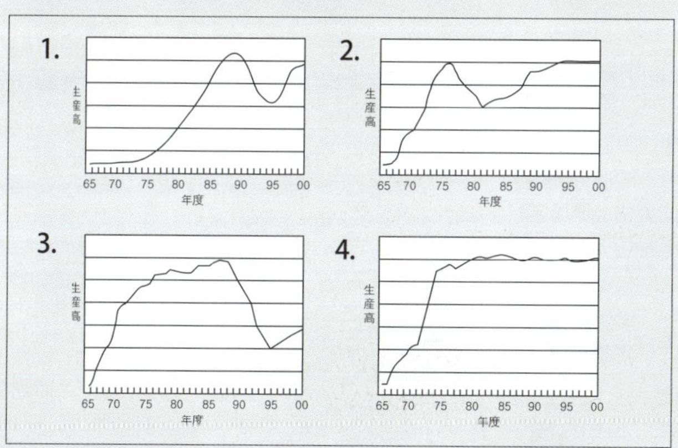

このグラフを見ていただきますとわかるように、わたくしどもの会社の機械製品は、日本経済の高度成長期からやや遅れ、❶1970年代後半から80年代後半にかけて急速に生産高を伸ばしてきたんですが、その後、いわゆるバブル経済の崩壊を迎え、その影響で❷95年ごろまで、いったんは減少傾向に転じました。しかし、われわれの研究開発の努力が身を結んで、❸90年代後半には再び生産高が上向きになり、❹2000年には90年の水準にまで戻りました。

어떤 회사 사람이 자사의 기계의 생산고가 어떻게 변화해 왔는지에 대해 설명하고 있다. 이 설명의 내용을 그래프에서 나타내면 어떻게 됩니까?

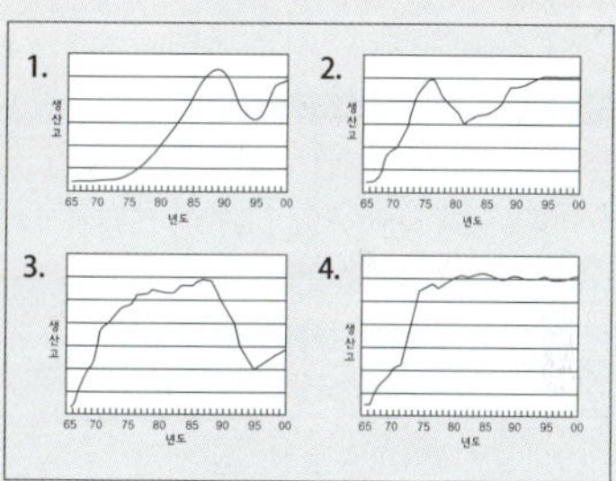

이 그래프를 보시면 알 수 있듯이 우리 회사의 기계제품은 일본경제의 고도성장기에서 조금 늦우, ❶1970년대 후반부터 80년대 후반에 걸쳐서 급속하게 생산고를 늘리기 시작했습니다만, 그 후 이른바 버블경제 붕괴를 맞아 그 영향으로 ❷95년경까지 잠시 감소경향으로 변했습니다. 그러나 우리들의 연구개발 노력이 결실을 맺어, ❸90년대 후반에는 재차 생산고가 좋아지고, ❹2000년에는 90년 수준으로 까지 되돌아갔습니다.

맨 처음의 포인트 ❶만으로 올바른 것은 [1]이라는 걸 알 수 있지만, 한 번 들은 것만으로는 판단할 수 없을 것이다. 그 다음에 포인트 ❷와 ❸을 들으면, [2]와 [4]가 지워진다. 그리고 마지막으로 [3]이 지워지고, [1]이 남는다.

【꺾은 선 그래프의 키워드】

□ 伸びる 신장하다　　　□ 伸ばす 신장시키다　　　□ 増える 늘다　　　□ 減る 줄다
□ 増加する 증가하다　　□ 減少する 감소하다　　　□ 増加傾向 증가경향　□ 減少傾向 감소경향
□ 最高 최고　　　　　　□ ピーク 절정　　　　　　□ 最低 최저　　　　□ 水準 수준
□ 横這い状態 제자리걸음상태　□ 右肩上がり 상승곡선, 오름세　□ うなぎのぼり 빠른 상승　□ 急速に 급속하게
□ いったんは減少傾向に転じたが、再び上向きになった。 잠시 감소경향으로 전환되었지만, 재차 좋아졌다.

③ 하나 더 자주 나오는 문제를 소개하자. 「모집안내」 문제이다.

기출유사문제 ③　　2-17

女子学生と男子学生が掲示板を見ながら学生弁論大会について話しています。この男子学生はどの弁論大会に参加しますか。

여학생과 남학생이 게시판을 보면서 학생변론대회에 관해서 이야기하고 있습니다.

1.
学生弁論大会
「在日外国人の生活環境」←×❶
日時：8月×日(土)13時~15時
場所：国際交流会館
参加資格：国際関係学科学生
応募締切：6月×日(金)

2.
学生弁論大会
「地球環境は今」←×❶
日時：10月×日(土)10時~12時
場所：KO大学講堂
参加資格：環境学科学生
応募締切：9月×日(金)

3.
学生弁論大会
「環境保護対策」
日時：7月×日(土)13時~15時
場所：県民ホール
参加資格：18歳以上の人
応募締切：5月×日(金)

4.
学生弁論大会
「環境を考える」
日時：8月×日(土)13時~15時
場所：市民センター
参加資格：18歳以上の人
応募締切：7月×日(金)←×❷❸

1.
학생변론대회
「재일외국인의 생활환경」
←×❶
일시: 8월 X일(토)13시~15시
장소:국제교류회관
참가자격:국제관계학과학생
응모기한:6월 X일(금)

2.
학생변론대회
「지구환경은 지금」
←×❶
일시:10월 X일(토)10시~12시
장소:KO대학 강당
참가자격:환경학과학생
응모기한:9월 X일(금)

3.
학생변론대회
「환경보호대책」
일시: 7월 X일(토)13시~15시
장소:구민홀
참가자격:18세이상
응모기한:5월 X일(금)

4.
학생변론대회
「지구를 생각한다」
일시: 8월 X일(토)13시~15시
장소:시민센터
참가자격:18세이상
응모기한:7월 X일(금)
←×❷❸

女子学生　わあ、いろいろな弁論大会があるわね。
男子学生　今はまだ、❸4月だからね。今年こそは、ぜひ挑戦しようと思っているんだ。
女子学生　そう、すごい。で、どれに申し込むの？
男子学生　うん、僕は❶環境学科の学生じゃないけど、友だちに誘われて、環境保護団体の話を聞きに行ったりしてるから・・・。
女子学生　へえ、がんばってるんだね。

여학생　와~, 다양한 변론대회가 있네.
남학생　지금은 아직 ❸4월이니까. 올해야말로 꼭 도전하려고 생각 중이야.
여학생　그래, 대단한 걸. 그래서 어디에 신청할 거니?
남학생　응, 난 ❶환경학과 학생은 아니지만 친구들의 권유로 환경보호단체 이야기를 들으러 가기도 하니까….
여학생　와~, 열심이네.

<table>
<tr>
<td>男子学生</td>
<td>うん、だから、これか、これだな・・・。うーん、
❷早いほうにしよう。締め切りまであと１ヶ月
か。よし、がんばるぞ。</td>
<td>남학생</td>
<td>응 그러니까 이거나 이거네…. 음 ❷빠
른 쪽으로 해야지. 마감까지 앞으로 1개
월이라. 좋아, 열심히 해야지.</td>
</tr>
</table>

포인트

맨 처음의 포인트❶에서, [1]과 [2]가 지워진다. 그 뒤 [3]과 [4]중, 포인트❷를 들으면 [4]가 지워진다. 이 문제는 마지막까지 와서, 지금 말하고 있는 시점을 나타내는 「4月だから (4월이니까)」가 포인트라는 것을 알 수 있다. 초반에 듣지 못했어도 「早いほうにしよう. (빠른 쪽으로 해야지)」라고 말했기 때문에, [3]이 올바른 정답이 된다.
【모집안내·알림】에는 다음 항목이 씌여져 있다.
①타이틀　② 테마 내용　③일시　④장소　⑤자격·조건　⑥응모방법　⑦마감　⑧ 비용·요금

④ 하나의 자료와 표 안에서 「어느 부분」 「어느 항목」에 대해 이야기하고 있는지와 같은 문제이다. 이것에는 「안내 알림」, 「그래프」, 「앙케이트」, 「일정표」, 「요금표」 그리고 메일과 메모, 그림 등도 들어 간다. 먼저, 「자료」의 예를 소개하자.

기출유사문제 ④　**2-18**

男子学生と女子学生が食生活と環境についての資料を見ながら話しています。この二人が話していることに最も関係が深いのは資料の中のどの項目ですか。

남학생과 여학생이 식생활과 환경에 관한 자료를 보면서 이야기하고 있습니다. 이 두 사람이 이야기하고 있는 것에 가장 관계가 깊은 것은 자료 중의 어느 항목입니까?

《地球にやさしい食生活・あたなの環境意識度を
チェックしよう！》

＊当てはまるものに  をつけましょう。

1. □　有機野菜を買う←✕❸
　　食の安全が環境保護につながります。

2. □　国産の食品・地域の食材を使う←❷
　　輸送に使われるエネルギーが環境に負荷をかけて
　　います。←❶

3. □　肉より野菜、穀物や豆類を選ぶ
　　肉１Ｋｇ には、その何倍もの重さの飼料が使われてい
　　ます。

4. □　お店では、パックしていない食品を買う
　　パッケージやレジ袋はゴミになります。原料は石
　　油です。

《친환경적인 식생활·당신의 환경의식도
를 체크해보자!》

↓ 해당하는 것에 ☑를 하세요.

1. □　유기농 야채를 산다 ←✕❸
　　먹을 것의 안전이 환경보호로 이어집니
　　다.

2. □　국산 식품·지역 식재를 사용한다 ←❷
　　수송에 사용되는 에너지가 환경에 부담
　　를 주고 있습니다. ←❶

3. □　고기보다 채소, 곡물이나 콩류를 선택한다
　　고기 1kg에는 그 몇 배의 사료가 사용되
　　고 있습니다.

4. □　가게에서는 포장하지 않은 식품을 산다
　　포장지나 비닐 봉투는 쓰레기가 됩니다.
　　원료는 석유입니다.

男子学生	食品と環境の関係を表す言葉なんだけど、「フード・マイレージ」って知ってる？
女子学生	何、それ。
男子学生	食品の重さと、その食品の生産地から消費される場所までの距離をかけ合わせた数値なんだ。食品を運ぶのにエネルギーを使うでしょ。だから、フードマイレージを比較すると、その国がどれだけ環境に負荷をかけているか、わかるらしいよ。
女子学生	ふーん。
男子学生	ほら、日本は食品を外国からたくさん輸入してるだろ？　だから、日本のフード・マイレージは高くて、食品の❶運搬の面ではかなり地球に負担をかけてるみたい。
女子学生	だったら、生産地から❷近い場所の食品を食べた方が環境への負荷は少ないのね。
男子学生	そう、環境にいいと思って❸無農薬の野菜を買ってたけど、それだけじゃだめなことが解ったよ。
女子学生	うん、そうだね。

남학생	식품과 환경의 관계를 나타내는 말인데, 「푸드 마일리지」라는 거 알아?
여학생	뭐야, 그건.
남학생	식품의 무게와 그 식품의 생산지로부터 소비되는 장소까지의 거리를 곱한 수치야. 식품을 운반하는데 에너지를 사용하잖아. 그러니까 푸드 마일리지를 비교하면 그 나라가 얼마큼 환경에 부담을 주고 있는지 알수 있대.
여학생	음.
남학생	있잖아, 일본은 식품을 외국에서 많이 수입하잖아? 그러니까 일본의 푸드 마일리지는 높고 식품의 ❶운반 면에서는 꽤 지구에 부담을 주고 있는 것 같아.
여학생	그럼 생산지에서 ❷가까운 장소의 식품을 먹는 게 환경에 부담은 적은 거네.
남학생	그래, 환경에 좋다고 생각해서 ❸무농약 야채를 샀지만 그것만으로는 안된다는 것을 알았어.
여학생	그래, 그러네.

❶「運搬の面で負担をかけている(운반면에서 부담을 주고 있다)」=「輸送にもエネルギーが使われる(운송에도 에너지가 사용된다)」라는 관계가 들리는지가 포인트이다. 덧붙이자면 「うんぱん(운반)」과 「輸送(운송)」이 같은 의미라는 걸 알 수 있느냐는 것이다. 그리고, 하나 더 ❷「近い場所の食品(가까운 곳의 식품)」=「国産・地域の食材(국산・지역의 식재료)」라는 관계이다. 이 두 개가 이해되면, [2]가 정답이라는 것을 알 수 있다. ❸은 대화의 내용과 관계없다.

⑤ 앙케트 문제이다.

<table>
<tr><td>

女子学生と男子学生が女子学生の作成したアンケート用紙について話しています。女子学生はこの後どの部分を修正しますか。

</td><td>

여학생과 남학생이 여학생이 작성한 앙케이트지에 대해 이야기하고 있습니다. 여학생은 이 후에 어느 부분을 수정합니까?

</td></tr>
</table>

コンビニについてのアンケート

コンビニエンスストアの利用についてのレポートを書きます。以下のアンケートにご協力ください。

1. 年齢: ＿＿＿歳 ←　ご職業: ＿＿＿＿　性別: 男　女

2. （1）あなたはコンビニをよく利用しますか。（該当するものに○をつけてください）
   1. よく利用する　　　　2. ときどき利用する
   3. あまり利用しない　　4. ほとんど利用しない

3. （2）その理由を教えてください。← ❸

4. （3）利用する時間帯を書い　てください。← ❷

   （例: 昼休み，夕方，深夜など）

편의점에 대한 앙케트

편의점 이용에 대한 리포트를 씁니다. 아래의 앙케트에 협조해 주세요.

1. 나이: ＿＿살 ←X❶　직업: ＿＿＿ 성별: 남 여

2. （1）당신은 편의점을 자주 이용합니까?
   （해당하는 것에 ○표시를 하세요）
   1. 자주 이용한다
   2. 가끔 이용한다
   3. 별로 이용하지 않는다
   4. 거의 이용하지 않는다

3. （2）그 이유를 말해 주세요. ←X❸

4. （3）이용하는 시간대를 써 주세요.
   （예:점심 때, 저녁 때, 심야 등）←X❷

女子学生	ねえ、これ、経済学のレポートで使うアンケートなんだけど。
男子学生	どれ・・・、へえ、コンビニについて、か。
女子学生	うん、これ、どうかな。
男子学生	アンケートって、選択肢で選べるようにした方が、答えやすいんじゃないかなあ。ほら、こういう❶個人的な情報って正確には書きにくいと思うよ。
女子学生	そうねえ。でも、世代の違いってのは重要な要因だと思うんだ。だから、正確な数字を書いてもらいたくって。⇒×
男子学生	じゃ、「❷利用する時間帯」については?
女子学生	これもねえ、意外な回答があるかもしれないから、できるだけくわしく書いてもらいたいんだ。⇒×
男子学生	そうか・・・。あ、でも、ここはさ、ちょっと答えにくいんじゃないかなあ。ここって、❸なぜ利用するかを書くの?　それとも、なぜ利用しないかを書くの?
女子学生	あ、確かに、そうね。じゃ、ここは分けることにしよう。⇒○

여학생	저 이거 경제학 리포트로 사용할 앙케트인데.
남학생	어디 봐…음, 편의점에 대해서구나.
여학생	응, 이거, 어떨까?
남학생	앙케트는 선택지로 고르도록 하는게 대답하기 쉽지 않을까. 봐, 이런 ❶개인적인 정보같은 건 정확하게는 쓰기 어려울 거라고 생각해.
여학생	그러네. 하지만, 세대차이라는 건 중요한 요인이라고 봐. 그러니까, 정확한 숫자를 써 줬음 해.⇒×
남학생	그럼,「❷이용하는 시간대」에 대해서는?
여학생	이것도 말이야, 의외의 대답이 있을지도 모르니까 될 수 있으면 자세하게 씨 줬으면 해시.→×
남학생	그렇군. 하지만, 여기는 말이야, 좀 대답하기 곤란하지 않을까. 여기는 ❸왜 이용 하는가를 쓰는 거야? 아니면, 왜 이용하지 않는가를 쓰는 거야?
여학생	아~, 진짜 그러네. 그럼, 여기는 나누기로 해야지.⇒○

포인트

❶도 ❷도 아닌 결국 회화의 마지막 부분이 정답이 들어있는 포인트다.「なぜ?(왜?)」=理由(이유)이므로 [3]이 정답이다. 이것은 아주 알기 쉬운 예이지만, 청독해도 역시 이야기 끝부분이 중요하다. 끝부분에 정답이 많기 때문에 주의한다.

⑥ 표 중에서도 거의 매회 나오는 문제는 수업 과목 일람과 시간표 중에서 「**どの授業を受けるか** 어느 수업을 듣는가?」 「**どの科目を履修するか** 어느 과목을 이수하는가?」 「**どの研究会に参加するか** 어느 연구회에 참가하는가」 라는 물음에 대답하는 문제이다. 여기서는 두 개의 문제를 비교해 보자. 또, 「건강진단 일정표」와 교과서 등의 「요금표」도 자주 출제된다.

男子学生と女子学生が特別講座の掲示を見ながら話しています。この男子学生はどの講座を聞くことにしましたか。

心理学特別講座
9月12日(土)　13：10 〜 16：00

	講義内容	講師	会場
特講1	音楽療法とデザイン	九州工科大学教授 水野春雄先生	103号室
特講2	医療機器利用の心理学	沖縄医科大学教授 橋本小太郎先生	105号室
特講3	絵画療法と高齢者介護	西海大学名誉教授 山下博一先生	210号室
特講4	コンピュータ社会が目指すべき未来像	情報通信大学講師 大家美智子先生	220号室

男子学生	特別講座、いろいろあって迷うなあ。
女子学生	せっかく専門家の話を聞くチャンスだから、❶自分の専攻と関係あるものにしたら？ 工学系統は２つもあるじゃない？
男子学生	そっか。❷なら、この**音楽療法**の方にしよう。あ、でも、僕、心理学関連の話にも興味があるんだよねえ。
女子学生	橋本先生の講座ね。あっ、ねえ、ねえ、そういえば、この**大家先生**って、テレビによく出てる先生じゃない？
男子学生	ああ、思い出した。この間もテレビ文化の座談会に出てた。コンピュータ社会の話をしてたけど、話が上手で面白かった。あ、そっかあ、この先生のを聞くのもいいよねえ。
女子学生	でも、一度聞いてるんでしょ？ ❸むしろ今まで全然聞いたことのない先生のを聞いた方がいいと思うけど。(⇒ 大家先生×)
男子学生	そうだね。じゃあ、❶やっぱり、自分の専門と関係あるのに行こう。

남학생과 여학생이 특별강좌의 게시를 보면서 이야기하고 있습니다. 이 남학생은 어느 강좌를 듣기로 했습니까?

심리학 특별강좌
9월12일(토)　13：10~16：00

	강의 내용	강사	회장
특강 1	음악요법과 디자인	큐슈공과 대학 교수 미즈노 하루오 선생님	103호실
특강 2	의료기기 이용의 심리학	오키나와의과대학 교수 하시모토 이치타로 선생님	105호실
특강 3	그림 요법과 고령자 간호	세이카이 대학 명예교수 야마시타 히로카즈 선생님	210호실
특강 4	컴퓨터 회사가 목표로 해야하는 미래상	정보통신대학강사 오이에 미치코 선생님	220호실

남학생	특별강의, 이것저것 고민이야.
여학생	전문가 이야기를 들을 좋은 기회니까, ❶자신의 전공과 관계있는 걸로 하면? 공학계통은 두 개나 있잖아?
남학생	그런가. ❷그러면, 이 **음악요법**으로 할까나. 아, 하지만, 나, 심리학관계의 이야기에도 관심있어.
여학생	하시모토 선생님 강의말이지? 아, 있잖아, 그러고보니 이 **오이에 선생님**, 텔레비전에 자주 나오는 선생님 아니야?
남학생	아, 생각났어. 얼마 전에도 텔레비전 문화좌담에 나왔어. 컴퓨터 사회 이야기를 했는데, 이야기 상대가 재밌었어. 아, 그래, 이 선생님 강의를 듣는 것도 좋을 것 같아.
여학생	하지만, 한 번 들었잖아? ❸오히려 지금까지 전혀 들은 적 없는 선생님 강의를 듣는 것도 좋을 것 같아.(⇒ 오이에 선생님 ×)
남학생	그래. 자, ❶역시, 내 전공과 관계 있는 것을 들어야지.

男子学生と女子学生が掲示板を見ながらインターンシップについて話しています。この女子学生はどこに申し込むことにしましたか。

経営研究学科　夏のインターンシップのお知らせ

経営研究学科では夏のインターンシップを行います。
希望者は、申込用紙に記入の上、志望理由書(1200字程度) を添えて6月中に提出すること。

	社名	業務内容	研修時期
1	CNN 通信	インターネットにおける情報サービスの拡充	8月下旬
2	田中法律事務所	知的所有権に関する調査・訴訟戦略❶	8月中
3	水道橋カメラ	パソコン関連機器ユーザーの心理分析	7～9月中随時
4	ビッグ住宅販売	広告会社と連携した販売促進❷	7月中の2週間 (随時)

男子学生　このインターンシップって、会社で働く経験ができるんだっけ。

女子学生　うん。将来の仕事を見つけるのに役立ちそうだし、わたし参加しようと思ってるの。

男子学生　あ、これ、いいんじゃない？　❶「ちてきしょゆうけん」が卒論のテーマだし。

女子学生　ううん。インターンシップは専門とは別のことしたいんだ。⇒×

男子学生　ふーん。

女子学生　ねえ、❷この「はんばいそくしん」って、どんなことするのかな。

男子学生　住宅の会社だから、テレビ用のコマーシャルを作ったりするんじゃない？

女子学生　へえ、おもしろそう。8月はダメだけど、7月なら大丈夫だから、これにしよう。⇒○

남학생과 여학생이 게시판을 보면서 인턴쉽에 대해 이야기하고 있습니다. 이 여학생은 어디에 신청하기로 했습니까?

경영연구학과 여름 인턴십에 대한 소식

경영연구학과에서는 여름 인턴쉽을 시행합니다. 희망자는 신청 용지에 기재한 후, 지망 이유서(1,200자 정도)를 첨부해서 6월 중에 제출할 것 .

	회사명	업무내용	연수시기
1	CNN 통신	인터넷에서의 정보 서비스 확충	8월 하순
2	다나카 법률사무소	지적소유권에 관한 조사 · 소송 ❶	8월 중
3	스이도바시 카메라	컴퓨터 관련 기기 이용자 심리 분석	7~9월 중 아무 때
4	빅구주택판매	광고회사와 연대한 판매촉진 ❷	7월 중의 2주간 (수시)

남학생　이 인턴쉽이라는거 회사에서 일하는 경험을 할 수 있다고 했던가?

여학생　그래. 장래 일을 찾는데 도움될 것 같기도 해서, 난 참가할 생각이야.

남학생　어~, 이거 괜찮지 않아? ❶「지적소유권」이 졸업논문 테마이기도 하고.

여학생　아니. 인턴쉽에서는 전공과는 다른 일을 하고 싶어.⇒×

남학생　음.

여학생　있잖아, ❷이 「판매촉진」이란 거 어떤 것을 하는 것일까?

남학생　주택회사니까, TV용 광고를 만든다든지 하는거 아닐까?

여학생　와~, 재미있겠다. 8월은 안 되지만, 7월이라면 괜찮으니까, 이것으로 헤아지.⇒○

포인트

문제 6은 하나 하나 지워가며 결국, 처음으로 되돌아가서 [1]이 정답이 되는 문제이다. 문제 7은 포인트가 두 개로 뒤쪽이 정답이다. 이러한 것은 한자만 읽을 수 있으면 정답을 알 수 있다. 표 안의 어느 부분에 대해서 말하고 있는지, 그것을 알아채는 것이 중요하다. 6번의 정답은 1번, 7번의 정답은 4번이다.

⑦ 그래프에서도 표가 아닌, 사람의 행동과 심리 등을 x축과 y축의 좌표로서 나타내는 문제도 있다.

先生が人の行動のタイプについて図を示しながら話しています。この先生が最後に挙げる例は、図のどの部分に位置することになりますか。

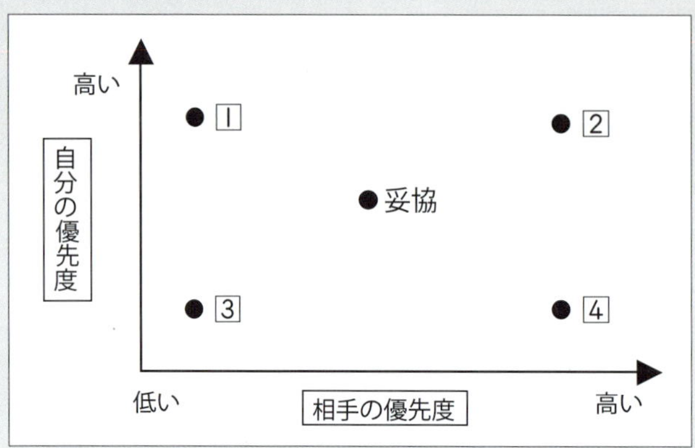

　人の行動は性格によっていろいろなタイプに分けられますが、まず、１対１の関係の場合を考えてみましょう。この場合、相手の気持ちを優先するか、あるいは、自分の気持ちを優先するか、という二つの軸で分析するとわかりやすくなります。それを表したのがこの図です。

　たとえば、今、ここに２人の人がいて、テーブルの上にパンが１個しかないとします。２人とも、そのパンが大好きで、食べたいと思っている。この場合、２人はどうするでしょうか？　一般的には、「半分ずつ分け合って食べる」、つまり「妙協」という行動が取られます。これは、自分も相手もそれぞれ半分程度優先しているわけですから、妙協という行動はこの図の真ん中の部分に位置することになります。

　では、一方の人が自分の大好きなパンだからといって一人で全部食べてしまった場合、その行動は図の中のどこに位置することになるでしょうか。

선생님이 사람의 행동타입에 대해 도표를 보면서 이야기하고 있습니다. 이 선생님이 마지막에 든 예는, 도표의 어느 부분에 위치하게 됩니까?

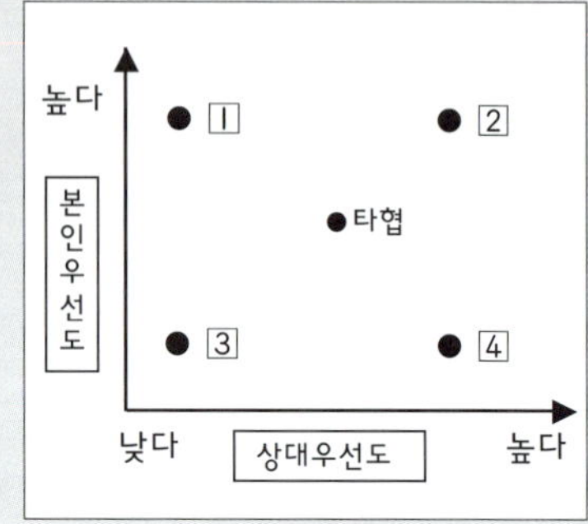

　사람의 행동은 성격에 따라서 여러가지 타입으로 나누어집니다만, 우선 일대일의 관계인 경우를 생각해 봅시다. 이 경우 상대방의 기분을 우선으로 할 것인가 또는 자기의 기분을 우선으로 할 것인가 하는 두 개의 축으로 분석하면 이해하기 쉬워집니다. 그것을 나타낸 것이 이 도표입니다.

　예를 들면, 지금 여기에 두 사람이 있고 테이블 위에 빵이 한 개밖에 없다고 합시다. 두 사람다 그 빵을 아주 좋아하고 먹고 싶어 하고 있습니다. 이 경우 두 사람은 어떻게 할까요? 일반적으로는 「반씩 나눠 먹는다」, 즉 「타협」이라는 행동이 취해집니다. 이것은 자기도 상대도 각각 반 정도 우선하고 있는 것이니까 타협이라는 행동은 이 도표의 한 가운데 부분에 위치하게 됩니다.

　그럼, 한 쪽의 사람이 자기가 너무 좋아하는 빵이라고 해서 혼자 전부 먹어버린 경우, 그 행동은 도표 안의 어디에 위치하게 되는 것일까요?

(自分の優先度 ⇒ 高い) ＊ (相手の優先度 ⇒ 低い)
(본인 우선도 ⇒ 높다) ＊ (상대 우선도 ⇒ 낮다) ⇒ 정답 1

先生が、社員に対する賃金の決め方について話しています。この先生が最後に紹介する企業の例は図のどの部分に位置しますか。

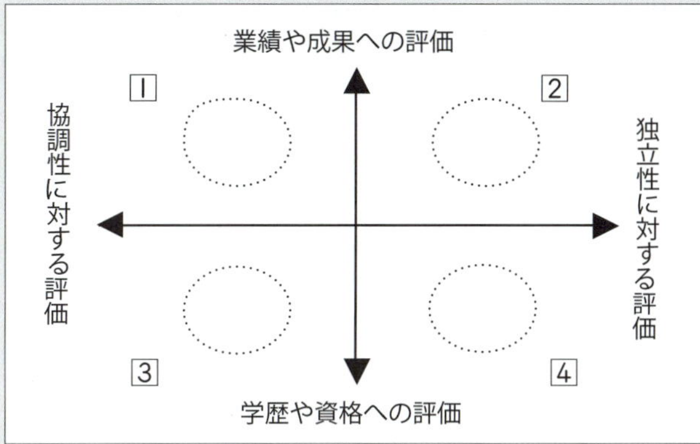

선생님이 사원에 대한 임금 결정법에 대해 이야기하고 있습니다. 이 선생님이 마지막에 소개하는 기업의 예는 도표의 어느 부분에 위치합니까?

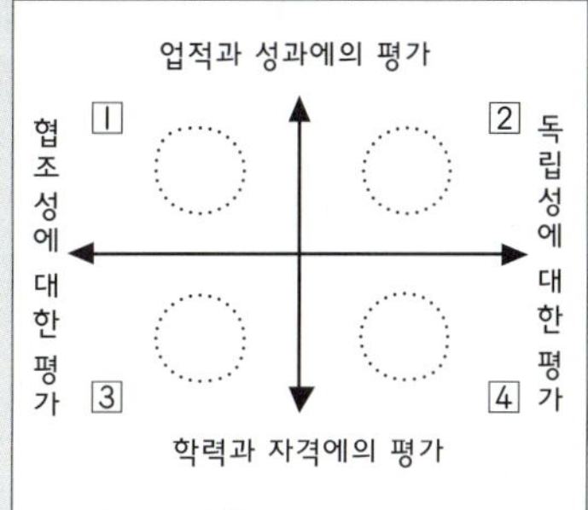

　一般に、企業が社員の賃金の額を決める基準として、二つの評価軸があげられます。

　一つは、社員が実際に働いて出した業績や成果、つまり表面に現れた能力によって賃金を決めるのか、あるいは、もともと身に付いている知識や資格によって決めるのかという軸です。この図の縦軸になります。ですから、いわゆる成果主義とか実力主義と言われるのは、図の上半分に位置することになります。これに対して、図の下半分は、例えば何か資格を持っていて、高い能力が期待できるという場合の評価を示しています。

　もう一つは、図の横軸です。社員の協調性や会社への帰属意識の強さで決めるのか、あるいは、社員個人の個性などで決めるのか、という軸です。

　私が先日訪れた企業では、一人一人の個性が尊重され、独自性を評価する基準が設けられていました。しかし、その一人一人の能力は、どんな資格を持っているかということよりも、その年どれだけ実績を上げたかが考慮されているようでした。

일반적으로 기업이 사원의 **임금액을** 결정하는 기준으로서, 두 가지 평가축을 들 수 있습니다.

첫 번째는 사원이 실제로 일해서 낸 업적과 성과, 즉 표면에 나타난 능력에 따라서 임금을 결정할 것인가 또는 원래 숙련되어 있는 지식과 자격에 따라서 결정할 것인가 하는 축입니다. 이 도표의 세로축이 됩니다. 그러므로 이른바 성과주의라든지 실력주의라고 일컬어지는 것은 도표 위쪽의 상반부에 위치하게 됩니다. 이것에 대해 하반부는 예를 들면, 어떤 자격을 가지고 있고 고도의 능력을 기대할 수 있다는 경우의 평가를 나타내고 있습니다.

또 하나는 도표의 가로축입니다. 사원의 협조성과 회사에 대한 강한 귀속의식으로 결정할 것인가 또는 사원 개인의 개성 등으로 결정할 것인가 하는 축입니다.

내가 요전에 방문한 기업에서는 사람마다 개성이 존중되고 독자성을 평가하는 기준이 만들어져 있었습니다. 그러나, 그 사람마다의 능력은 어떤 자격을 가지고 있는가라는 것보다도 그 해 얼마큼 실적을 올렸는지 고려되고 있는 듯 했습니다.

(個性＝独立性に対する評価)＊(実績＝業績や成果への評価)
(개성＝독립성에 대한 평가)＊(실적＝업적과 성과에의 평가) ⇒ 정답 2

포인트는 두 개이다. 「세로축의 위인지 아래인지」, 그리고 「가로축의 오른쪽인지 왼쪽인지」, 이것으로 네 개의 선택지를 만들 수 있다. 이 중에서 한 개를 고르는 문제인 것이다. 문제 8번은 주변에서 들을 수 있는 이야기라서 알기 쉽지만, 문제 9번은 회사의 임금문제로 낯설 수 있다. 그림의 설명순서로는

① 세로축 ⇒ ② 가로축 으로 되어 있는데, 질문할 때는

① 가로축 ⇒ ② 세로축 순으로 되어 있어서 조금 혼란스러워진다.

이러한 문제가 2005년 1회(20번)부터 의도적으로 출제되었다. 내용은 어렵지만, 포인트는 두 개 뿐이다. 하나하나씩 위인지 아래인지, 오른쪽인지 왼쪽인지, 판단하면 답은 나온다. 연습을 해서 이런 문제에 익숙해지는 것이 중요하다.

⑧ 선택지가 「문장」과 「어구」인 문제이다.

先生が、ある選手の「100メートル走」の走り方について説明しています。先生は、この選手の課題はどうすることだと言っていますか。

선생님이 어떤 선수의 「100미터 달리기」의 달리기 법에 대해서 설명하고 있습니다. 선생님은 이 선수의 과제는 어떻게 하는 것이라고 말하고 있습니까?

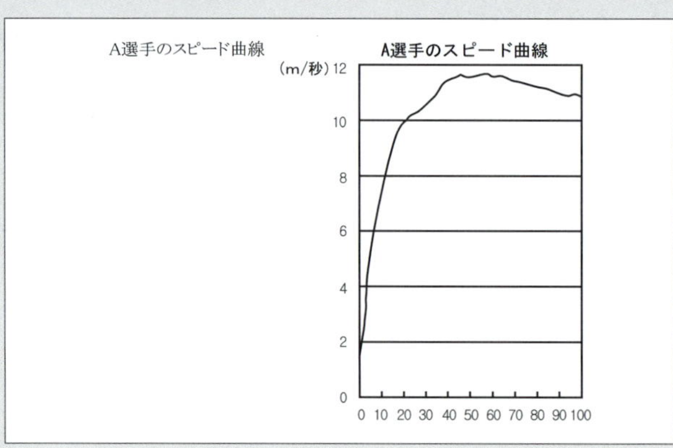

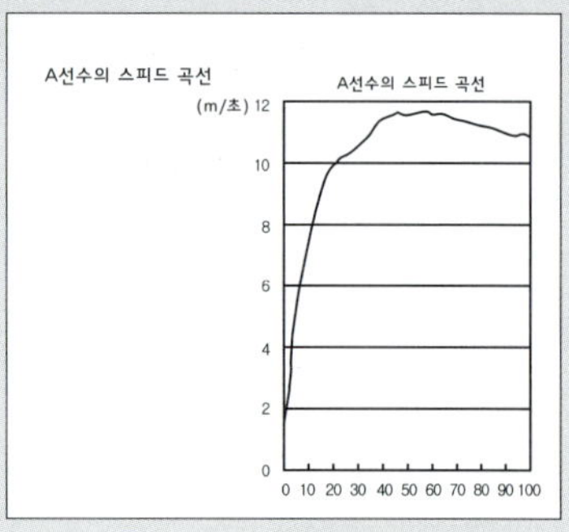

1．最高速度に達するまでの時間を遅らせる。
2．スピードを維持するため体力をつける。
3．スタートの動作をゆっくり行うようにする。
4．前半はさらに最高速度を上げるようにする。

　このグラフは、選手がスタートから100メートル走るまでの、スピードの変化を表したものです。こうして、1回1回、走るたびにグラフで示し、分析することによって、

1. 최고속도에 달할 때까지의 시간을 늦춘다.
2. 스피드를 유지하기 위해 체력을 기른다.
3. 스타트 동작을 천천히 하도록 한다.
4. 전반은 더욱 더 최고속도를 올리도록 한다.

　이 그래프는 선수가 스타트에서 100미터 달릴 때까지의 스피드의 변화를 나타낸 것입니다. 이렇게 해서 1회 1회 달릴 때마다 그래프로 나타

選手の理想的な走り方を追求することができるようになりました。

　この選手の場合、40メートルを越えたところで、ほぼ最高速度に達し、後半70メートル以降は、スピードが落ちていることがわかります。後半で減速してしまうため、記録が伸びないというのが悩みです。ですから、最後まで最高速度を維持できれば理想的な走りといえますが、選手の年齢を考慮すると、それは望めません。それより最高速度到達点を遅らせること、そのため前半はスピードをおさえて走ることが今後の課題と言えるでしょう。

내고 분석함에 따라서 선수의 이상적 달리기 법을 추구할 수 있게 되었습니다.

　이 선수의 경우, 40미터를 넘은 지점에서 거의 최고 속도에 달해 후반 70미터 이후는 스피드가 떨어지고 있다는 것을 알 수 있습니다. 후반에서 감속해 버리기 때문에 기록이 늘지 않는 것이 고민입니다. 그러므로 마지막까지 최고 속도를 유지할 수 있으면 이상적인 달리기라고 말할 수 있지만, 선수의 연령을 고려하면 그것은 바람직하지 않습니다. 그것보다 최고 속도 도달점을 늦출 것, 그러기 위해서 전반은 스피드를 내지 말고 달리는 것이 앞으로의 과제라고 말할 수 있을 것입니다.

> 「最高速度到達点を遅らせる」＝「最高速度に達するまでの時間を遅らせる」
> 「최고 속도 도달점을 늦춘다」＝「최고 속도에 달할 때까지의 시간을 늦춘다」 ⇒ 정답 1

포인트

선생님 말을 들으면서 그래프와 표와 자료를 보고, 그 위에, 네 개의 「문장」과 「어구」를 읽고 올바른 정답을 선택해야 한다. 시간은 약 10초밖에 없다. 이 문제와 같이, 정답이 이야기의 마지막에 있고, 「ですから 그러므로」라는 결론을 나타내는 접속사가 있을 경우는 알기 쉽지만, 선생님의 이야기 속의 단어와 선택지 [1]의 단어는 조금 다르다. 먼저, 키워드인 「最高速度(최고 속도)」를 파악할 것. 그것만으로 정답은 [1]이나 [4]라는 것을 알 수 있다. 그리고, 「到着店を遅らせる (도달점을 늦춘다)」와 「達するまでの時間を遅らせる (도달할 때까지의 시간을 늦춘다)」가 깊은 의미인가를 아는지 어떤지가 포인트이다.

⑨ 이야기를 듣고, 그 내용에서「どんなことが言えるか 어떤 것을 말할 수 있는가?」「どんなことが推測できるか 어떤 것을 추측할 수 있는가?」라는 질문에 답할 수 있다. 이야기의 내용을 이해한 후, 스스로 판단해야 한다. 청독해 중에서 가장 어려운 문제이다. 후반, 특히 16～20번에 출제된 문제이다.

  2-25

異文化コミュニケーションの授業で先生が人と人の間の距離について話しています。先生はこの話に続けてどのようなことを言いますか。

対人関係と距離

距離区分	説明	アメリカにおける実測値
密接距離	身体的接触、私語、ないしょ話の距離	15～45cm
個体距離	主婦、友人、知人との私的会話が可能な距離	45cm～1.2m
社会距離	仕事の会話　相手の干渉を避ける時の距離	1.2～3.6m
公衆距離	講演など一方的なコミュニケーションの距離	3.6m以上

1．日本人について、4つの区分で、対人距離を測定する。
2．4つの区分で話される内容について調査し分類する。
3．エドワード・ホールの区分が正しいかどうかを確かめる。
4．表の数値が正しいかどうか、アメリカで調査しなおす。

　私たちは、人と接するときに、間に物理的な距離を置いていますが、その距離にはいくつかの意味があることがわかっています。
　文化人類学者のエドワード・ホールは、この対人距離を4つに区分しています。資料に示したのが、それぞれの距離区分の特徴と、米国における距離の実測値です。つまり、アメリカ人が、例えば一般的な会話を行うときは、だいたい1メートル半から3メートル半くらいの距離をとるということですね。
　ただ、この距離は、あくまで米国においての数値であ

이문화 커뮤니케이션 수업에서 선생님이 사람과 사람간의 거리에 대해 이야기하고 있습니다. 선생님은 이 이야기에 이어서 어떤 것을 말할까요?

대인관계와 거리

거리구분	설명	미국에서의 실측치
밀접거리	신체적 접촉 소곤거리는말, 비밀을 이야기할 때의 거리	15~45cm
개체거리	부부, 친구, 아는 사람과의 사담이 가능한 거리	45cm~1.2m
사회거리	일할 때의 대화 상대방의 간섭을 피할 때의 거리	1.2~3.6m
공중거리	공연 등 일방적인 커뮤니케이션의 거리	3.6m이상

1．일본인에 대해 4개의 구분에서의 대인거리를 측정한다.
2．4개의 구분에서 사용되는 내용에 대해 조사하고 분류한다.
3．에드워드 홀의 구분이 올바른지 어떤지를 확인한다.
4．표의 수치가 정확한지 어떤지 미국에서 재조사한다.

　우리들은 사람을 대할 때 사이에 물리적인 거리를 두고 있습니다만 그 거리에는 몇 개의 의미가 있다는 것을 알 수 있습니다.
　문화인류학자인 에드워드 홀은 이 대인거리를 4개로 구분하고 있습니다. 자료에 나타냈지만, 각각의 거리구분의 특징과 미국에 있어서 거리의 실측치입니다. 즉 미국인이 예를 들면 일반적인 대화를 할 때는 대개 1미터반에서 3미터반 정도의 거리를 둔다는 것입니다.
　그저, 이 거리는 어디까지나 미국에 있어서의 수치이고, 일본에서 조사하면 당연 다른 값을 얻을 수 있다고 생각됩니다. 그래서, 이 수업에서는 다음과 같은 것을 하려고 합니다.

り、日本で調査すれば、当然違った値が得られるものと
思われます。そこで、この授業では次のようなことをし
ようと思っています。

포인트

이야기 내용은 어렵게 들리고, 이 이야기 마지막에「先生はどのようなことを言いますか (선생님은 어떤 것을 말할까요)」라는 질문을 받으면, 어렵게 생각되겠지만, 선생님 자신이「この距離は、…日本で調査すれば、当然違った値が得られる (이 거리는 …일본에서 조사하면, 당연히 다른 값을 얻을 수 있다)」고 했으므로, 이 후「일본에서 조사한다」는 것은 쉽게 알 수 있을 것이다. 무엇을 조사하는가 하면,「この距離(이 거리)」=「対人距離を実際に測定する (대인거리를 실제로 측정한다)」는 것이다. 그러므로, 정답은 [1]이다.

이 문제는 포인트를 알면 간단한 문제지만, 선생님 이야기에서 떨어져서 생각하기 시작하면 [2]도 [3]도, 틀린 것이 아니라고 생각되어 결정을 못하게 된다. 실전에서는 10초안에 답해야 하기 때문에 이것저것 생각할 여유는 없다. 객관적으로 봐도,「日本人について」라는 단어가 있는 것은 [1]뿐이므로, 다른 선택지와 다르다는 것을 알 수 있다.

역시「정답은 반드시 이야기 안에 있다」 이것이 기본이다.

기출유사문제 ⑫　　2-26

先生がある植物の種の実験について説明しています。先生がこのあと言おうとしていることは何ですか。

선생님이 어떤 식물의 씨의 실험에 대해 설명하고 있습니다. 선생님이 이 후에 말하려고 하는 것은 무엇입니까?

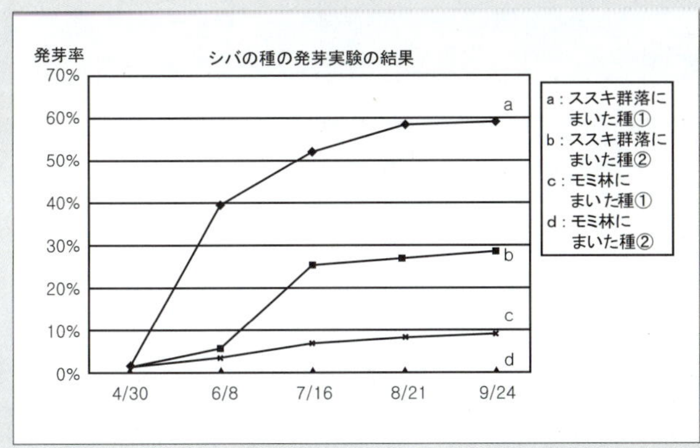

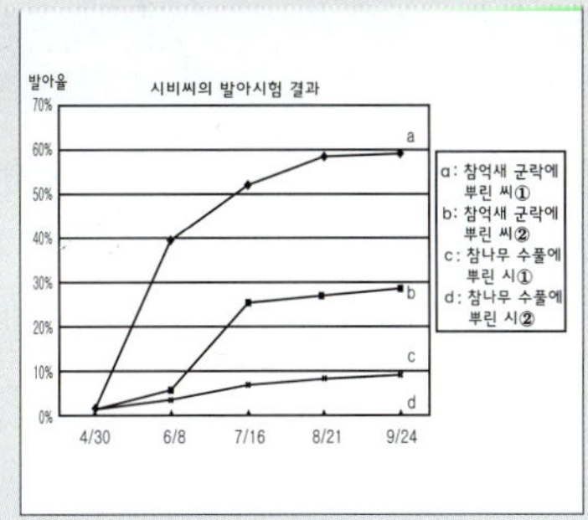

1. 種①も種②も、明るい場所にまかれたものの方が発芽しやすい。
2. 種①も種②も、暗い場所にまかれたものの方が発芽しやすい。
3. まかれた場所が同じであれば、種①のほうが種②より発芽しやすい。
4. まかれた場所が同じであれば、種②のほうが種①より発芽しやすい。

このグラフは、植物の種の発芽についての実験結果です。実験では２種類の種を明るいススキの群落と暗いモミの林の２箇所にまきました。２種類の種は「種①」と「種②」とします。

まず、種をまいた場所について見てみましょう。ａとｂが同じ場所、ｃとｄが同じ場所です。グラフのｄの線を見てください。モミの林にまいた種のうち、種②は、全く発芽していません。反対に、最も発芽率が高かったのはａの線、つまり、ススキの群落にまいた種①です。全体的に見ても、明るいススキの群落にまいた種の方が、暗いモミ林より発芽率が高くなっています。ここから、発芽には光が関係しているということがわかりますね。

では、次に、種がまかれた場所が同じであれば、種①と、種②のどちらが発芽しやすいかを見てみましょう。グラフから考えると、次のようなことが言えるのではないでしょうか。

1. 씨①도 씨 ②도 밝은 곳에 뿌려진 것이 발아하기 쉽다.
2. 씨①도 씨②도 어두운 곳에 뿌려진 것이 발아하기 쉽다.
3. 뿌려진 장소가 같으면, 씨①이 씨②보다 발아하기 쉽다.
4. 뿌려진 장소가 같으면, 씨②가 씨①보다 발아하기 쉽다.

이 그래프는 식물 씨의 발아에 대한 실험결과입니다. 실험에서는 2종류의 씨를 밝은 참억새 군락과 어두운 참나무수풀의 두 군데에 뿌렸습니다. 2종류의 씨는 「씨①」과 「씨②」라고 합시다.

우선 씨를 뿌린 장소에 대해 봐 봅시다. a와 b가 같은 장소 c와 d가 같은 장소입니다.

그래프d의 선을 봐 주세요. 참나무 숲에 뿌린 씨 중에 씨②는, 전혀 발아되지 않았습니다. 반대로 가장 발아율이 높았던 것은 a선, 즉 참억새 군락에 뿌린 씨①입니다. 전체적으로 봐도, 밝은 참억새 군락에 뿌린 것이 어두운 참나무수풀보다 발아율이 높아진 것입니다. 여기서, 발아에는 빛이 관계가 있는 듯하다는 것을 알 수 있지요.

그럼, 다음으로 씨가 뿌려진 장소가 같다면, 씨①, 씨② 어느 쪽이 발아되기 쉬운가를 봅시다. 그래프에서 생각하면, 다음과 같은 것을 말할 수 있지 않을까요.

선생님은 「種がまかれた場所が同じ (씨가 뿌려진 장소가 같다)」라는 조건에서 생각해보자고 했다. 그러니까, 정답은 [3]이나 [4]이다. 「暗い場所より、明るい場所の方が発芽率が高い (어두운 장소보다 밝은 장소가 발아율이 높다)」라는 것을 이미 알았으므로 [1]과 [2]는 관계가 없다.

ススキ群落(참억새 군락) : a(씨①) > b(씨②)
モミ林(참나무 수풀) : c(씨①) > d(씨②)

그러므로, 「씨①>씨②」 =「씨①이 씨②보다 발아율이 높다」는 것을 알 수 있다.

냉정하게 생각하면, [3]이 정답이라는 것은 알 수 있을 것이다. [1]은 틀리지는 않지만, 이 문제의 정답은 아니다. 혼동하지 않도록 주의하자!

⑩ 선택지가 「문장」과 「어구」는 아니지만, 이야기를 들은 후에 스스로 정답을 생각하게 하는 문제이다.

先生がNPOの定義について資料を見せながら説明しています。この表の３行目には、どのような組み合わせで○と×が入りますか。

NPO(Non－Profit Organization) の条件

・非営利であること
・民間の組織であること
・公共の利益を図ること

	非営利である	民間組織である	公益を図る目的を持つ
株式会社	×	○	×
地方公共団体	○	×	○
大学のサークル			

1. ○　○　○　　　　2. ○　○　×
3. ○　×　○　　　　4. ×　○　○

　NPOとは、Non-Profit Organization の略で、営利を目的としない「非営利」組織のことですが、ここで、その条件について確認しておきましょう。

　先ず、その組織が利益の追求をしない、つまりお金もうけをしないということが第一の条件です。次に、「民間」の組織であること、つまり税金によって運営される組織ではないということです。第三に、一部の特定の人のためではなく、一般の人々が利益を得ることに貢献しなければならないという条件があります。

　そこで、NPO にあたるかどうかを次の表によって確認してみましょう。まず、株式会社はお金もうけを目的としていますし、基本的に社員と株主の利益を優先するのでNPOではありません。また、地方公共団体は、住民のための非営利の組織ですが、税金によって運営されていますからNPOには含まれません。

　では、表の３行目、「大学のサークル」はどうでしょうか。学生の間で、同じ趣味の人の交流のために作る組織ですね。サークルは NPO にあたるでしょうか。

선생님이 NPO의 정의에 대해 자료를 보여 주면서 설명하고 있습니다. 이 표의 세 번째에는, 어떤 조합으로 ○와 ×가 들어갑니까?

NPO의 조건

• 비영리일 것
• 민간조직일 것
• 공공의 이익을 도모할 것

	비영리 이다	민간조직 이다	공공의 이익을 도모할 것
주식 회사	×	○	×
지방 공공 단체	○	×	○
대학 동아 리			

　NPO란, Non-Profit Organization의 약자로, 영리를 목적으로 하지 않는 「비영리」 조직을 말하는 것이지만, 여기서 그 조건에 대해 확인해 둡시다.

　우선, 그 조직이 이익을 추구하지 않는다는 것이 첫 번째 조건입니다. 그 다음으로 「민간」 조직일 것, 즉 세금에 의해서 운영되지 않는다는 것이 필요합니다. 세 번째로, 일부의 특정한 사람을 위한 것이 아니고, 일반인들이 이익을 얻을 수 있는 것에 공헌해야 한다는 조건이 있습니다.

　그리고, NPO에 해당되는지 어떤지를 다음 표로 확인해 봅시다. 먼저, 주식회사는 돈벌기를 목적으로 하고 있고, 기본적으로 사원과 주주의 이익을 우선하기 때문에 NPO가 아닙니다. 또 지방공공단체는, 주민을 위한 비영리조직이지만, 세금에 의해서 운영되고 있으므로 NPO에 포함되지 않습니다.

　그럼, 표의 셋째 줄에 「大学のサークル」는 어떨까요? 학생들 사이에서 같은 취미인 사람과의 교류를 위해 만드는 조직이군요. 서클은 NPO에 해당될까요.

포인트

동아리에 대해, NPO의 조건을 생각해 보자.
非営利ですか? (비영리인가?) ⇒ はい (네) ⇒ ○　　　民間組織ですか? (민간 조직인가?) ⇒ はい (네) ⇒ ○
公益を図る? (공익을 도모하는가?) ⇒ いいえ (아니오) ⇒ ×
그러니까, 정답은 [2]이다. 「サークル (동아리)」라는 말의 의미를 알면 어렵지 않다. 그런데도 이와 같은 문제가 나올 것을 아는 사람과 모르는 사람의 차이는 크다.

① 청해 문제와 마찬가지로, 청독해에서도 중요한 포인트는 이야기의 종반부에 있는 것이 많다. 즉, 정답은 이야기 후반에 많다. 포인트가 되는 단어(접속사와 부사)도 마찬가지다.

≪でも・しかし 하지만・그러나≫ ≪では・じゃあ 그러면・그럼≫ ≪そこで・それで 그래서・그러므로≫

≪ですから・だから 그러니까・때문에≫ ≪つまり 즉≫ ≪やっぱり・やはり 역시≫ ≪実は 실은≫ ≪とにかく・まず 아무튼・우선≫ ≪たしかに 확실히≫ 등

② 청독해에서는 이야기 속에 포인트가 두 개 있는 문제도 있다.

③ 네 개의 선택지(그림・그래프・안내 등)을 하나하나 제거해서, 마지막에 올바른 답을 남긴다는 문제도 있다.

여기서는 이야기 속에 포인트가 두 개 있는 문제를 보자. (⇒ 기출유사문제 15번)

기출유사문제 ⑭ 2-28

男性と女性が新聞の記事を見ながら話しています。この データは地図のどこで観測したものですか。

남자와 여자가 신문기사를 보면서 이야기하고 있습니다. 이 데이터는 지도의 어디에서 관측한 것입니까?

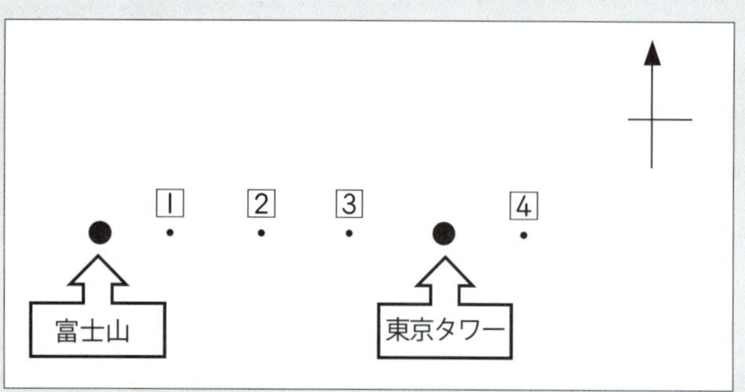

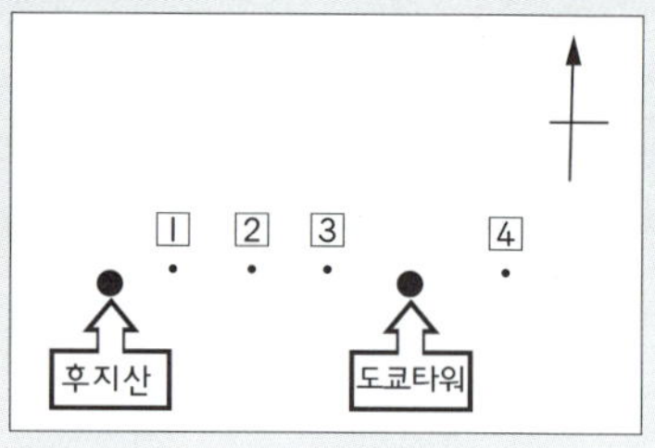

男性	ねえ、これ、1年のうちで富士山や東京タワーが見えた日数だって。富士山や東京タワーが見える日が、最近、増えてるみたいだよ。
女性	へえ、空気がだんだんきれいになってきてるのね・・・。あら？❶観測地点は、東京タワーのほうが近いんでしょ？　それなのに、富士山のほうがよく見えた年があるのね。ずいぶん昔だけど、でも、遠いほうがよく見えるって、どういうこと？
男性	方角の問題だよ。❷富士山は西、東京タワーは東に見えるんだ。そのころって、都心は空気が汚染されてただろ？　だから当時、東京タワーの方角は、くもっていて見晴らしが悪かったってことなのさ。
女性	なるほど。

남자	이봐, 이거 일년 중에서 후지산과 도쿄타워가 보이는 일수래. 후지산과 도쿄타워가 보이는 날이 요즘 늘고 있는 것 같은데.
여자	와, 공기가 점점 깨끗해지고 있는 거네. 어머? ❶관측지점은 도쿄타워 쪽이 가깝잖아? 그런데도, 후지산 쪽이 잘 보이는 해가 있네. 꽤 옛날이지만, 그런데 먼 쪽이 잘 보인다는 것 무슨 의미야?
남자	방향이 문제야. ❷후지산은 서쪽, 도쿄타워는 동쪽에 보여. 그때는 도심은 공기가 오염되어 있었잖아. 그러니까 당시 도쿄타워 방향은 뿌옇게 흐려서 전망이 나빴다는 거지.
여자	그렇구나.

관측지점을 고르는 문제이다. 우선, ❶에서 도쿄타워가 가깝다는 것을 알 수 있다. 따라서, 정답은 [3]이나 [4]이다. 다음에 ❷에서 도쿄타워와 후지산 사이에 있다는 것을 알 수 있다. 그러므로, 정답은 [3]이 된다.

※❶과 ❷양쪽을 모르면 정답을 결정할 수 없기 때문에, 하나하나 확인하면서 들어보자.

기출유사문제 ⑮　2-29

先生が、生物学の授業で生存曲線について説明した後、学生に質問します。学生はこの質問に何と答えればいいですか。

선생님이 생물학 수업에서 생존곡선에 대해 설명한 후, 학생에게 질문합니다. 학생은 이 질문에 뭐라고 대답하면 될까요?

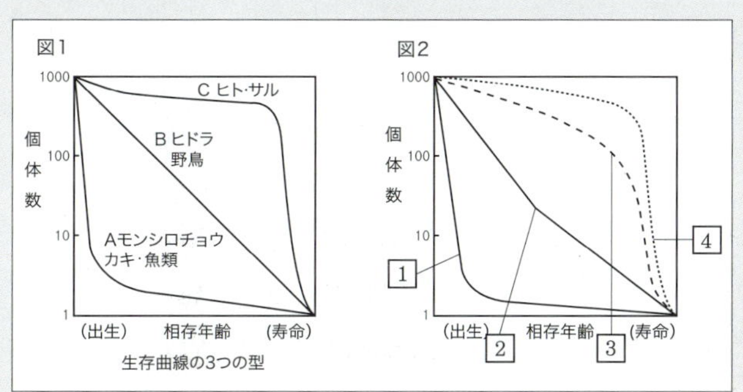

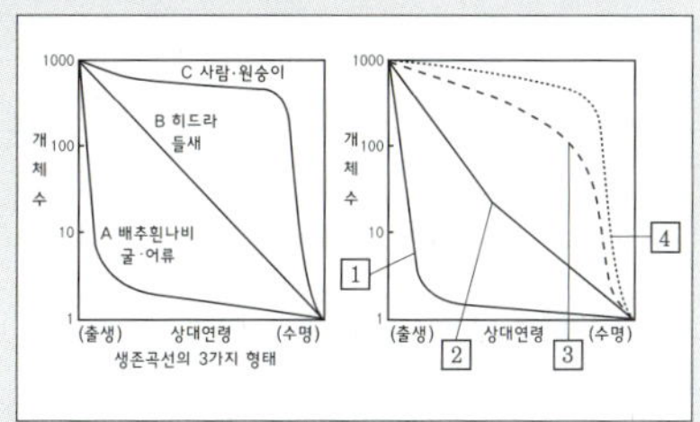

「生存曲線」というのは、ある生物が生まれてから寿命が来て死ぬまで、どのぐらいの割合で死んでいくか、つまり死亡率の変化をグラフに表したものです。図1を見てください。生まれたときは死亡率がゼロにちかいため、個体数は一番高い数値が示されています。それがどのような割合で減っていくか、生物の種類によって３つに分けて表しているのです。例えばヒトは、病院で生まれ親によって保護されて育ち、また、❷天敵もいないため、多くの個体が高齢まで生き続けます。このためＣのような曲線になります。一方、モンシロチョウや魚や貝などは、大多数が幼いうちに死んでしまうため、Ａのような曲線になります。Ｂの線は、死亡率がほぼ一定であることを示しています。

さて、ミツバチはどうでしょう。ミツバチは、大きな巣を作り、その中で、幼虫は生まれ、守られて育ちますから、❶幼虫の時の死亡率は鳥やヒドラと比べて低くなりますが、❷天敵はいますので、ヒトのような生存曲線にはなりません。

そこで、皆さんちょっと考えてみてください。ミツバチの生存曲線は、図２の中のどれだと思いますか。

「생존곡선」이라는 것은, 어떤 생물이 태어나서 수명이 되서 죽을 때까지, 어느 정도 비율로 죽어 가는가, 즉 사망률의 변화를 그래프에 표시한 것입니다. 그림 1를 보세요. 태어났을 때는 사망률이 제로로 가깝기 때문에 개체수는 가장 높은 수치가 나타나고 있습니다. 그것이 어떤 비율로 줄어 가는가 생물의 종류에 따라 3개로 나누어 나타내고 있는 것입니다. 예를 들면 사람은 병원에서 태어나 부모에 의해서 보호되어 자라서 또, ❷천적도 없기 때문에, 상당한 개체가 고령까지 계속 살아갑니다. 이 때문에 C와 같은 곡선이 됩니다. 한편, 배추흰나비와 생선과 조개 등은 대다수가 어릴 때 죽어버리기 때문에, A와 같은 곡선이 됩니다. B선은 사망률이 거의 일정하다는 것을 나타내고 있습니다.

그럼, 꿀벌은 어떨까요. 꿀벌은 큰 둥지를 만들어서, 그 안에서 유충이 태어나 보호를 받으며 자라니까 ❶유충 때의 사망률은 새와 히드라와 비교해서 낮아지지만, ❷천적은 있기 때문에, 사람과 같은 생존곡선은 되지 않습니다. 그러면, 여러분 잠시 생각해 보십시오. 꿀벌의 생존곡선은 그림 2 중에서 어떤 것이라고 생각합니까?

「幼虫(유충)」=「虫の子ども (곤충의 새끼)」이므로, 「①死亡率が低い (사망률이 낮다)」는 것은 「個体数が多い (개체수가 많다)」는 것, 그러므로 정답은 그림 1의 B선보다 위의 선이 된다.
또, 「天敵がいない (천적이 없다)」인 사람의 경우, 고령까지 사는 사람이 많다는 것이니까, 「②天敵がいる (천적이 있다)」 꿀벌의 경우, 사람의 선보다 아래가 된다. 즉, B의 선보다 위에서 C의 선보다 아래라는 것이 되므로, 정답은 [3]이 된다.

여기서는 질문의 단어를 16개로 분류했습니다. ⇨ 「2. 질문형식」
먼저 질문을 잘 듣고, 이야기 내용의 포인트를 파악하세요.

연습문제 1　いくら　

男性が女性に電気料金について質問しています。
6月分の料金を計算すると、赤字分はいくらになりますか。

昨年6月の電気代	￥28,000
今年6月の電気代	￥13,000
電力会社からの入金	￥5,000
太陽電池の費用1か月分	￥25,000

1. 5千円
2. 1万円
3. 1万5千円
4. 3万3千円

연습문제 2　いつ　

男子学生と女子学生が新入生オリエンテーションの日程について話しています。
この二人がいっしょに参加することになるのはいつですか。

4月9日(月)	午前	・事務関係ガイダンス ・外国語科目および体育科目についてのガイダンス
	午後	・学科別ガイダンス ・学生証交付
10日		・学科別ガイダンス
11日(水)	午前	・女子学生　健康診断
	午後	・男子学生　健康診断
12日	午前	・外国語科目および体育科目の申し込み
13日		・授業開始

1. 9日と13日

2. 9日と12日

3. 9日と11日

4. 11日と13日

男子学生と女子学生が「履修上の注意」を見ながら話しています。
この女子学生は、「履修上の注意」の中のどの部分について問い合わせることにしましたか。

履修上の注意

1.　① 年間登録単位数の上限について
　　　・1年生　芸術学科46単位／その他の学科40単位
　　② 授業時間について
　　　・1時限9：00〜10：30　2時限10：40〜12：10　3時限13：00〜14：30
　　　　4時限14：40〜16：10　5時限16：20〜17：50

2.　③ 受講登録・確認について
　　　・登録：4月23日(月)，24日(火)10：00〜16：00　101番教室
　　　・確認：5月14日(月)，15日(火)10：00〜16：00　101番教室

3.　④ 定員設定科目について
　　　・「情報処理」は、コンピューターを使用するため定員を設定します。
　　　・受講申し込みは、4月11日(水)，12日(木) です。
　　⑤ 国語科目および体育科目について
　　　・4月9日(月)10：00　ガイダンス　　・4月10日(火)　履修相談

4.　⑥ 相互履修について
　　　・本学の他学部の科目を履修し単位を修得した場合、選択科目の単位として参入す
　　　　る制度です。ただし、在学中に修得可能な単位数は30単位までです。

女子学生と男子学生が「公開授業」の案内を見ながら話しています。
この男子学生は、どの授業を受けることにしましたか。

文学部公開授業案内

1.　「エンターテインメント文学論」
　　講師: 林　正子(講師)
　　内容: キャラクターの構成やストーリー展開まで、わかりやすく説明。

2.　「風俗論」
　　講師: 三遊亭円矢(落語家)
　　内容:「落語は見るものではなく、聞くものだった。」―落語を通して日本文化を学ぶ。

3.　「ジャーナリズム論」
　　講師: 村上　春子(教授)
　　内容: 新聞、テレビ報道の舞台裏を知る。記者として求められるもの。

4.　「文芸創作論」
　　講師: 松本　太陽(小説家)
　　内容: 芥川賞候補作家が、小説の書き方を直伝。

연습문제 **5**　　どれ　　　2-34

先生が心理学の講義をしています。先生がこれから描く図はどれですか。

図1

$$10\ \text{g} \quad \Rightarrow \quad 10\ \text{g} \ + \ 1\ \text{g}$$

識別できる最小の重さ

$$\frac{増えた重さ（1\,グラム）}{もとの重さ（10\,グラム）} = \text{K}(一定)$$

1. $100\ \text{g} + 10\ \text{g}$　　2. $100\ \text{g} + 20\ \text{g}$　　3. $100\ \text{g} + 7\ \text{g}$　　4. $100\ \text{g} + 100\ \text{g}$

100 g ⇒ 100 g + 10 g　　100 g ⇒ 100 g + 20 g　　100 g ⇒ 100 g + 7 g　　100 g ⇒ 100 g + 100 g

女子留学生と男子留学生が、茶道講座の案内を見ながら話しています。
この女子留学生が、講座に参加できない理由は、何ですか。

茶　道　講　座
留学生を対象に茶道の基本を講習します。

日時：10月8日　10月15日　10月22日　10月29日　計4回　14:00 ～ 16:00
場所：市民会館4階　和室
講師：田中　美紀先生（当大学美学講師）
対象：当大学在学の留学生で、「日本文化論」の受講生。
　　　過去参加された方は、ご遠慮ください。
定員：20名
費用：300円
申込：10月3日までに文学部総務課に直接申し込んでください。
　　　その際、①氏名、②学年、③連絡先を所定の用紙に記入してください。

1. 講座の日程とスケジュールが合わないから
2. 女性は参加できないから
3. 過去に参加したことがあるから
4.「日本文化論」を受講していないから

女子学生と男子学生がグラフを見ながら話しています。
この女子学生がグラフについて疑問に思ったことはどんなことですか。

各国の1人あたりＧＮＩ（国民総所得）と自動車保有率

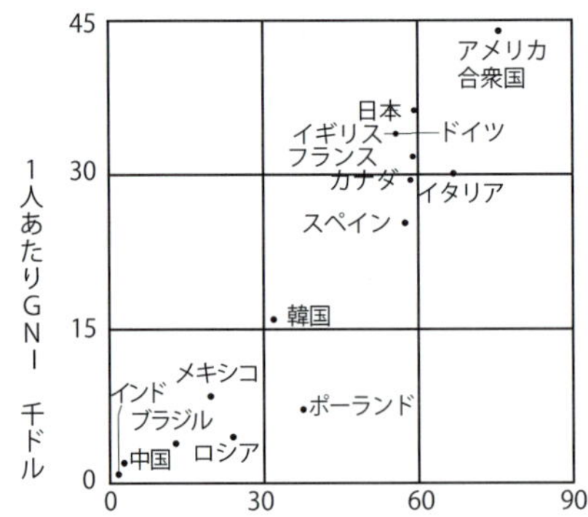

1. アメリカが対角線上に位置しているということ
2. 日本が対角線上に位置しているということ
3. アメリカが一番右上に位置していること
4. 日本が対角線から離れて位置していること

ある会社の人が、日本のビールの生産量がどのように変化してきたかについて説明しています。
この説明の内容をグラフで表すとどのようになりますか。

1.　(万￥kl)
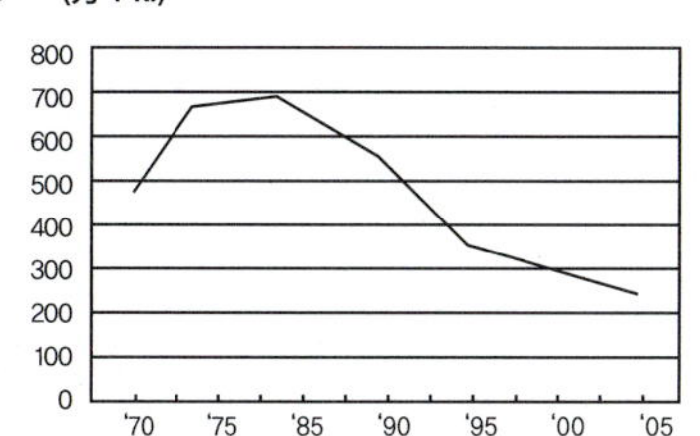

2.　(万￥kl)
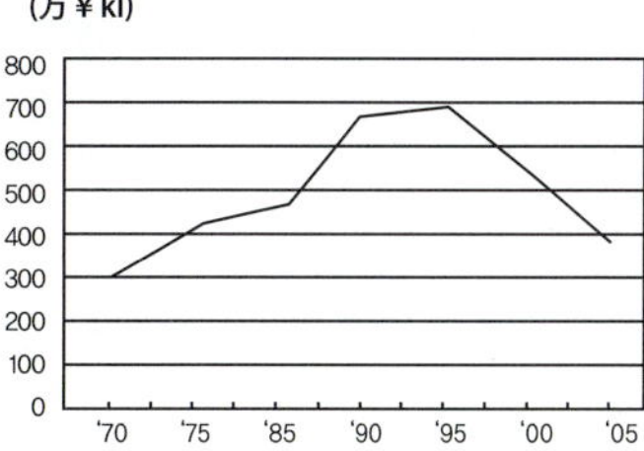

3.　(万￥kl)
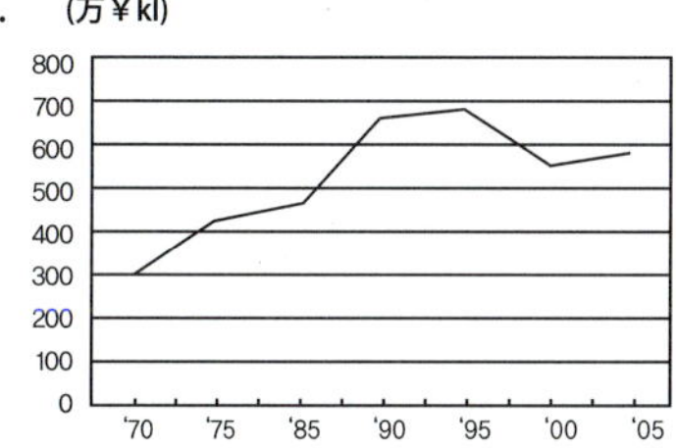

4.　(万￥kl)
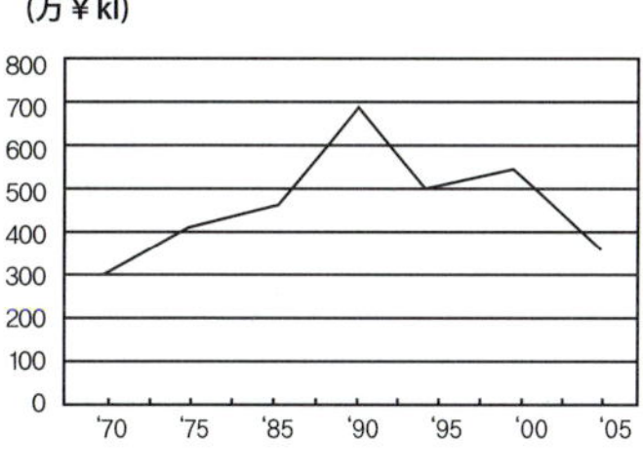

연습문제**9**　どうする　🔘 2-38

先生が性格診断の説明をしています。先生は、どうしたらいいと言っていますか。

	未来志向(計画的に行動する)	現在志向(状況に応じて行動する)
自分中心		
相手中心		

1. 相手のタイプを理解する。
2. 自分のことを考えるようにする。
3. 自分の考えを変えないようにする。
4. 仕事で成功する

女性がダイエットの方法について話しています。
この女性は今、どのポイントについて話していますか。

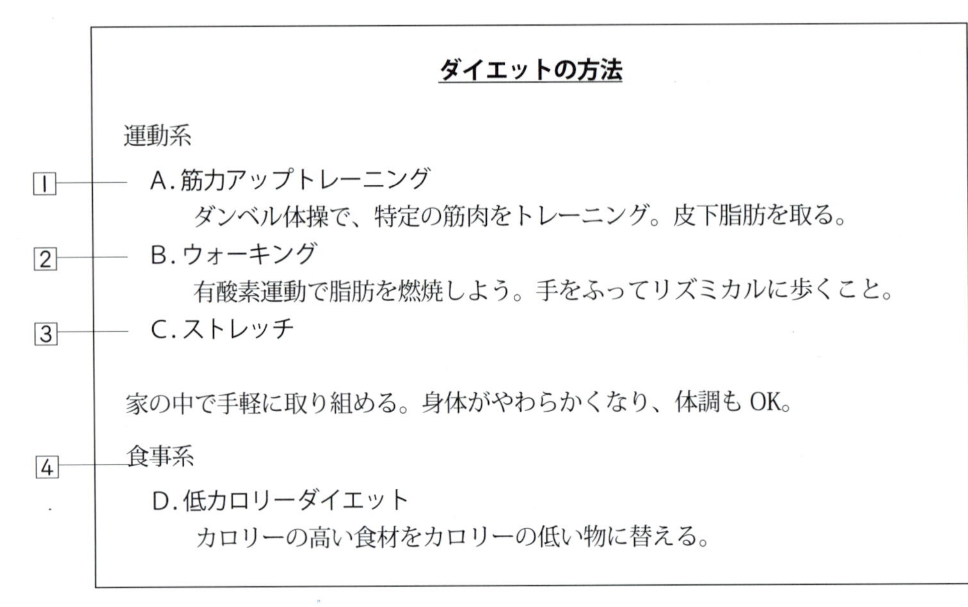

先生が、温度と光合成との関係について説明しています。
先生がこのあと言おうとしていることは何ですか。

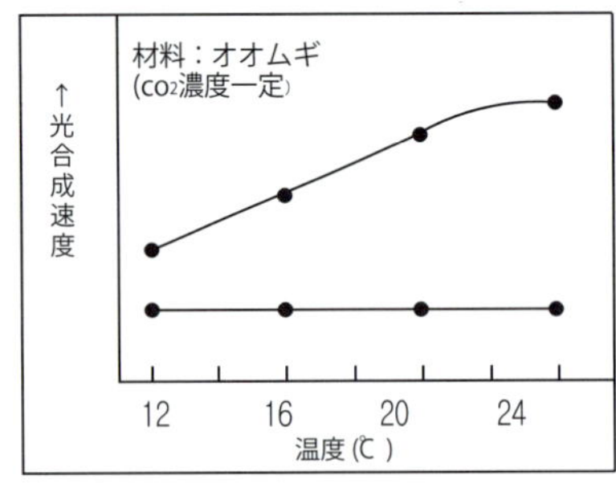

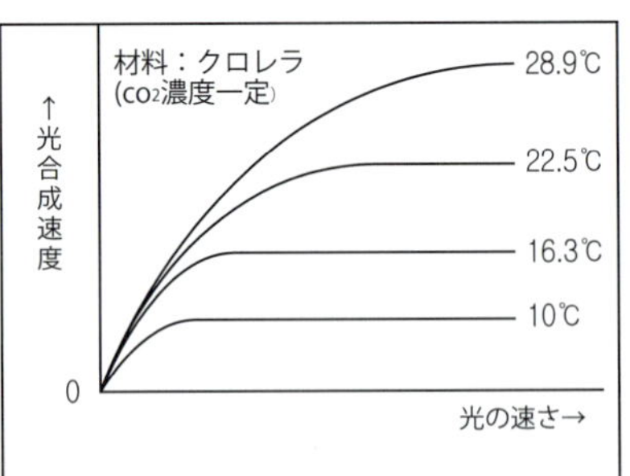

1. 光が弱い場合、温度の影響はほとんどない。
2. 光が強い場合、温度の影響はほとんどない。
3. 温度が高い場合、光の強さの影響はほとんどない。
4. 温度が低い場合、光の強さの影響はほとんどない。

授業で先生が「みんなの前で話す場合の注意点」について話しています。
この先生が最も言いたいことは何ですか。

「何を伝達するか」

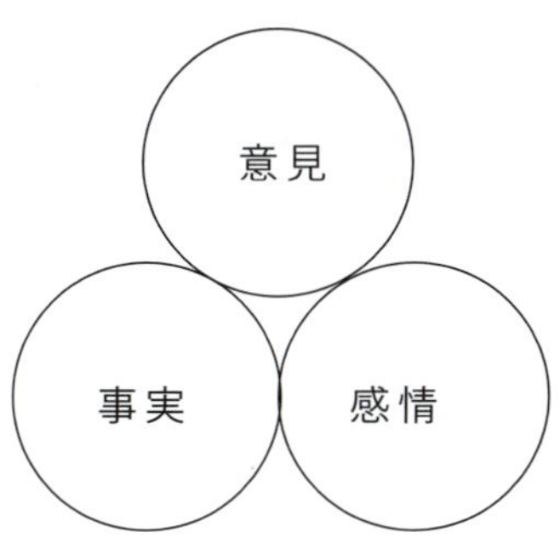

1. 意見だけではだめで、事実が最も大事である。
2. 理論的な意見が最も大事である。
3. 意見、事実、感情のバランスが大事である。
4. 意見と感情こそが大事である。

先生が人材の評価について話しています。
この先生は企業にとって最も評価が高い人材はどれだと言っていますか。

	能力	意欲	
	○	○	1
	○	△	2
	△	○	3
	△	△	4

○・・・高い　　　　△・・・高いとは言えない

男子学生と女子学生が「日本人の脳の特徴」について話しています。
二人の話の内容と違うのは、図のどの部分ですか。

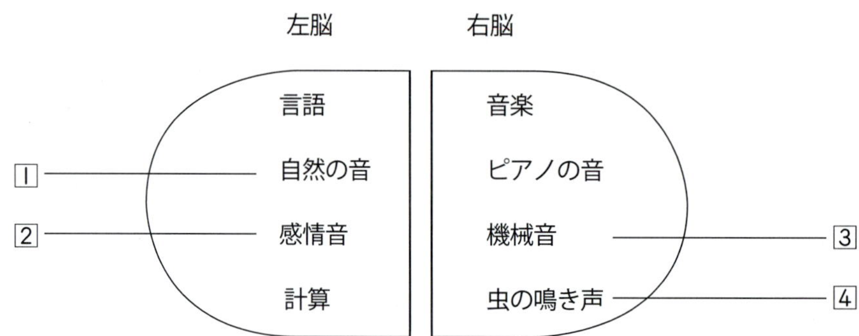

① 청해와 마찬가지로 청독해도 [두 사람의 대화] ⇒ [인터뷰] ⇒ [한 사람의 이야기] 순으로, 하나의 문장이 길어지고, 문어체가 된다. [한 사람의 이야기]의 대부분은 대학교수의 이야기이다.

② [한 사람 이야기]에서는 우선, 「그림과 표, 자료설명」이 있고, 그리고 「이야기 포인트가 어디에 있는가?」 「どんなことがわかるか・言えるか・必要か 어떤 것을 알 수 있는가 · 말할 수 있는가 · 필요한가」라는 질문이 있다. 또, 그림과 표를 설명하고, 「～の場合は、 どうなりますか？ ～의 경우, 어떻게 됩니까?」라고 묻는 사람에게 직접 질문하는 문제도 있다.

③ [두 사람의 대화]에서는 먼저, 안내 등의 자료와 그림 표에 대한 주제를 제시한다.

그 때의 표현으로 자주 사용되는 것이 「～って」・「～なんだけど/なんですが」이다.

• 「フード・マイレージって知ってる？ 푸드 마일리지라는 거 알아?」

• 「これ、経済学のレポートで使うアンケートなんだけど。 이거, 경제학 리포트에서 사용하는 앙케트인데」

주제의 제시가 있고, 그것에 대해 이야기하고,

「じゃあ、 ～しよう!」「じゃあ、～にするか。」「だったら、～しかないね。」「～ば、 いいんじゃない？」라는 말로 그리고 나서 「どうするか・何をするか」를 정한다. 이것이 기본이다.

다음으로, 말하는 사람의 의견이 어디에 있는지 주의해서 듣는다.

※「の・んだ・んです」「が・けど」「から・し」의 앞 뒤에 자주 나온다.

❶1人の会話 한 사람의 이야기

■ [疑問] 의문

見てください 보세요

• 資料の図を見てください。   • 上のグラフを見てください。   • では、グラフを見てください。

• まず、スクリーンに映った、このコンピュータの画面を見てください。

これは ～結果です / 示しています 이것은 ～결과입니다/나타내고 있습니다

• これは有給休暇をとった理由についての調査結果です。

• このグラフは、シバという植物の種の発芽についての実験結果です。

• これは、日本の本州周辺にある島の面積と、そこに定着している鳥の種類の数との関係を示しています。

・この図は、太平洋の赤道付近の海を横から見たものです。
・この図は、問題解決の際に、自分への配慮、相手への配慮をそれぞれどの程度しているかを視覚的に示すものです。
・お手元のグラフは、その結果をあらわしたものです。
・グラフの右に数字が書いてありますが、上は今年度、下のカッコ内は昨年度のものです。
・Bの部分のエネルギーは、法律で石油代替エネルギーとして指定された、いわゆる「新エネルギー」と呼ばれるものです。
・さて、お手元の資料は、自然と人間との関係ということについて、一般の日本人がどう思っているかを長期的に調査したものです。
・前回もお話したように「消費者物価指数」というのは、時間を追って物価の変動を見るためのものでしたね。

・図1を見てください。これは神経細胞を表したものです。
・次の図を見てください。これは、自分の性格や考え方を、自分自身で知っているかどうか、他人が 知っているかどうかという観点から、四つの部分に分けたものです。
・この図を見てください。最も基本的なのが橋の脚の上に桁を渡しただけの単純な構造の桁橋というものです。
・「生存曲線」というのは、ある生物が一生のどの段階でどのぐらい生き残っているかという割合をグラフにしたものです。図1を見てください。
・資料1を見てください。これは女子学生に対し、おしゃべりにどんな効用があるかという質問をし、その答えを集計したものです。
・ここにある4つの例を見てください。これらは、病院に掲示する、病院内での注意事項を4通りの書き方で書いたものです。

・今日は、入浴のしかたと出る汗の量について説明します。
・えー、それでは、学生証の表に印刷してあるID番号について説明します。
・えー、これから、この大学のコンピューターの使い方について説明します。

・サマータイムという制度は、夏のある期間、時計を1時間早めて日照時間を有効に使おうとするもので、もともとは北欧など日照時間の少ない国が、少しでも長く夏の太陽を浴びようという健康上の目的で始めたものだということを前回お話ししました。

・最初に考案されたのは鳥の羽のような形のものでした。

・しかし、自己実現は何か今欠けているものが与えられれば満たされるというようなものではありません。

・初めのうちは仕事がなかなか進まないものです。

■ ［でしょうか・でしょう・ましょう］ 일까요・이겠죠・ㅂ시다

・さて、日本はどうでしょう。　　・さて、ミツバチはどうでしょう。

・では、イチゴはどうでしょうか。

・では、「よくがんばったね」と、努力を褒めてあげるのはどうか。

・さあ、どうでしたか、答えは合ってましたか？

・同窓会はNPOにあたるでしょうか。

・さて、どうでしょう。このグラフを見て、どんなことが言えるでしょうか。

・2人ともそのケーキを1個全部食べたいと思っているとき、2人はどうしたらいいでしょうか。

・日本は先ほど説明した3つのグループのうち、どのグループに入ることになるでしょうか。

・さて、このグラフの中で、白丸で示した二つの島は、先程の曲線から大きく離れていますが、どうしてでしょうか。

・これは具体的にどういうことなのでしょうか。

・グラフから考えると、次のようなことが言えるのではないでしょうか。

・おそらく友達と話すときのほうが距離はずっと近いのではないでしょうか。

～でしょう　～이겠죠

- このようなことがデジタル化の問題点と言えるでしょう。
- こうしてみると、ボランティア活動は個人にとっても企業にとっても大変いい効果を生んでいると言っていいでしょうね。
- ですから、スタート時に急速な加速をせず、最高速度をもう少し後ろの位置で出せるように走ることが課題でしょう。
- もしもサマータイムを導入するとなると、例えば、暗くなってから始まる花火大会や夏祭りなどの伝統的な行事も影響を受けるでしょう。

～ましょう・～てみましょう・～ておきましょう　～ㅂ시다・해 봅시다・해 둡시다

- 皆さん、今日はある実験結果を紹介しましょう。
- 予想しましたか？　では、説明していきましょう。
- では、種がまかれた場所が同じであれば、種1、種2のどちらが発芽しやすいかを見てみましょう。
- これらの情報の提示方法について考えてみましょう。
- そこで、いろいろな団体がNPOにあたるかどうかを次の表によって確認してみましょう。
- NPOとは、Non-Profit Organizationの略で、営利を目的としない「非営利」組織のことですが、定義をあいまいにしている人が多いので、確認しておきましょう。

～としましょう・～にしましょう　～라고 합시다・～으로 합시다

- 2種類の種のことをここで仮に「種1」と「種2」としましょう。
- さて、このような旅行者の出入りを大きく3つのグループに分けて考えることにしましょう。

■ ［と思う・と考える・と言う］라고 생각한다・라고 한다

～と思う　～라고 생각한다

- 今日は、そのようなことを考えてみたいと思います。
- そこで、この授業では次のようなことをしようと思っています。
- この表を見ますと、ある年を境に回答の傾向が大きく変わっていることがわかると思います。
- 先週は、地域ブランドを立ち上げる際に留意すべきこととして、資料に挙げた各項目についてお話ししましたが、私はその中でも、ブランドの目標設定ということが何より大切だと思っています。
- 僕は、駅周辺の商店街など、人通りの多いところに、防犯カメラを設置したらいいと思います。

・ただ、この距離は、あくまで北米においての実測値であり、日本で調査すれば、当然違った値が得られる

ものと思われます。

・ミツバチの生存曲線は、図2の中のどれだと思いますか。

・自分の中に安定した成功要因があるんだ、と思わせてあげることが真の自信につながるのだと私は考

えています。

・もちろん、カメラを設置するとなると、お金もかかりますし、住民の合意を得ることも必要ですの

で、こういったことも行政が解決していくべきだと考えます。

・身近な例を紹介します。一般に大学入試というのは、心理学的にはストレッサーの一つであると考えら

れます。

・Cの「波力発電」や「海洋温度差発電」というのは、まだ開発段階で、実際のエネルギー供給に使用される

にはまだ時間がかかるものと考えられています。

・これを見ると、おしゃべりは人間同士のネットワークを広げるのに役立つと考えられているようです。

・しかし、社会開発の分野において欠かすことができないのは、まずはその国を担う人的資源の育成で

あると考えられているのです。

・Aの部分に挙げられているのは、従来型のエネルギーであると言えます。

・それから、よく「サル真似」などと言いますが、あれはしぐさが人間に似ているために真似て見えるだけ

で、真似はまずできないと言っていいんです。

・一方、埼玉県では、こうした施設やサービスが十分に整備されているとは言えません。

・この情報の受け渡しをする部分をシナプスと言います。

・そこで私は会社の仲間にもボランティア活動を勧めてみたんですが、たいていの人が、やってみたい

けどなかなかきっかけがない、と言うんですよ。

・たとえば、甘味、というのは糖のシグナルです。

・桁というのは人や車がその上を渡る部分です。

・種1は、動物にいったん食べられ、糞の中から回収された種、種2というのは、何の処理もしていな

い普通の種です。

・デジタル化された情報というのは、すべて数値に置き換えられており、コンピューターによる処理が非常にしやすくなっています。

・ワイナーという学者は、この「原因帰属」を、表に挙げたような４つのパターンに分類しました。
・人間には色々な欲求があります。その欲求は図のように五つの階層をなしているという考え方があります。
・このように、これらの欲求は、下の欲求が満たされると上の欲求が起こるといった関係にあります。

・一般に情報の提示方法としては大きく二つのタイプがあります。
・イチゴは毎年植える草で、そのままデザートとして食べますね。
・そうして流れた涙が眼球やそのまわりにある受容器というところに刺激を与え、その刺激が脳にインパルスとして伝えられます。
・まず、「事実１」として「ある人が魚を食べる時に邪魔なものを『骨』と呼んだ」という事実と出会います。

・例えば、今、ここに２人の人がいて、ケーキが１個しかないとします。
・例えば、道で知っている人に会ってちょっと立ち話をするとします。
・例えば、ある会社で、ある社員のコーヒー消費量と、営業成績との間に相関関係があったとします。
・ですから、動物は、酸味を腐敗物のシグナルとしています。

■ ［こと・ということ］ 것・라는 것

・でも、チンパンジーは、道具を自分で作って使うことができます。
・このようにストレッサーの受け入れ方次第では、ストレスをプラスに反応させることができます。
・そのため情報に手を加え、新しい情報として再び配布するということが簡単にできます。
・そして、警官から姿を隠すためには図の中のどこに行けばいいかを尋ねたところ、子どもたちは正しい位置を指し示すことができたのです。

・さらに、熱として作用する赤外線をどの程度反射させるかを、状況に応じて変えることもできます。

・それは、自己実現とその他の欲求の間には大きな違いがあるということです。
・一方、リンゴやスイカは、冷やした方が甘くなります。ということは、リンゴやスイカは、……
・単に、良い製品を作ろうというような漠然とした目標ではなく、その地域の特性をとらえ、それとうまく関連付けられるような形で商品の特徴づけを行い、それを実現していくということです。

・以前私は、子供がスイカの種のことを間違って「骨」と呼ぶのを聞いたことがあります。
・私は、思い当たらない自分の癖や欠点を指摘され、戸惑ってしまうことがよくあるんです。
・また、A、Bのほかに、Cという別の事柄が存在し、Cが変化することでA、Bがそれぞれ独立に変化するということもあります。
・シナプスの接触部分を広くする方法としては、全体として広くなればいいわけですから、一つ一つのシナプスの接触面積が広くなることもあれば、単純にシナプスの数が増えることもあります。
・このように情報の加工が簡単にできるようになりますと、その一方では、もともとの情報が誰に属する情報だったのか分からなくなるということが起きます。
・私たちは話をする相手との間に物理的に一定の距離を保っていますが、適当な距離の決定には自分と相手の関係やどんな場面であるかということが関係します。
・もう一つは、最初に結論を持ってきて、それから理由付けをするタイプで、最近は、こちらがいいとされることが多くなりました。

・この場合、自分にも相手にも、それぞれ半分程度配慮を示しているわけですから、妥協という解決法はこの図の真ん中の部分に位置することになります。
・数値が大きいほど甘いということになります。
・海水の温度が高いと蒸発も盛んになりますから、この海域で雲が多く発生し雨も大量に降ることになります。
・ところが、下の図のように東から吹いてくる風が弱い場合、温かい海水が西に押される力が弱くなるため、海の表面の暖かい水は、通常よりかなり広い範囲にわたって広がることになります。
・ウメの実は木にみのりますが、おやつやデザートとしてそのまま食べませんから、この分け方だと野菜ということになります。

・それによると、野菜は草の葉や実を食べるものであり、毎年植えるものということになっています。
・この街では、街全体に統一感を出せるよう街中の案内板の形を一つにそろえることにしました。

・ここから、発芽には光が関係しているようだということがわかりますね。
・グラフを見ると、加速が急で、60メートルの地点で既に最高速度に達してしまっているのが分かります。
・この実験により、3、4歳の子どもでも、警官の立場からものを見るとどうなるか推測できるということがわかったのです。
・人と仲よくなったり、情報や知識の交換をしたりできるというような回答からそれがわかります。
・次に、理由の順位を男女別に見ていくと、ひとつ興味深いことに気がつきます。

・次に、「民間」の組織であること、つまり税金によって運営されているのではないということが必要です。
・直接そのスポーツをしないで体の動かし方を頭で思い描くことも重要です。
・このようなことを避けるためには、複数の輸送手段を組み合せて使うということが重要になってきます。
・先ず、その組織がお金儲けを目的としない、ということが第一の条件です。
・アレルギーを防ぐには、アレルギーの原因となる物質をなるべく体内に入れないようにすることです。
・太陽の光で発電する太陽電池は、従来黒っぽかったんですが、最近ある研究所が透明なものを開発することに成功しました。
・第三に、特定のメンバーではなく、世の中の広い範囲の人々が利益を得ることに貢献しなければならないという条件があります。

・自分がいい形で仕事を続けていくには栄養が必要ですよね。

・これからの観光地には新たな取り組みが必要になることでしょう。
・このような場合、どちらが原因でどちらが結果なのかということを見極める必要があります。
・しかも、果糖は冷やすと β 型の割合が増え、温めると α 型の割合が増えるという傾向があります。

～そうです　～라고 합니다

・ストレスの原因になる出来事を「ストレッサー」と言うのですが、その受け入れ方によってストレスの反応が異なるそうです。
・そうすると、眼が涙を流している、これは大変悲しい話である、という感情体験が、大脳で起こるのだそうです。

～からです　～때문입니다

・それは、その人がまだ主観的だからです。
・なぜ、埼玉県と島根県を取り上げているのかというと、現在、70歳以上の高齢者の割合が、日本で最も少ないのが埼玉県、最も多いのが島根県だからです。
・しっかり準備をしても、優秀な経験者がいても、メンバー一人一人がばらばらなことをしていたり、使用する予定だったものが使えなかったり、仕事の進行を遅らせる要因が出てくるからです。

■ ［**よう・わけ**］ 인듯·인것

・しかし、「無回答」の数を除いて計算し直すと下のグラフの**ようになります**。
・ところが、ある程度進むと、メンバーの足並みもそろい、仕事が順調に進む**ようになります**。
・そこで、様々な形のものを試作してみた結果、二本の棒の間にプレートを上から順番に並べるという形のものが主に使われる**ようになりました**。
・特に原子力は、発電過程において二酸化炭素を発生しないことが注目され、いまや我が国の発電量全体の３分の１以上を占める**ようになっています**。

・しかし、その審査は、その年の業績によって行われるというよりも、例えば何か新しい資格を取ったか、という**ような**ことが考慮されている**ようでした**。
・現地では、学校の運営に関する事務作業をしたり、子供たちに算数を教えたり、時には校舎の修理の**ような**力仕事もしていました。
・年間を通じて日照時間が比較的長く、夏の日中などは熱帯の**ように**暑くなる日本は、北欧とは全く環境が異なります。
・次からは、これから言う**ように**書いてください。
・今までの**ように**、有名な史跡を見ておいしいものを食べて、温泉に入って帰るというだけではもの足りない。
・グラフから分かる**ように**、全体では自分の体調や家庭の事情による理由が上位を占めていて、次に、レジャーや結婚式など、プライベートな理由が続きます。

・その経過を、横軸が時間で、縦軸が達成度のグラフに表すと、この図のようになる**わけですね**。
・しかし、この状態がそのままいつまでも続くという**わけではありません**。
・変化率のグラフが右下がりになっているからといって、必ずしも指数が減っている**わけではない**のです。
・スポーツは、やみくもに実戦練習をしたり、体に動きを覚えこませたりすることだけが大事な**わけではありません**。
・ここで一つ注意してほしいのは、このグラフが、物価指数が前の年に比べどのくらい変化したか、その変化の割合を示すものであって、物価指数の変化そのものを示している**わけではない**という点です。

■ ［のです・ので・のが・のは］ 것입니다·때문에·것이·것은

～のです・んです ～것 입니다

・このように子供は、自分で仮説を立てて、それを修正しながら正しい知識を作っていくのです。
・そういったことが、旅の充実感につながるのですね。
・脳は使えば使うほどシナプスが接触する部分が広くなり、情報伝達がしやすくなるんです。
・これは一生涯にわたる問題で、その人の生きている価値がかかっているのです。

～ので／のではなく／のでなればなら ～때문에

・また、多くの毒物は苦いので、動物は一般に苦いものは食べません。
・アレルギーは、原因となる物質に突然反応して起きるのではなく、体が反応を起こすようになるまでに準備の段階があります。
・実際の業績によって賃金が決まるのであれば、図の上半分に位置することになりますし、現在の業績は少なくても、例えば何か資格を持っていて、高い能力が期待できる社員には多く賃金を払うというのなら、図の下半分になります。

～のが ～것이

・グラフ中、黒丸や白丸で表されているのが一つ一つの島です。
・資料に示したのが、それぞれの距離区分の特徴と、北米における距離の実測値です。
・しかし、この方法だと、風が強いと揺れやすいのが欠点です。
・現在のエネルギー供給のうちほとんどをまかなっているのがこのAの部分のエネルギーです。
・アメリカは、このどちらにも属していません。こういうのが第三のグループです。

～のは・のに ～것은・는데

・しかし、最も一般的なのは、次のような経過です。
・では、この４つの例の中で、最近良いとされているのはどれですか。
・この中で、日本での調査結果を表しているのはどれか、ちょっと考えてみてください。
・自分ではそんなつもりはないのに、あなたは威張っているって言われたり……。
・Aは自分も他人も知っている部分、Bは他人は知っているのに自分は知らない部分、Cは自分は知っているけれど他人は知らない部分、Dは自分も他人も知らない部分です。

■ ［〜が、］ 〜지만

〜ですが・でしたが　〜입니다만・이었습니다만

・まず、タイトルですが、これは一行目のまんなかに書いてください。
・タンパク質も重要な栄養分ですが、これ自体には普通、味がありません。
・電話加入数は長い間ほぼ横這い状態でしたが、1960年代以降、急激に増えました。

〜ますが・ませんが・ましたが　〜합니다만・지 않습니다만・했습니다만

・今日は、大まかな説明しかしませんが、もっと詳しい事を知りたい人は、右上の「利用の仕方」などを
　見ておいてください。
・中には9割以上がイエスという国もありましたが、日本ではここまでの高い数字は出ませんでした。
・このようにして形が出来たら、今度はそれを冷やしますが、そのままいきなり常温に戻すと、割れた
　り、形がゆがんだりしてしまうので500度くらいからゆっくり段階的に温度を下げていきます。
・たとえば、Cの答えを選んだ人は、53年以来ずっと増えてきましたが、この年を過ぎると割合がガク
　ンと落ちています。
・「地域ブランド」というと、ある商品にそれを生産する地域の名前を付けて売り出すことのように思われ
　ているかもしれませんが、実はそうではありません。

〜のですが・んですが　〜것입니다만

・また、チンパンジーはベッドを作って寝るんですが、サルはただ木の枝の上にしゃがんで寝ます。
・確かに、このようなことは言えると思うのですが、これだけでは重要な点が見落とされています。
・揺れない、ということでいうとこのトラス橋というのがいいんですが、やはりケーブルを使う方式の
　ほうが長い橋には向いていますね。

〜のだけれど　〜지만

・もしかすると、厳しい上司にプレッシャーをかけられたせいで営業成績が上がったのだけれど、その上
　司と接することが非常に強いストレスとなり、そのストレスから逃れるためにコーヒーをたくさん飲む
　ようになったということなのかもしれません。

・この分け方だと、メロンは毎年植えるものですから、野菜になりますね。
・そういう場合、学生証の記載事項も書き換えなければなりませんから、届け出のときには忘れず学生証も持ってきてください。

・日本では戦後、若者が農業から離れていったために、農家に人手が足りなくなってきました。
・では、表の3行目に同窓会と記入してください。同じ学校を卒業した人々の交流のために作る組織ですね。
・その栄養を得るために私が実行しているものは地域の活動です。

■ ［つまり・によって・に対する・について］즉・에 따라서, 에 의해서・에 대한・에 대해

・最も発芽率が高かったのはaの線、つまり、ススキの群落にまいた種1です。
・また、電池本体が透明ですので、目に見える光線、つまり可視光線をさえぎりません。
・一般的には、「半分ずつ食べる」、つまり「妥協する」という解決法がよく取られます。
・原因が自分自身の中にあるのかないのか、つまり、内的か外的かという観点と、原因が容易に変わるものかそうでないか、つまり、安定性があるかないか、という2つの観点の組み合わせによって分類したのです。

・それから、おしゃべりによって自分のことがわかる、という意味の回答もかなりありました。
・私が先日訪れた企業では、毎年一人一人の社員に対する能力審査が行われ、それによって賃金が決められていました。

・国民の観光に対する価値観は多様化しています。
・まず、「子どもは老後の精神的支えであるか」という問いに対しては、どの国でもイエスという回答が6割以上の高い割合で出ていました。

・一方「子どもはお金のかかる存在か」という問いに対しては、欧米とアジアでかなりはっきりとした違い
　が出ました。
・国外旅行をした日本人は1600万人程度だったのに対し、日本を訪れた旅行者は480万人程度でした。
・それに対し、チンパンジーは人間の動作をすぐ真似ます。

～について　～에 대해

・野菜と果物の分け方について、日本では二つの考え方があります。
・ID番号の構成要素については、図1に示しました。
・家庭内で、子どもとはどういう存在であるか、ということについて、日本を含むアジア2か国と、欧米
　2か国でアンケートを実施しました。
・100年以上前に二人の心理学者がどうして人は悲しくなるのかということについて面白い説を唱えま
　した。

～か、　～인지

・自分のID番号に間違いがないか、よく確かめてください。
・この結果に基づいて行政はどのような改善策をとったらいいか、考えたことがあれば発表してくださ
　い。
・太陽電池が貼り付けられた窓ガラスに太陽光線が当たった場合、光線の成分がそれぞれどうなるかを示
　しています。

■ ［受身］ 수동

・プレートには漢字とローマ字が書かれています。
・ですから、この先20年で、急速に高齢化が進むことが予想されています。
・各自に与えられたID番号は、在籍する期間を通じて変わりません。
・そこで様々な人々と触れ合うことで、私は本来の仕事にも大きなエネルギーを与えられています。
・ちなみに、グリコーゲンとは、エネルギーの元になる糖の一種で、疲労回復に有効だとされています。

■ ［その他］ 그 외

・そこは十分注意してくださいね。　　・そこで、皆さんちょっと考えてみてください。（⇒ ～해 주세요）

・ああ、今じゃなくて、あとで。あとで見ておいてください。

・例えば、2000年度に入学した人は「00」になります。(⇒ 예를들면)

・例えば、引越しをしたときなどですね。

・また、④番の学籍番号は、全員数字4桁で表します。(⇒ 또한)

・一方で、腐ったものは酸っぱい味がします。(⇒ 한편)

・一つは農林水産省の分け方です。もう一つは市場での分け方です。(⇒ 하나는~ 다른 하나는)

・反対に、果物は木になる果実で、何年にもわたって収穫できるものになります。(⇒ 반대로)

・逆に、シナプスは使わないと接触面積が狭くなってしまいます。(⇒ 거꾸로)

・第二のグループはその逆で国内に入ってくる旅行者の方が国外に出て行く旅行者の倍以上いる国々です。

・しかし、この時期以降、電話が一般家庭へと普及していきます。(⇒ 하지만)

・これを図で表すと、こうなります。(⇒ 그것을)

・この中で、③番の入学年度は、西暦の下2桁で表します。(⇒ 그 중에서)

・これだと、けたの中央部分を支える力が弱くて、あまり長い橋はできません。(⇒ 이거라면)

・まず、溶かしたガラスを作業用の管に取り、その管を口で吹いて、ガラスに空気を入れます。(⇒ 우선~)

・えー、次に、大脳は、そのインパルスを身体のいろいろな器官に伝えます。(⇒ 다음으로)

・そうすると、眼から涙が流れるなどの反応が起こります。(⇒ 그렇게하면)

・これをきっかけに、大学を卒業してからはその団体の支部で仕事をしています。(⇒ 그것을 계기로)

・その隣のCは酢酸を加えないエサを与えたラットのグループ、Aは酢酸を加えたエサを与えたグループのグリコーゲンの量を示しています。(⇒ 그 때의)

・そのかたわら、その団体が行っていた女子教育に関する調査を手伝っていました。(⇒ 그와 아울러)

・それまでの電話加入者の多くは行政、金融、サービス業、マスコミなどで、電話はあくまでも事務用のメディアでした。(⇒ 그때까지의)

・この時期もそれ以降も、事務用電話の加入数は着実に増加しています。(⇒ 이 시기도 그 이후도)

・この後も住宅用電話は激増を続け1980年代には加入総数の約70%に達し、更にその割合を伸ばしています。(⇒ 이 후에도)

・これらの味は、動物が栄養分を取り入れる際の重要なシグナルとなっています。(⇒ 이것들의)

・このことは埼玉県だけの問題ではなく、東京、大阪などの大都市に共通の問題です。(⇒ 이것은)

・「この3年間に正社員を減らす一方で、パートやアルバイトの人を増やした結果、従業者数全体では増加している小売業はどれですか。」(한편으로, ~한 결과)

・ですから、3桁の学籍番号の人は、前に0を足して書いてあります。(⇒ 따라서)

・そして、さらに細かい形に整えていきます。(⇒ 그리고 나서)

・やがて、いくら仕事をしてもその効果が上がりにくくなる段階に入っていきます。(⇒ 이윽고)

・むしろ、日本は古くから、日が暮れて涼しくなってからの時間を楽しむ文化が発達しています。(⇒ 오히려)

・さらに、初めの一文字も空けます。いいですか？(⇒ 게다가)

・何か、目標を設定し、その目標の達成に向かって仕事を進めていく場合、達成までにたどる経過は様々です。(⇒ 뭔가)

・糖にはさまざまな種類があり、それぞれ甘さが違います。(⇒ 각각)

・入浴の仕方には、首まで湯につかる全身浴、腰までの半身浴、それから腰まで湯につかりながら蒸気を首まであてる発汗浴という方法があります。(⇒ 그리고 나서)

・全身浴で出る汗の量を先ほどのグラフに描き加えると、こんなふうになります。(⇒ 이런 식으로)

・非音声的コミュニケーションでは、このようなことも一種のコミュニケーションと考え、その意味を分析します。(⇒ 이러한 것도)

・第2回の調査は、第1回の調査の3年後に行いました。(⇒ 행해졌습니다)

・全体的に見ても、暗いモミ林より、明るいススキの群落にまいた種の方が発芽率が高くなっています。(⇒ 전체적으로 봐도)

・斜めに引っ張るより、まっすぐ吊り下げるほうが長い橋には向いています。(⇒ 적합합니다)

・私はおととしまで1年間アフリカの農村で子供の教育に関する団体の活動に参加していました。

・ガラスはいったん高熱で溶かしてから形を作っていきます。(⇒ 우선 ～하고 나서)

・モミの林にまいた種2は、全く発芽していません。(⇒ 전혀 ～지 않습니다)

・男性が休暇を取る理由の順位は、全体での順位とあまり変わりません。(⇒ 거의 변함 없습니다)

■ ［って］래

～って ～라고, ～래

・あ、ねえねえ、パソコンほしい**って**言ってたよね？　　　・確か、犬が好き**って**言ってたよね？

・かなりの英語力が必要だ**って**聞いたよ。

・「フード・マイレージ」**って**知ってる？（⇒「って」=「は」）

・この「プロセスの最適化」**って**どういう意味？（⇒「って」=「というのは」）

・図が４つある**ってこと**は、ウグイスの鳴き方もいろいろある**ってこと**？

・グラフの回答者が154人**っていうのは**、山に登ったことのある人だけが答えた**ってこと**ね。

～だって・んだって ～라고 해・라던데　※「～だって」=「～だということです」=「～だそうです」

・えーと…火曜日の３時限目**だって**。　　　　　　　　・あっ、スピーチコンテスト**だって**。

・あのね、ペットボトルの種類**って**、大きく分けて２種類だけ**なんだって**。

・疲れた。ねえ、ちょっと休まない？　１時間作業したら10分ぐらい休んだほうが**いいんだって**。

・うん、それに平均寿命も延びてるから、あと10年ぐらいしたら25パーセントを越えるかもしれない
　っていう調査もある**んだって**。

・長い時間をかけて「技」を磨いた上で結果を出すことに価値がある**って**。

～だったよね・～だったっけ ～였지・였더라

・日本も以前はこういう考え方が主流**だったよね**。（⇒ ～だったと思いますが、ちがいますか？）

・それで、合宿で発表する人の資料の準備も僕たちの担当**だったっけ**？（⇒ ほんとうですか？）

・このインターンシップって、会社で働く経験ができる**んだっけ**。

・この間もいろいろ買った**んじゃなかったっけ**。（⇒ 買ったと思うんですが。）

■ ［～う・～よう］ ～하자, ～해야지

・へえ、おもしろそう。８月はダメだけど、７月下旬なら大丈夫だから、**これにしよう**。

・あ、確かに、そうね。じゃ、ここは分ける**ことにしよう**。

・それじゃ、とりあえずそういうやり方で準備**してみようか**。

・ねえ、それにしてよ。『元気生活』と交換して読み**ましょうよ**。

・うん。そうしたら次は効果的な発表のやり方について考え**ようよ**。

・じゃあ、ちょっと、メモ**しとこうっと**。　（＝メモしておこうと思います）

■ ［**かな・かしら**］인가・일까

・今回はいつかなあ？　　　　　　　　　　　・これはどうしてかなあ？

・うん、これ、どうかな。　　　　　　　　　・んー、最後のは、どうかな。

・体育の授業、どうしようかなあ。　　　　　・そうだな。参加しようかな。道具はどうするのかな。

・ほんとだ。どれにしようかな。

・今度の連休に本を読もうと思うんだけど、どれがいいかなあ。

・チンさん、来週から中国語を教えてもらうのに使うテキストなんだけど、どれがいいかな？

・やっぱりこっちかな。　　　　　　　　　・へえ、それなら…。あ、この分科会のことかなあ。

・そうね、やってみようかな。　　　　　　・え、いいの？　あ、じゃ、そうさせてもらおうかな。

・そうするといくらになるのかしら？　　　・だとしたら、こっちね。いくらぐらいかしら。

・別の日でも、だいじょうぶかしら。　　　・えーと、この中で言うと……、私はこれかしら。

・そうね。私だったら子供の相手かしら。

■ ［**〜の**］〜니?～야

・何て書いてあるの？　　　　・今、うちに何があるの？　　　　　・いいけど、何がおもしろいの？

・あっ、そうなの？　今から受けに行くの？　じゃあ、私も行こうっと。

・それで、決まったの？　　　　　　　　・剣道ってやったことあるの？

・熱に対する強さと関係があるってことか。ボトルの形にも意味があるの？

・うん、両親が国から来たんで、いろんな所を旅行したの。

・この日の午後にも実験が…　28日も一日中授業なの。

・ええ。自宅で出来るから、この翻訳ボランティアにしようと思ってるの。

■ ［**のは**］은 것은

・まあね。じゃ、これが候補1。あと、授業と重ならないのは……。

・ああ、そうか。じゃ、残るのはもうこれだけだ。

■ ［**〜じゃない・〜んじゃない**］〜지 않니

※おもしろいじゃない。(＝おもしろいですね。)

・ずいぶん先の話じゃない。　　　・じゃあもう、準備はほとんど完了じゃない。

※これじゃない？(＝これじゃありませんか？＝これだと思いますが、ちがいますか？)

・あっ、ねえ、ねえ、そういえば、この大谷先生って、テレビによく出てる先生じゃない？

・そうねえ、あまり意識したことはないな……。だったら、むしろ、こっちじゃない？

・え？　経済学部ですから、新宿校舎じゃないんですか？（⇒本当ですか？）

※いいじゃない。(＝私は、いいと思います。　いいんじゃない？＝いいんだと思います。)

・田中くんは、子ども好きだし、これがいいんじゃない？

・そうすると、ここがいいんじゃないかな？　遅くまで開いているし。

・そうじゃなくて、配達の担当になればいいじゃない。聞いてみたら？

・スーパーに買い物袋を持って行く運動があるじゃない？

・実験からわかることはもっとあるんじゃない？　例えば、においとか。

・あれ？　それじゃ足りないんじゃないの？

・午後？　私、午後は、ずっと授業が入ってるのよ。受けられないじゃない！

■ ［〜んだ・んです］ 〜이야・ 것입니다

〜んだ 〜야

・うん。将来の仕事を見つけるのに役立ちそうだし、今年は申し込むつもりなんだ。

・あっ、なるほど。この日なら午前でも午後でもいいんだ。

・そういうことを書こうと思うんだ。

・私、パソコンは苦手なんです。時間もかかるし……どうしよう。

・楽しそうですね。でも、私、せっかく行くなら仕事もしてみたいなって思ってるんですよ。

・いいえ、これは20日必着、つまり20日には向こうに届いていないといけないんですよ。

・実は、今日3時に、林さんに来週の発表のための資料をお渡しすることになってたんですが、急用が できて、行けそうもないんです。

■ ［〜んですけど・〜んだけど・〜けど・〜が］ 〜입니다만・〜이지만・〜지만

〜んですけど。・〜んだけど 〜입니다만・이지만

・朝9時から夕方5時半ぐらいまでなんですけど。

・すみません、パソコンの本、探してるんですけど…。

・こういうところに出てるのは、そう高くないと思うんだけど。

・そんなテーマの分科会があるって聞いたんだけど…。

・まあ、簡単じゃないでしょうけどね。

・学部は経済学部だけど、その間にイタリアにデザインの勉強に行って、でも卒業後は銀行に就職してる。
・今から郵便局に行くんですけど…あ、そうだ、時間があれば今ちょっと見てもらえませんか。
・コンピュータ社会の話をしてたけど、話が上手で面白かった。
・どうしようかと思ったんだけど、においは特にないから。
・それから、別に新築じゃなくてもいいんですけど、出来るだけ新しくてきれいな部屋をお願いします。
・そうなんだけど、何か足りないものはないかなと思って。
・あ、店の種類は一つしか選べないんですけど、丸が二つついていますね。
・だけど、災害には、いくら備えても備えすぎってことはないから。

・すみません。あのう、在学証明書が欲しいんですが。
・こちらのグループで行っている市民参加の交流会について、このメモにあるような内容のお話を聞かせていただきたいのですが…。
・あの、先日、調査のご協力をお願いしたものですが…

・あのう、失礼ですが、パソコンは使い始めたばかりでいらっしゃいますか？
・はい。これなんですけど、あのう、回答者についての情報ですが、名前は必要ですか。
・すみません、あそこのパソコンで探している本の検索まではできたんですが、次にどうすればいいんでしょうか。
・いいえ。住んではいませんが、山田市内の大学に通っています。

■　[疑問] 의문

・あ、もしもし、木村先生でいらっしゃいますか。（⇒ ～이십니까？）
・そうですか。でしたら、自分たちでアンケートを作って参加者にお聞きしてもいいでしょうか。
　（⇒ 聞きする 여쭤보다）
・連絡先が必要なので代表者を決めていただけますか。あとで替わってもかまいませんから。
　（⇒ ～해 주시겠습니까？）

・あなたは、この山田市にお住まいですか？（⇒살고 계십니까？）

・何時ごろまで、ご使用になりますか？（⇒ご＋名詞　〜하고 계십니까？）

・もしもし、あの…そちらは国際寮でしょうか。（⇒〜입니까？）

・こちらの工場では、廃棄物についてどのような取り組みをなさっているんでしょうか。

　（⇒なさる　〜하시다）

・これは全部買わなければいけませんか。

・学生の受け入れ先を確保するのは難しくありませんか。

・あのう、このカーテン、もう少し大きいのはありませんか？

・だから、ゼミの人たちと行かない？

・ねえ、具体的な項目の検討はメールでしない？

・なんか、水質の実態がわからないのに不安がってるって感じがしない？

・何か印象的な話を最初にもってくるといいと思わない？

・ねえ、あとで、ここの売店にも寄ってみない？

・私、その時間なら授業ないし、今度はできそう。ねえ、一緒にやらない？

・ほら、日本は食料品を外国からたくさん輸入してるだろ？

・とにかく、4時までに講演会場に直接行けばいいんだろう？

・あら？　観測地点から富士山までの距離の方が東京までの距離よりずっと遠いんでしょ？

・うん。えーとね、西洋史と西洋文学でしょ。あと、東洋史。それから語学は英語と中国語。

・だって、A群、B群、C群からそれぞれ二つずつ、合計6科目履修しなければいけないんでしょ？

・それは幹事の仕事じゃないわよ。このあいだ先生が発表者が自分で人数分コピーして持ってくるように

　って言ってたでしょ？

・そうよ、いっしょにやりましょうよ。時間的にも大丈夫でしょう？

・ねえ、これ見て。今週の情報なんだけど、「さしあげます」ってことは、ただなんでしょう？

・確かに、かなり違うわね。Aは駅においてあるアンケート用紙に自主的に記入したってことでしょう？

・とにかく、この紙じゃわからないね。ちょっと問い合わせてみようか。
・これが、今度取材する陶芸家の山本さんの経歴だね。どの辺のことを中心に聞こうか。
・どうして旅をしようと思ったのか、旅の途中で何を考えたのか。

・そう。じゃあ、まあ、いいか。　　　　　・ああ、そっか。じゃあ、私ひとりで申し込むか。
・どれ…へえ、外食について、か。　　　　・締め切りまであと１ヶ月か。よし、がんばるぞ。
・えーと、縦軸は周波数…ってことは、声の高さを表しているのか。
・イメージして練習かあ。　　　　　　　　・あとは選択科目を決めるのかあ。
・うん、そっちにしようかな。でも、CDがあるんなら、それを聞けば一人でも練習できるか…。

・とにかく、まずパソコンの方に連絡してみたら？
・じゃあ、木曜のにしたら？　これも豊田先生だよ。
・せっかく専門家の話を聞くチャンスだから、自分の専攻と関係あるものにしたら？
・今年は基礎を固めるって意味で、ホームステイとかにしておいたら？
・前もって、先生に事情を話しておけば？　10分もあれば終わるんだし。
・あ、もしかしたら、ここ？　知的所有論が卒論のテーマだし。(⇒ 혹시)
・質問には、だれが答えてくれるのかな。もしかして、裁判官？

・学生さんですね。大学の近くがいいですか？　　・そうしますと、こちらですね。
・先生の大学では、学生に企業などで一定期間仕事を体験させるインターンシップを実施されているそうですね。
・あなたの発表では93年から95年の間の変化に注目していたわけだから、それがわかるような形のグラフにしたほうがいいですね。
・割合の変化を見るんだから、円グラフだと変化がつかみにくいですよね。

■ ［〜から、…］ 〜니까, …

・178センチの半分だから、だいたい90センチでいいのね。
・そんなに準備は要らないから、会の前日でいいよ。
・せっかく日本にいるんだから、いい記念になるよね。
・僕の場合、いろいろなとこに持ってったりするから、大きいのじゃなくて小型のノート型パソコンじゃ
　ないと・・・。
・講習会でノートテイクのポイント、教えてもらえるからだいじょうぶ。
・だいじょうぶ、貸してくれるって書いてあるから。
・帯を項目の割合に応じて分割すればいいんですから。
・うん、実験のやり方は前日までにしっかり把握してもらっているからね。
・都市では便利だからね。　　　　　　　　　　　　・まあ、消毒剤を使っていることは事実だからね。
・うちの学校、キャンパスがいくつかあるし、それに入試会場はその学部のある校舎じゃない場合もあ
　るんだから。
・この講演はあんまり興味ないから…。ぼくは、研究発表から聞きに行くことにするよ。先輩も発表す
　ることだし。

・僕たちはまだ3年生だから、資格も大丈夫だし・・・
・タイプが違う方がいいわよ。新しい経営のアイディアモデルかもしれないし。
・早めに予約しておけば、うっかり忘れることもないし、割引もあるみたいだしね。
・私、動物苦手だから、これはだめよ。かと言って、不器用だから、手作業も得意じゃないし、お年寄り
　と話した経験もあんまりないし……。

・在庫を確認しますので、少々お待ちください。えー、商品番号は……
・いえ、今、法学部の学生なので、今回は大学院を受験します。
・はい。そこに「内」または「外」という漢字が書いてあります。「内」つまりウチという漢字でした
　ら、本は書庫の中にあるので、請求票を打ち出して、こちらのカウンターに出してください。
・でも、これは大学には普通何十種類もあって、とても書ききれないので……。
※ああ、そうか。新幹線でも地下鉄でも、切符さえ買えば後はしゃべらなくてもいいもの。(여성어)

■ ［その他］ユ 외

・えーと、そうではないようです。

・出るよ。講習会、出なくていいみたいだから。

・なんだか、堅実な世界ともの作りの世界との間で、揺れ動いているみたいだね。

・ねえ、富士山や東京タワーが見える日数がだんだん増えてるみたいだよ。

・うん。パソコンやテレビゲームの普及で増えてるみたい。

・んー、僕は言葉の問題が一番大きいと思うよ。

・においがないのも特徴の一つだよ・・・。やっぱりにおいも観察したほうがいいと思うよ。

・そうねえ。でも、世代の違いってのは重要な要因だと思うんだ。

・そうだね。4月だからね。今年はぜひスピーチ大会に挑戦しようと思っているんだ。

・テニスかバトミントンのサークルに入ろうかと思っています。

・将来は父の跡を継いで貿易の仕事ができたらいいなと思っています。

・本当だ。あ、でもこれ、上級向けの授業だよ。

・あの俳優、やっぱりすてきよね。

・お年寄り用の食べ物を選ぶ時に、こういう指標があると便利よね。

・木曜の4限は専門科目があったよね。

・じゃ、今度からバケツにくむようにするよ。　　　　・重いものは、俺がやってやるよ。

・そしたら私、土日にアンケートのサンプル作って、来週には見せられるよ。

※ぼくは、今回は先輩と山田先生の話が聞ければ、それでいいや。(남성어)

・だったらこっちだよ。お年寄りの言うことを辛抱強く聞いてあげようって気があれば、経験なんて関係ないよ。

・あそこのコピー機って、学生は使えないはずだよ。

・ほかの人のしゃべり方とか動き方とか観察して、特徴を探すの、けっこう好きなのよ。

・うん、だから、これか、これだな…。
・僕は高校を卒業してからの２年間の旅行について聞いてみたいな。
・僕はねえ、自動車会社が高齢者市場に参入してきたっていう話がとても印象的だったな。
・うん、確かに面白そう。でも、僕は経済問題も興味あるな。
・私はむしろ大学に入ってからの経歴に興味があるな。
・特別講座、いろいろあって迷うなあ。
・ああ、お芝居の発表まであと六日ね。緊張するなあ。
・あ、これだ。でも、人の行動をいちいち予測したりはしないな。

・うちの留学生向けの講座だね。
・でも、イタリアの方が全体にちょっと丸っぽいね。一方的に日時を指定するのはまずいね。
・なるほど。おもしろいねえ。／おもしろい発想だね。／おもしろいのができそうだね。
・そうか。じゃ、そのこともここに書いておいたほうがいいね。
・うん。申請しておくね。それから……。　・あ、そっかあ、この先生のを聞くのもいいよねえ。
・じゃ、今回はなしだね。１週間前って昨日だから。
・あ、ほんとだ。えーと、応募の締め切りは…あれ、もう２週間もないね。
・その点、君はいつもほめられてるよね。先生に。
・うん、そうだね。次。アンケートの作成。まずは項目作りか、うーん、形式決めたり、印刷したりするのも大変そうだね。
・そう。エネルギー問題の解決は、まず各家庭の省エネ対策からだよね。
・へえ、空はだんだんきれいになってきてるのね…。
・ああ、そう言えば山中線は先月から駅でタバコを吸うのは一日中禁止になったのよね。
※昔、読んだことのある話って、ときどきすごく懐かしくなるものね。
※ああ、それを男女別にグラフにしてあるってわけね。

・あら、そんな本だったら私も読んでみたいわ。　　・いい経験したわね。
・わあ、いろいろなスピーチ大会があるわね。　　・そうよ、この差は大きいわよね。
・ほら、ちょうどあそこに場内案内図があるわよ。トイレに一番近い喫煙所は、…ああ、ここね。

・ってことは、再提出しないと……。
・発表の本題の部分でも改めてきちんと解説しないとね。
・あ、そうだった。ということは……、あ、時間割のことも考えなきゃね。
・なら、今回は指導を引き受けていただけるかどうかをうかがうだけにしなくちゃ。

・だって、ほら、グラフのここ、よく見て。
・いやだなあ。ちゃんと読んでよ。
・私、この論文コンクールに応募しようと思って。
・でね、この旅行でのやりとりって言うのはどうかと思って。
・うん。でも、お金がなくてね。

・顔の正面だから高すぎるかも。
・そうだね。転職するのはよくないって考え方は、そうかも。
・それは、確かに難しいかもね。
・消費エネルギーの削減っていう点では、大きな効果は期待できないかもね。
・これじゃあ、原稿を書くのが間に合わないかもしれないね。

・それまでにいろんなことしてる。旅行したり、留学したり、銀行に就職したり…。（⇒ ～든지）
・夏休みまでにはまだ時間もあるし、基礎固めは日本でしっかりやっておきます。（⇒ ～해 두다）
・じゃ、これから自己紹介をしてもらいます。（⇒ ～하겠습니다[겸양표현]）
・あ、いけない、立て看板の届け出、すっかり忘れてた。（⇒ 완전히）
・だったら、中会議室と小会議室を借りて、それで、2つの部屋の間の仕切りを取って、一部屋にして使う方法もありますよ。（⇒ 그러면, ～방법도 있어요）
・はい。でも、ここへ来て、さらに新しい物の流れが注目されています。（⇒ 주목받고 있습니다）
・そうですね。それから、もう一つ生産地から直接都市部に輸送するという経路もあります。（⇒ 또 하나）
・そうねえ。まず、車をもたない。手や顔はお湯でなく水で洗う。そして、部屋の電気をこまめに消す。夏はなるべく窓を大きく開けて自然の風で涼む。（⇒ 우선, 그리고 나서）

・はい、わが社では、単に廃棄物の量を減らすというだけでなく、出た廃棄物を再利用することで廃棄

　物の量をゼロにする、ということを目指しています。(⇒ ～뿐만 아니라 ～라는 것을 주시하고 있습니다)

・それは、産地でとれた生産物を、その産地で消費しようという動きです。(⇒ ～라는)

・いえ、廃棄物の再利用を実現するためには、さらに技術開発が必要です。(⇒ ～하기 위해 ～가 필요합니다)

・現時点では、その開発を進めながら、まずは廃棄物の量を減らすための取り組みを行っている段階で

　す。(⇒ 우선은 ～를 위해 ～하고 있는 단계입니다)

・ううん。インターンシップでは別のことしたいなあって思って、いろいろ考えてるところ。(⇒ ～라고

　생각해서 ～하고 있는 중)

■ ［会話表現］ 회화표현

・そうなんだ。　　　　　　　　　　　　・そうなんですか。困ったなあ。

・あー、それもそうね。　　　　　　　　・それはないようだよ。　　　　・そうすると……。

・わかりました。それから、授業料のことでちょっと……。

・ああ、そうか。ああ、ショックだな。　　・え？！　ああ、そうかあ。ごめん。

・えーと、65人で1日だから……、えっ、こんなに？　これじゃ予算オーバーだ。

・本当！　残念。　　　・あれ、残念、ほらこの条件で、僕は参加できないよ。

・よし。　　　・じゃ、頼むね。　　　・そうか。じゃ、頑張れよ。

・どうもすいません。助かります。　　　・え、本当ですか。助かります。

・いろいろありがとうございました。さっそく手直しします。

Ⅲ 독해

◇ 시험시간 : 30분

◇ 문 제 수 : 20문 ⇒ 1문제에 1분 30초 안에 답해야 한다.

◇ 내   용 : ① 400자 정도의 문장. 40자 × 10행 = 400자

　　　　　　② 한 개의 문장에 질문은 하나.

　　　　　　③ 모든 문제가 4개의 선택지에서 정답을 한 개 고르는 문제형식이다.

◇ 배   점 : 일본어는 3과목(독해160 · 청해120 · 청독해120) 합계 400점이다.

　　　　　　그 중에서 독해는 160점 만점이다. 즉, 1문제가 8점이다.

　　　　　　3과목 합계 300점 이상을 목표로 한다면, 독해에서 120점 이상이 필요하다.

　　　　　　총 20문제 중에서 15문제 이상 맞혀야 한다.

　　　　　　※ 평균점 98.9점(12문제 정답) 2005년 제1회

◇ 순   서 : 시험 순서는 다음과 같다.

　　　　　　① 기술문제 20분　② 독해 30분　③ 청해 · 청독해 70분　합계120분

대 책

① 스피드를 몸에 익힌다. 80초에 질문을 읽은 후 본문을 읽고, 선택지에서 정답을 고르는 스피드. 시간을 재면서 문제를 푸는 연습이 필요하다.

② 질문 · 본문 · 선택지의 제각각의 형태를 외운다.

　　a. 질문 형태를 외운다. ⇒ 반드시 나오는 문제가 있다.

　　　※「(　　)に入る言葉 (　)안에 들어갈 말」「筆者が最も言いたいこと 필자가 가장 말하고자 하는 것」「内容と合っているもの 내용과 맞는 것」「なぜ 왜」 등

　　b. 본문 형태를 외운다. ⇒ 독해의 기본 키워드 · 문말 표현 · 밑줄을 긋는다.

　　　※ 400자 정도의 짧은 문장을 많이 읽고, 형태를 파악한다.

　　c. 선택지 형태를 외운다. ⇒ 질문형식에 따라서 바뀐다.

③ 독해의 테크닉을 사용한다.

「독해」라는 것은 무엇일까?
「독해」란, 「글을 읽고 이해하는 것」이다.
그럼 「글」이란 무엇일까?
순서대로 살펴보자.
❶ 단어와 단어가 모여서 문장이 된다.
❷ 문장과 문장이 모여서 단락이 된다.
❸ 단락과 단락이 모여서 글이 된다.

이것을 식으로 나타내면 다음과 같다.
❶ 단어 + 단어 = 문장
❷ 문장 + 문장 = 단락
❸ 단락 + 단락 = 글

즉, 「글을 읽고 이해한다」는 것은 다음과 같은 것이다.
❶ 「단어와 단어의 관계」를 읽고 이해하는 것 = 「문장」을 읽고 이해하는 것
❷ 「문장과 문장의 관계」를 읽고 이해하는 것 = 「단락」을 읽고 이해하는 것
❸ 「단락과 단락의 관계」를 읽고 이해하는 것 = 「글」을 읽고 이해하는 것

그럼, 여기서 다시 질문을 하자면, 「문장」이란 무엇인가? 「단어와 단어의 관계」란 무엇인가?

이 대답도 여러분은 이미 알고 있을 것이다.
문장은 「주어」와 「술어」로 되어 있다.
즉, 주어와 술어의 관계를 나타낸 것이 「문장」인 것이다.

이 관계는 이른바 「5 W(Who, When, Where, What, Why) 1 H(How)」로 나타낼 수 있다.
일본어에서는 「だれが、いつ、どこで、なにを、なぜ、どうしたのですか?」가 된다. 좀 더 알기 쉽게 말하면

❶ だれ(누가)
❷ いつ(언제)
❸ どこ(어디)
❹ 何(무엇)
❺ どう(어떻게)
❻ だれが　何を　どうしたのですか? / 何が　何を　どうしたのですか?
　(누가 무엇을 어떻게 했는가?/무엇이 무엇을 어떻게 했는가?)
❼ なぜ(왜)

이것이 주어와 술어의 관계이다. 글을 읽고 이런 질문에 대답하는 것, 그것이 글을 읽고 이해하는 것이다.
그럼, 실제로 ❶~❼에 관한 내용을 다음의 독해 지문을 읽어 가며 찾아보자.

先日、田中陽子さんの紹介でお電話しました、❸山川一郎です。

　このたびは、わざわざ私のために❽京都の案内をしていただけるとのこと、本当にありがとうございます。田中さんから❸上野さんのお店のことは、いろいろ聞いております。ぜひ、❽お店の方にも寄ってみたいと考えておりますので、よろしくお願いします。

　お電話でもお話ししましたように、明後日、❶10日の10時に❷京都駅に着く予定です。❷新幹線のホームまで❹迎えに来ていただけるとのことですが、❺❼初対面ですので、私は❻目じるしに旅行の雑誌を手に持って降りるつもりです。念のため、添付ファイルで、❻私の写真を送りますので、どうぞよろしくお願いします。（293字）

며칠 전에 다나카 요코 씨의 소개로 전화드린 ❸야마카와 이치로입니다.

이번에 일부러 저를 위해서 ❽교토를 안내해 주신다고 하니 정말 감사드립니다. 다나카 씨한테 ❸우에노 씨의 가게에 대해서 여러 가지 들었습니다. 꼭 ❽가게에도 들러 보고 싶으니까, 잘 부탁드리겠습니다.

전화로도 말씀드렸다시피, 모레 ❶10일 10시에 ❷교토 역에 도착할 예정입니다. ❷신간센 홈까지 ❹나와 주신다고 하셨는데, ❺❼초면이니까, 저를 알아 보실 수 있게 ❻여행잡지를 손에 들고 내릴 생각입니다. 만약을 위해 첨부파일로, ❻제 사진을 보내드릴 테니까 아무쪼록 잘 부탁드리겠습니다.

이것은 편지(전자 메일) 문장이다. 문장을 읽으며 다음의 내용을 찾아보자..

1. だれ 누가 　　❸ 山川さんと上野さんです。야마카와 씨와 우에노 씨
2. いつ 언제 　　❶ 10日10時です。10일 10시
3. どこ 어디 　　❷ 京都駅新幹線のホームです。교토역 신칸센 홈
4. 何 무엇 　　❹ 上野さんが迎えに来ます。우에노 씨가 마중나온다
5. どう 어떻게 　　❺ 初対面です。초면
6. だれが 何を どうしたのですか？ 　　❻ 山川さんが旅行の雑誌を持って新幹線を降ります。
　　누가 무엇을 어떻게했는가 　　야마카와 씨가 여행잡지를 들고 신칸센에서 내린다.
7. 何が 何を どうしたのですか？ 　　❼ 山川さんが上野さんに自分の写真をメールで送りました。
　　무엇이 무엇을 어떻게 했는가 　　야마카와 씨가 우에노 씨에게 자기의 사진을 메일로 보냈다.

이것이 「독해문제」의 기본이다. 긴 문장이라도 마찬가지다.

그리고 또 하나, 쓴 사람 = 필자의 생각과 마음에 대한 질문이다.

예를들면, 다음과 같은 질문이다.

8. 筆者はどうしてほしいと言っていますか。필자는 어떻게 해 주기를 원한다고 하는가
　❽ 山川さんは、上野さんに京都を案内してほしいと言っています。
　야마카와 씨는 우에노 씨가 교토를 안내해 주기를 원한다고 한다.

　山川さんは、上野さんの店へ行きたいと言っています。야마카와 씨는 우에노 씨 가게에 가고 싶다고 한다.

이상, 8개의 질문의 정답을 찾으면서 본문을 읽는 것이 독해의 기본이다.

그런데 일본유학시험의 「독해문제」인 경우는 400자 정도의 짧은 글이기 때문에, 하나의 글에 하나의 질문 밖에 없다.

그러므로, 질문은 글 전체의 내용에 대한 질문이 많아진다.

실제로 과거 시험문제를 보면, 다음 3개의 질문이 많은 것을 알 수 있다.

이 세 질문은 반드시 매회 출제된다.

2005년 제1회는 총 20문제 중 11문제(① 5문제 ② 5문제 ③ 1문제)

2005년 제2회는 총 20문제 중 12문제(① 5문제 ② 4문제 ③ 3문제)

즉, ① (A)…5문제, ②필자의 의견…4문제, ③내용과 맞는 것…2문제

이것만 해도 11문제이므로, 반 이상의 문제가 된다.

이것에 【독해의 기본】「문7. なぜ(왜)」와 같이 **이유를 묻는 문제**도 여러가지 형태로, 매회 출제되고 있다.

일본유학시험에서는 「단어와 단어의 관계」뿐만 아니라, 「문장과 문장의 관계」를 이해하는 것이 중요한 것이다.

그렇게 하기 위해서는 우선 가장 먼저 **필자의 의견이 쓰인 문장을 찾는 것이 중요하다.**

문장의 종류는, 대체로 다음 7개로 나눌 수 있다.

❶ 사실문(사실관계를 나타내는 문장)

❷ 설명문(사실과 이유를 설명하는 문장 ⇒ 「〜のである 〜것이다」「〜なのである 〜인 것이다」)

❸ 구체적인 예

❹ 의문문(문제제기 ⇒ 「〜ではないか 〜이 아닌가」「〜だろうか 〜것일까」)

❺ 의견문(필자의 의견 ⇒ 「〜ことである 〜것이다」「〜べきである 〜해야 한다」「〜ではないだろうか 〜것이 아닐까」)

❻ 이유문(⇒ 「〜からである 〜때문이다」「〜のである 〜것이다」「〜ということである 〜라는 것이다」)

❼ 결론문(접속사 ⇒ 「つまり 즉」「したがって 따라서」) ※요약문을 포함한다

이 7개 중에서 「필자의 의견」을 나타내고 있는 것은, 「⑤의견문」과 「⑦결론문」이다. 이 중에서 「결론문」에 대해서는 여러분도 잘 알고 있듯이 대부분 글의 종반부에 있다. 그리고 가끔 글의 초반부에 있는 경우도 있다.

그러니까 **「글의 초반부와 종반부에 주의하라！」** 이것이 독해의 포인트이다.

글 중간부분에 있는 필자의 의견문은 「。」의 앞 단어가 다음과 같은 단어일 경우는 필자의 의견이 있으므로 요주의다.

• 「〜(の)ではないだろうか 〜것이 아닐까」

「〜なければならない 〜해야 한다」「〜ざるをえない 〜하지 않을 수 없다」

「〜ことである 〜것이다」「〜必要がある 〜필요가 있다」

「〜だろう 〜일 것이다」「〜だろうか 〜것일까」「〜かもしれない 〜일지도 모른다」

• 「〜(な)のである 〜인 것이다」

이 설명문 끝에도 주의하자. 거기에는 필자의 생각이 더해져 있기 때문이다.

여기서, 다시 정리해 보자.

여러분이 글을 읽을 때, 우선 단어와 단어의 관계에 주의하면서 「いつ 언제, どこで 어디서, だれが 누가, なにを 무엇을, どうしたのか 어떻게 했는지」라는 사실관계를 이해하자.

그리고 「なぜしたのか 왜 했는지」, 그 이유를 이해하도록 하자.

※여기서 중요한 것이 키워드이다. 키워드가 되는 것은 본문에서 가장 많이 쓰이는 단어이다.
　우선 키워드를 찾아보자.

그리고 단락과 단락의 관계를 생각하면서, 필자의 의견을 찾아보자. 그러기 위해서는 「글의 초반부와 종반부에 주의하자.」 그리고 단락의 끝에 주의하자.
즉,

포인트 1	사실관계를 이해하자 !　⇒ 키워드를 찾아라 !
포인트 2	필자의 의견을 찾아라 !　⇒ 글의 초반부와 종반부, 특히 종반부에 주의하자 !
포인트 3	접속사를 찾아라 !　⇒「つまり」「しかし」「したがって」「このように」

이것이 일본유학시험 「독해문제」의 포인트이다.
정답은 반드시 400자 본문 중에 있다.

★독해문제 분석

질문 형태	경향분석	포인트
（　A　）に入るものとして最も適当なものはどれか。 （　A　）에 들어갈 것으로 가장 적당한 것은 어느 것인가?	*20문제 중 매회 5문제 출제예상 *정답은 （　）의 앞이나 뒤, 바로 가까이에 있다 *（　）는 본문 종반부에 있는 경우가 많다	*답은 （　）가까이에 앞과 뒤를 찾아라 *（　）가 본문 종반부에 있을 때는 의견문을 찾아라 *접속사 「しかし」에 주의 *키워드에도 주의
筆者が最も言いたいことはどれか。 필자가 가장 말하고자 하는 것은 어느 것인가?	*20문제 중 매회 4~5문제 출제예상 *본문 중에 있는 필자의 의견문을 다른 말로 바꾼 것	*접속사에 주의 　「つまり」 　글의 끝에 있는 경우 ⇒ 결론 　글의 중간에 있는 경우⇒ 필자의 의견 　「しかし」 　이 앞과 뒤에서 내용이 바뀐다. 　⇒ 나중에 필자의 의견이 있는 경우가 많음. 　「このように」「したがって」 　⇒ 결론에 사용하는 경우가 많음. *문장 끝에 오는 말에 주의 *본문을 다른 말로 바꾼 것 *키워드를 찾아라 *본문 끝에 결론이 있음

文章の内容と合っているものはどれか。 글의 내용과 맞는 것은 어느 것인가?	*20문제 중 2~3문제 출제예상 *정답은 본문 안의 말을 다른 말로 바꾼 것이다. *선택지 중에는 본문에 쓰여 있지 않은 것도 있다.	*정답은 반드시 본문 안에 있음. *선택지의 순서와 본문의 순서가 다른 경우가 많음. *문장의 종반 부분, 필자의 의견 부분이 정답인 경우가 많음.
理由・目的・～ためにするべきこと 이유·목적·~하기 위해 해야 하는 것	*이유와 목적 1~2문제 출제 예상 *이유 「～理由として最も適当なものはどれですか。」 등 *목적 「～ために、何をするべきだと言っていますか。」 등의 질문형태	*이유 : 문장의 종반부와 접속사에 종반부에 주의 접속사에 주의「そこで」「それで」「それは、～からである。」 *목적 : 의견문을 찾아라. ⇒ 필자의 의견이 정답이다. *접속사문의 마지막에 주의! 「つまり」,「しかし」,「～のである」 등
順番・要約 순서·요약	*2005년까지 3회 출제 *4개로 나뉘어진 문장을 올바른 순서로 나열하는 문제 *앞문장의 끝의 말이 다음 문장의 초반에 사용되는 경우가 많음	*문의 초반부와 종반부의 단어에 주의
下線部・推測・その他 밑줄 친 부분·추측·그 외	*글의 내용에서 생각할 수 있는 결과를 추측하는 문제 *그 외, 필자의 의견에 대한 출제 *편지, 문서, 안내, 전단지 등 ⇒ 출제 가능성 낮음.	*정답은 본문 안에 있음 *의견문을 찾아라 *편지, 문서 등의 문제는 본문과 선택지를 잘 보면, 답은 알 수 있음.

그럼, 기출유사문제를 통해 연습해 보자.

기출유사문제 ①

次の文章で筆者が言いたいこととして、最も適当なものはどれですか。

子供のころ、友だちとよく地図で遊んだものだ。何人か集まると、別々に地図を広げ、一人ずつわかりにくそうな地名を言って、だれが一番早く見つけるか、競うのである。長い地名や、漢字一字だけの地名、面白い地名などを探して言うのだ。特に北海道には、「しゃこたん(積丹)」や「きりたっぷ(霧多布)」など聞いたことのない名前が多くておもしろかった。もちろん見つかるとうれしいのだが、地名を探して遊んでいるうちに、地名の意味を考えたり、ここに住んでいる人はどんな人だろうと想像したりして、楽しかった。つまり、地図で遊んでいたのである。

大人になってからはどうだろう。今でも地図は使うが、旅行の前や、行きたい店を探すとき以外に地図を見ることはなくなった。それが地図本来の目的なのだから、それはそれでいいのだが、地図で遊ぶという感覚がなくなってしまったのはやはり寂しい。

1. 地図本来の目的は場所を探すことである。
2. 地図で一緒に遊ぶ友達がいなくなった。
3. 大人になって、地図の目的に合った使い方をするようになった。
4. 地図で遊ぶという感覚が自分の中になくなって寂しい。

다음 글에서 필자가 말하고자 하는 것으로, 가장 적당한 것은 어느 것입니까?

어릴 때, 친구들과 자주 지도로 놀곤 했다. 몇 명이 모이면 각자 지도를 펼쳐서, 한 사람씩 잘 모를 것 같은 지명을 말하고 누가 가장 빨리 찾는지 경쟁하는 것이다. 긴 지명과 한자 한글자로만 된 지명, 재미있는 지명 등을 찾아서 말하는 것이다. 특히, 홋카이도에는 「샤꼬단」과 「키리탓푸」 등 들어 본 적도 없는 이름이 많아서 재미있었다. 물론 찾으면 기쁘지만, 지명을 찾으며 노는 동안에 지명의 의미를 생각하거나, 여기에 살고 있는 사람은 어떤 사람일까 상상하거나 해서 즐거웠다. 즉, 지도로 놀았던 것이다. 어른이 되어서는 어떨까? 지금도 지도는 사용하지만, 여행 전이나 가고 싶은 가게를 찾을 때 이외는 지도를 볼 일이 없어졌다. 그것이 지도 본래의 목적이니까 그것은 그 나름대로 좋겠지만 지도로 논다는 감각이 없어져 버린 것은 역시 쓸쓸하다.

1. 지도 본래의 목적은 장소를 찾는 것이다.
2. 지도로 같이 놀 친구가 없어졌다.
3. 어른이 되어서 지도의 목적에 맞게 사용하게 되었다.
4. 지도로 논다는 감각이 자기 안에서 없어져서 쓸쓸하다.

먼저 「독해의 포인트」만을 사용해서, 정답을 찾아 보자.

포인트 1	**사실관계를 이해하자 ! ⇒ 키워드를 찾아라 !** 가장 많은 것은 「地図」(7번), 그 다음이 「遊び・遊ぶ」(4번)으로 이 두 단어가 키워드이다.
포인트 2	**필자의 의견을 찾아라 ! ⇒ 글의 초반부와 종반부, 특히 종반부에 주의하자 !** 초반부 문장 = 「子供のころ、友だちとよく地図で遊んだものだ。」 종반부 문장 = 「それが地図本来の目的なのだから、それはそれでいいのだが、地図で遊ぶという感覚がなくなってしまったのはやはり寂しい。」
포인트 3	**접속사를 찾아라 ! ⇒ 「つまり」「しかし」「したがって」「このように」** 「つまり」⇒ 1단락. 「子どものころ」의 마지막 문장 「つまり、地図で遊んだのである。」 이것만으로, 4개의 선택지에서 정답을 찾아 보자. 우선, 키워드인 「地図」는 어느 선택지에도 있지만, 「遊び・遊ぶ」는 [2]와 [4]밖에 없는 것을 알 수 있다. 그리고, 다음 [2]와 [4]의 문장과 종반부의 문장을 비교해 보라. 「2. 地図で一緒に遊ぶ友達がいなくなった。」 「4. 地図で遊ぶという感覚が自分の中になくなって寂しい。」 종반부 문장 = 「地図本来の目的なのだから、それでいいのだが、地図で遊ぶという感覚がなくなってしまったのはやはり寂しい。」 이와 같은 포인트를 통해, 바로 [4]가 정답이라는 것을 알 수 있을 것이다.

하나 더, 이 글 안에서 필자의 의견을 나타내는 중요한 문장이 있다. 그것을 찾기 위해서는 문장의 종반부와 접속사에 주의하라.

이 문장에서는 「つまり、地図で遊んだのである。」라는 문장이다.

이것이 필자의 의견을 나타내는 문장이라는 것을 알 수 있다면 글 전체 내용을 알 수 있다.

「子供のころ、地図で遊んだ。それなのに、今は遊ばなくなった。それは寂しい。」

이것이 이 글을 요약한 내용이고, 필자가 가장 말하고자 하는 것이다.

경향 분석

① 전체로는 2002년~2005년까지 총 8 회 160문제 중 22문제, 14% 출제율.
② 전1회 총 20문제 중 매회 4 ~ 5 문제 출제가 예상된다.
③ 정답은 모두 한 개의 문장이다.
④ 정답은 본문 안에 있는 필자 의견문을 다른 말로 바꾼 것이다.
⑤ 테마 : 언어, 심리학, 생물, 과학 등

2005②	問 1 「研究とテーマの範囲」	問11「現代社会に求められるリーダー」
	問19「デザインと論理的思考」	問20「地域が必要とする公共施設」
2005①	問 3 「言葉の外在的意味と内在的意味」　問 6 「地図と遊び」　問 8 「現代人の心理」	
	問14「スポーツにおけるイマジネーションの重要性」　問20「情報化社会と科学技術　視覚性」	
2004②	問 5 「脂肪を減らす方法」	問18「スポーツにおける映像の活用」
2004①	問 3 「メモのとりかた」	問12「視野とスピードの関係」
	問16「すばらしい言葉とは」	問18「哲学の本質」
2003②	問13「植物の繁殖能力」	
2003①	問 5 「上達を目指した体験」	問11「知覚の選択性」　　問14「商品の表示について」
	問16「科学の学習方法」	
2002②	問 6 「なぜ山に登るか」	問11「海と生物の進化」

포인트

① 접속사에 주의
　「つまり」 : 문장 마지막에 가까운 경우 ⇒ 결론
　　　　　　　　글의 중간에 있는 경우 ⇒ 앞 문장의 요약 ＝ 필자의 의견
　「しかし」 : 이 앞과 뒤에서는 내용이 바뀐다. ⇒ 뒤에 필자의 의견이 있는 경우가 많다.
　「このように」 : 내용을 정리할 때 사용한다. ⇒ 결론에 사용하는 경우가 많다.
　「したがって」 : 논리적인 결과를 나타낸다. ⇒ 결론에 사용하는 경우가 많다.

② 문말에 주의
　「～のである。～이다」 : 앞 문장의 설명 · 이유설명 ⇒ 필자의 의견
　「～のではないだろうか。～것이 아닐까」 : 필자의 의견 · 주장
　「～なければならない/ ～ざるをえない ～해야 한다/～하지 않을 수 없다」 : 필연이다 ⇒ 필자의 의견
　「～必要がある ～필요가 있다」 : 중요하다
　　「～ことである ～것이다」 : ～하는 것이 중요하다 · 필요하다
　　「～てはならない/ ～てはいけない ～해서는 안 된다/～해서는 안 된다」 : 금지 · 부정 ⇒ 필자의 부정적 의견

　※「確かに～かもしれない。しかし、～ではないだろうか。확실히 ～일지도 모른다. 그러나, ～이 아닐까」

③ 정답은 본문의 말을 다른 말로 바꾼 것이다. 단어와 순서가 바뀌어도 의미는 같음.

[예1]　본문:「あまり使われない施設がある一方で、不足している公共施設があるという現状はおかしい。」그
　　　　다지 사용하지 않는 시설이 있는 한편, 부족한 공공시설이 있다는 현상은 이해할 수 없다.

　　　⇒ 정답:「使われない施設は必要とされる施設に変えるべきだ。」
　　　　　사용되지 않는 시설은 필요로 하는 시설로 바꾸어야 한다.

[예2]　본문:「現代人は他人との適切な距離を必死に模索している。」
　　　　　현대인은 타인과의 적당한 거리를 필사적으로 모색하고 있다.

　　　⇒ 정답:「現代人は他人との距離のとり方に悩んでいる。」
　　　　　현대인은 타인과의 거리를 두는 법을 고민하고 있다.

[예3]　본문1:「ごく小さい範囲で長い年月こつこつ取り組むと、優れた研究成果をあげることさえで
　　　　　きるのである。」아주 작은 범위에서 긴 세월 꾸준히 몰두하면, 훌륭한 연구 성과를 올릴 수 있다.

　　　본문2:「比較的狭い範囲において志を立てて最高位を目指せば、平凡な人間でも社会に深大な
　　　　　る貢献をすることができるのだ。」비교적 좁은 범위에서 뜻을 세우고 최고를 목표로 하면, 평범한 인간
　　　　　이라도 사회에 심대한 공헌을 할 수 있다.

　　　⇒ 정답:「範囲を絞って深く追求していけば、優れた成果があげられるものだ。」
　　　　　범위를 좁혀서 깊이 추구하면, 훌륭한 성과를 올릴 수 있는 법이다.

④ 키워드를 찾아라 ⇒ 본문 중에 자주 나오는 단어에 밑줄을 긋는다.

⑤ 본문 마지막에 결론이 있는 것이 대부분이다.

次の文章で筆者が最も言いたいことはどれですか。

다음 글에서 필자가 가장 말하고자 하는 것은 어느 것입니까?

　ＢＭＩという数値は、体重を身長の２乗で割った数値で、「肥満」の度合いを表す尺度として、使われていた。だが、近年、❶この数値に対する疑問の声があがってきている。

　というのは、❷脂肪より筋肉のほうが３倍も重いので、「脂肪が多くて太っているのに、筋肉が少ないため体重が軽く、したがって、ＢＭＩの数値が低い。」という場合があり得るからである。

　確かに、過剰な脂肪を減らすことは、生活習慣病の予防のため重要なことである。が、❸脂肪を減らすことと体重を減らすこととを混同してはならない。安易に

　BMI라는 수치는 체중을 신장의 제곱으로 나눈 수치로, 「비만」의 정도를 나타낸 척도로서 이용되었다. 하지만, 요즘 ❶이 수치에 대한 의문의 목소리가 높아지고 있다.

　그것은 ❷지방보다 근육이 3배나 무겁기 때문에, 「지방이 많아서 살은 쪘는데 근육이 적기 때문에 체중이 가볍고, 따라서 BMI의 수치가 낮다.」와 같은 경우가 있을 수 있기 때문이다.

　확실히, 과도한 지방을 줄이는 것은 생활 습관병의 예방을 위해 중요한 것이다. 하지만 ❸지방을 줄이는 것과 체중을 줄이는 것은 혼동해서는 안 된다. 쉽게 체중을 줄이려고 하면,

◇ 우선, 선택지 1·2·3·4가 본문의 어느 부분에 해당하는지, 찾아서 선을 긋는다.

그리고 내용이 맞는지 어떤지 비교하자.

이 문제에서는 선택지의 순서와 본문 순서가 같기 때문에 알기 쉽다.

본　문① : この数値に対する疑問の声があがってきている。

　　　　　이 수치에 대한 의문의 목소리가 높아지고 있다.

선택지1 : BMIは健康の尺度としては使うべきではない。⇒ ×

　　　　　BMI는 건강척도로써는 사용해서는 안 된다.

본　문② : 脂肪より筋肉のほうが3倍も重い。

　　　　　근육이 지방보다 3배나 무겁다.

선택지2 : 筋肉は、脂肪より３倍も重い。⇒ ×

　　　　　근육은 지방보다 3배나 무겁다.

본　문③ : 脂肪を減らすことと体重を減らすこととを混同してはならない。

　　　　　지방을 줄이는 것과 체중을 줄이는 것을 혼동해서는 안 된다.

선택지3 : 脂肪の過剰な分だけをへらす必要がある。⇒ ○

　　　　　과도한 지방만을 줄일 필요가 있다.

본　문④ : 減量の方法を間違えると、かえって健康を損ねることもある。

　　　　　감량하는 방법이 잘못되면, 오히려 건강을 해칠 수도 있다.

선택지4 : 健康な状態では、体重は減らせない。⇒ ×

　　　　　건강한 상태에서는 체중은 줄일 수 없다.

이렇게 비교해 보면, 선택지의 [1]과 [4]는 본문과 내용이 달라서 틀렸다는 것을 알 수 있다.

그렇다면 [2]와 [3] 중 어느 한 쪽이 정답이 되는 것이다.

여기서, 본문의 마지막을 보라. 본문 ③은 「〜てはならない。」이다. 선택지 [3]은 「〜ことが必要である。」이다. 이
것만으로 여기에 필자의 의견이 있다는 것을 알 수 있다. 선택지 [2]는 본문과 거의 비슷하고, 사실을 나타낼 뿐이
다. 그러므로, 정답은 [3]이 된다.

次の文章で筆者が最も言いたいことはどれですか。

よく、スポーツセンターなどでダイエットのためにと言って、やたらに激しい運動をしている人を見かけますが、このように息を止めて行う運動は、無酸素運動といって、筋肉の中のグリコーゲン（糖質）を使うため長く続けることはできません。すぐに息切れしてしまう激しい運動では、体内の脂肪は燃えませんのでダイエットには向かないのです。

これに対して、散歩やジョギングなど、充分な呼吸をし、細胞に酸素を送り込む運動のことを有酸素運動と言います。体内の脂肪を分解・燃焼するためには充分な量の酸素を必要とします。その酸素を使って、体内の脂肪を燃焼させるのです。 脂肪が効率よく燃え始めるのは運動開始後20分くらいからと言われています。 有酸素運動は体脂肪をエネルギー源として利用できるため、ダイエットにも適しています。

このように、ただ筋肉を強くするだけの運動ではなく、やせるためのトレーニングには有酸素運動を取り入れることが大事なのです。

1．無酸素運動は、ダイエットに適していない。

2．無酸素運動は、筋肉内のグリコーゲンを燃焼させる。

3．無酸素運動より有酸素運動のほうが体内の脂肪を燃焼できる。

4．やせるためには、有酸素運動を取り入れる必要がある。

次の文章で筆者が最も言いたいことはどれですか。

情報社会とは、テレビやインターネットなどのメディアによって演出される「現実」が、現場で体験されるよりも真実らしく見える社会のことである。この社会を生きていくには、メディア・リテラシーが不可欠である。メディア・リテラシーとは、けっして高度な情報機器を使いこなす能力のことだけを指すのではない。そうした機器を利用しつつ、メディアが形作る「現実」を批判的に読みとっていく能力のことである。私たちに必要なのは、メディアが伝える情報をそのまま現実として信用するのではなく、そうした情報の根拠を疑い、その背後の社会的な関係を読みとっていく人間的な能力なのである。

1．情報社会に必要なのは、メディアが伝える情報をけっして信用しないことである。

2．情報社会に必要なのは、メディアが形作る現実を批判的に読みとる能力である。

3．情報社会に必要なのは、実際に起きた現場の体験をより真実らしく見せる技術である。

4．情報社会に必要なのは、けっして高度な情報機器を利用する能力ではない。

次の文章で筆者が最も言いたいことはどれですか。

少子化は進む一方で、高齢者も増えつづけている。いわゆる団塊の世代が定年退職を迎え、退職金を支払えず、借金をする自治体も多いそうだ。日本の人口が現実に減り始めて、やっと、行政も子育て支援に力を入れ始めたが、効果は望めないだろう。それより、人口が減るのは、悪いことだという考え方が問題なのではないだろうか。人口が減ってはいけないのだろうか。

もともと経済が発展するにつれて、生まれてくる子どもの数が減り、文明の発達した大都市から出生率が少なくなっていくことは世界共通で、わかっていたことだった。産業別人口をみても、第三次産業で働く人が50％を超えている現在、人口減少は必然であると言える。今ごろになって人口をふやそうとするより、人口が減っても維持できる社会システムを構築することこそが求められているのではないだろうか。

1．いまさら子育ての支援をしても、もう人口がふえるという望みは持てない。

2．人口が減るのは悪いことであり、出生率を上げるように対策をたてるべきだ。

3．人口が減っても、社会が不安定にならないようなシステムを作るべきだ。

4．増えつづける高齢者をささえるためにも、少子化を止めなければならない。

次の文章で筆者が最も言いたいことはどれですか。

私が月に大きな可能性を期待するのは、地球環境問題の解決につながると思うからだ。

人類がはじめて月に着陸して足跡を残してから、既に30年以上が経過しているが、私たちは今も、月の起源について解明できずにいる。当時、アメリカが月の探査に力を入れたのは、旧ソビエト連邦に対する政治的な意味が大きかった。無人月探査ロケットや有人宇宙飛行で、旧ソ連に遅れをとったアメリカは、故ケネディ大統領の宣言を実行するべく必死になり、計6回の月面着陸を成功させたのだった。そのアポロ計画も1972年をもって終了となり、それ以後、人類が月へ向かうことはなくなった。

しかし、宇宙開発自体がなくなってしまったわけではない。最近では、宇宙旅行がビジネスとなって、お金を出せば民間人も月旅行ができるようになったという。さすがに、月の軌道をまわるだけで月着陸はかなわないらしいが、それだけで1億ドル＝約110億円だという。国際宇宙ステーション（ISS）の完成も近いそうだ。月の資源を利用してエネルギーを産み出すようになるのもけっして夢ではないだろう。

1．月には環境問題やエネルギー問題の解決につながる大きな可能性がある。

2．月まで行って探査をしたにもかかわらず、今も月の起源について解明できずにいる。

3．結局、1960年代から1970年代にかけての宇宙開発戦争は、政治的なものだった。

4．宇宙旅行の会社ができるようになって、今も宇宙開発は続けられている。

次の文章で筆者が最も言いたいことはどれですか。

　「言葉は道具である」という考え方がありますが、私はそうは思いません。

　私たちは、生まれたときから言葉に囲まれて育ち、言葉を使ってまわりの人と関係を作ってきました。そんな私たちにとって、言葉はあまりにも身近な存在で、かえって軽く考えてしまう傾向があるようです。

　言葉には決まった意味があり、ルールもあります。現代社会では、そのような言葉の記号としての側面ばかりがクローズアップされて、画一的に使われているようです。しかし、同じ「さくらの花が咲きました。」という言葉も、話す人やその場の状況によってさまざまな意味を表すように、本来、言葉には、その時だけの特別な意味がふくまれているものです。私たちがそれを最もよく実感できるのは、すぐれた文学作品にふれた時でしょう。

1．言葉を道具のように使って、軽視する傾向がある。

2．言葉は決まった意味があり、ルールもある記号である。

3．言葉には、一回きりの特別な意味がふくまれている。

4．言葉の画一性を実感できるのは、文学作品を読んだときである。

次の文章で筆者が最も言いたいことはどれですか。

　通常、科学は個人を超えた、普遍的で客観的なものだと考えられている。このことは確かにある意味では正しい。自分だけにしか通用しない科学知識などというものは存在しない。普遍性と客観性を目指すことは近代科学の特性だと言えるだろう。

　だが、科学が客観的真理であることは間違いないとしても、その客観性が確立されるのは、研究者の主体的な試行錯誤を通してのみである。このことが忘れられ、人々はしばしば他人事のように「事実に基づいた客観性」が必要だと語る。しかし、その事実や客観性は、どのようにして獲得されたのだろうか。与えられたデータの中から仮説を立て、世界に対して問題解決の方法を示す知的行為は、きわめて個性的なものであり、したがってまた主体的な行為であるはずなのである。

1．科学は個人を超えた、普遍的な客観性を確立している。

2．普遍的で客観的であることは近代科学の特性である。

3．問題解決の方法を示すためには、事実に基づいた客観性が必要だ。

4．研究者の主体的行為を通して、科学の客観性は確立される。

경향 분석

① 전체에서는 2002년~2005년까지 총 8회 160문제 중 32문제, 20％출제율
② 1회 총 20문제 중, 매회 5문제 출제가 예상된다.
③ 정답은 하나의 문장인 경우가 많다.
④ 정답은 (　Ａ　)앞이든지 뒤, 바로 가까이에 있는 경우가 많다.
⑤ (　Ａ　)는 본문의 마지막에 있는 경우가 많다.
⑥ (　Ａ　)에 들어갈 것은 대부분 문장이다.
　　※예외 : 문장의 중간 ⇒ 2005年第2回－問16, 2004年第2回－問9, 2004年第1回－問15
　　　　　　　의문접속「～か」⇒ 2004年第1回－問11, 2004年第1回－問20
　　　　　　　명사「～こと」⇒ 2003年第2回－問7, 2003年第1回－問19
　　　　　　　「～仕事」2003年第2回－問8　「～気持ち」2002第年1回－問3
　　※「～のではなく ～이 아니라」 등 문장의 중간에 넣는 문제는 아주 어렵다.
⑦ 테마 : 리사이클, 심리학, 삼림, 과학, 사회문제 등

2005②	問3「怒りを表す必要」	問7「本の読み方」	問9「森林ができる条件」
	問16「人間の思考」	問18「心理実験　仮説の証明」	
2005①	問5「絵と作者の名前」	問7「アイデアの記録」	問9「人にやさしい町づくり」
	問13「子供への働きかけ」	問19「先進国における新たな目標設定」	
2004②	問2「物々交換が成立するための条件」	問6「ゴミとカラス」	問9「問題の解決策」
	問10「情報化社会の弊害」	問15「日本の森林の分類」	問20「『もの』の流通」
2004①	問2「生ゴミをたい肥にする」	問11「歴史とは何か」	問15「生態系」
	問20「自然科学という学問」		
2003②	問3「頭の固い大人」	問7「ストレスの実験」	問8「就職活動」
2003①	問6「リサイクル」	問13「今の子供の欠陥」	問19「隣人騒音の聞こえ方」
2002②	問4「手紙の効用」	問12「日本の森林」	
	問17「アンケート調査の方法」		
2002①	問3「花屋の気持ち」	問15「リサイクル」	問19「声の消滅は欠点か？」

포인트

① 정답은 (　Ａ　)에 가까이에 있다. ⇒ (　Ａ　)전후를 찾아라！
② (　Ａ　)가 본문 마지막 부분에 있을 때는 필자의 의견에 관계가 있다. 의견문을 찾아라！
③ 접속사「しかし」에 주의！「しかし」앞 뒤에서는 내용이 반대가 된다.
④ 키워드에도 주의！ (　Ａ　)앞이나 뒤에 2~3회씩이나 같은 단어가 반복되고 있다면 주의！

그럼, 문제를 풀어 보자.

次の文章の（　Ａ　）に入るものとして最も適当なものはどれですか。

　カラスという鳥は、全身まっ黒で、鳴き声も大きく怖い感じがしますが、最近、大都市では、このカラスが増えて困っているそうです。都市のゴミの集積所には、たいてい何羽かのカラスがいて、ゴミの袋を破ってゴミを散らかすので、住民がたいへん迷惑しているのです。それで、ゴミに毒を混ぜてカラスを殺した方がいいという意見があります。カラスは悪い鳥だというわけです。

　しかし、本当にそうでしょうか。カラスが増えた**のは**、都市がカラスにとって住みやすい所**だからです**。都市は、人が多く、捨てるゴミも多い。人が出すゴミの中には、カラスの食料になるものがたくさん含まれています**から**、カラスが集まってくる**のも当然です**。つまり、（　Ａ　）。私たちが、生活のしかたを変えない限り、カラスを減らすことはできない**と思います**。

1．カラスにゴミを減らさせるのはたいへんです
2．カラスを増やしたのは、人間なのです
3．ゴミはカラスの食料ではありません
4．カラスがかわいそうだという人もいます

다음 글의 （　Ａ　）에 들어갈 것으로 가장 적당한 것은 어느 것입니까?

까마귀라는 새는 전신이 새까맣고 울음소리도 커서 무서운 느낌이 듭니다만, 요즘 대도시에서는 이 까마귀가 늘어서 골치가 아프다고 합니다. 도시의 쓰레기 집적소에는 대개 몇 마리의 까마귀가 있어 쓰레기 봉투를 찢어서 쓰레기를 어질러 놓기 때문에 주민이 매우 피해를 입고 있습니다. 그래서 쓰레기에 독을 섞어서 까마귀를 죽이는 것이 좋다는 의견이 있습니다. 까마귀는 나쁜 새라는 것입니다.

　그러나, 정말 그럴까요? 까마귀가 증가한 **것은** 도시가 까마귀에 있어서 살기 좋은 곳이기 **때문입니다** 도시는 사람이 많고 버리는 쓰레기도 많다. 사람이 내놓는 쓰레기 중에는 까마귀의 먹이가 되는 것이 많이 포함되어 있기 **때문에**, 까마귀가 모여 드는 **것도 당연합니다**. 즉, （　Ａ　） 우리들이 생활 방식을 바꾸지 않는 한, 까마귀를 줄일 수는 없다**고 생각합니다**.

1. 까마귀에게 쓰레기를 줄이게 하는 것은 어렵습니다
2. 까마귀를 늘린 것은 인간인 것입니다
3. 쓰레기는 까마귀의 먹이가 아닙니다
4. 까마귀가 불쌍하다는 사람도 있습니다

우선, 포인트 ① （　Ａ　）의 앞뒤를 보라.

　「都市は、人が多く、捨てるゴミも多い。人が出すゴミの中には、カラスの食料になるものがたくさん含まれています**から**、カラスが集まってくる**のも当然です**。つまり、（　Ａ　）。私たちが、生活のしかたを変えない限り、カラスを減らすことはできない**と思います**。」

여기에 정답이 있다. 여기서 세 번 나온 단어는 「人＝私たち」, 「ゴミ」, 「カラス」이다. 이 관계는 「人 ⇒ ゴミ ⇒ カラス」가 된다.

그리고 포인트 ③, 접속사를 보라.

（　Ａ　）앞에 「つまり」가 있으므로, 정답은 필자의 의견이 된다. 그리고 하나 더 앞의 접속사 「しかし」를 보라.
（　Ａ　）는 「しかし」 뒤에 나오므로, 그 앞의 내용 「カラスは悪い鳥だ」와 반대 의견 「悪いのはカラスではない」라는 의견이 된다.
「では、悪いのは何か？　だれか？ 그럼, 나쁜 것은 무엇인가? 누구인가?」
「それは、ゴミを増やした『人＝私たち』だ。그것은 쓰레기를 늘린 『사람 ＝ 우리들』이다」
이것이 필자의 의견이다. 따라서, 정답은 「２」가 된다.

포인트 ② 「의견문을 찾아라！」에서 생각해도, 4개의 선택지문의 마지막을 보면 「なのです」는 한 개 뿐으로, 그것이 틀림없는 정답이라는 것을 알 수 있다.

次の文章の（　Ａ　）に入るものとして最も適当なものはどれですか。

　現代社会では、他人と接することが多く、相手の態度に怒りをおぼえることも少なくない。だが、一般的には、怒りをあらわにせず、気持ちを抑え、穏やかに対処するのが良いとされる。人間関係を円滑に保つために、感情を表に出してはいけないのである。しかし、それではまた同じ場面に出会い、同じ怒りをおぼえることになる。根本的に問題を解決する**ためには**、やはり（　Ａ　）。もちろん、大声を出したり手を出したりしてはだめで、言葉によって相手に説明し、自分が何に怒りをおぼえるのかを理解してもらい、態度を改めてもらうようにし**なければならない**。

1. 感情を表に出さない訓練が必要なのだ
2. 穏やかに対処する必要があるのだ
3. 怒りの気持ちを抑える必要があるのだ
4. 怒りをあらわにする必要があるのだ

다음 글의 （　Ａ　）에 들어갈 것으로 가장 적당한 것은 어느 것입니까?

　현대사회에서는 타인과 접할 경우가 많고, 상대방 태도에 <u>분노</u>를 느끼는 경우도 적잖이 있다. 하지만 일반적으로는 분노를 드러내지 않고 마음을 억제하고 부드럽게 대처하는 것이 좋다고 여긴다. 인간관계를 원활하게 유지하기 위해서, 감정을 겉으로 표출해서는 안 된다는 것이다. 그러나, 그러면 또 같은 상황에 놓이고 같은 <u>분노</u>를 느끼게 된다. 근본적으로 문제를 해결하기 **위해서는** 역시 （　Ａ　）. 물론 크게 소리를 지른다든지 손찌검을 해서는 안 되고, 말로 상대방에게 설명하고 자기가 무엇 때문에 화가 났는지를 상대방이 이해할 수 있도록 하고 상대가 태도를 개선하도록 **해야 한다**.

1. 감정을 겉으로 표출하지 않는 훈련이 필요하다.
2. 온화하게 대처할 필요가 있다.
3. 분노의 마음을 억제할 필요가 있다.
4. 분노를 드러낼 필요가 있다.

◇이 문제도 역시 정답은 （　Ａ　）의 뒷 문장에 있다.

　「根本的に問題を解決する**ためには**、やはり（　Ａ　）。もちろん、大声を出したり手を出したりしてはだめで、言葉によって相手に説明し、自分が何に怒りをおぼえるのかを理解してもらい、態度を改めてもらうようにし**なければならない**。」

선택지를 보면, （　Ａ　）안에는 필자의 의견이 들어간다는 것을 알 수 있다. 그리고, 그 다음 문장도 「～なければならない」로 끝나기 때문에, 이것도 필자의 의견이다.

그러므로, （　Ａ　）와 「言葉によって相手に説明し、自分が何に怒りをおぼえるのかを理解してもらい、態度を改めてもらうようにしなければならない。」는 같은 의미가 된다는 것을 알 수 있다. 즉, 「怒りの原因を相手に説明すること 분노의 원인을 상대에게 설명하는 것」 그리고, 「態度を改めてもらうこと 태도를 개선하도록 하는 것」와 같은 의미인 말이 정답이다.

그리고, 이 본문 안에서도 「しかし」가 있다. （　Ａ　）는 「しかし」뒤에 있으니까, 「しかし」의 앞 문장은 필자 의견의 반대가 된다. 그러므로 「怒りをあらわにしないこと 분노를 노골적으로 드러내지 않는 것」 「気持ちを抑えること 마음을 억제하는 것」 「穏やかに対処すること 온화하게 대처하는 것」이 세 개의 반대가 되는 것이 올바른 정답이 되는 것이다.

　즉, 「怒りをあらわにすること」「気持ちを抑えないこと」「穏やかに対処しないこと」이것이 정답이다.

　정답은 [4번]

次の文章の（　Ａ　）に入るものとして最も適当なものはどれですか。

　熟年離婚がふえているようだが、墓に関するアンケートでも、夫と同じ墓には入りたくないという女性が増えているそうだ。夫婦というものは、共に白髪のはえるまで仲よく暮らし、死んだら同じ墓に入るのが常識だったはずなのだが・・・。

　そういう女性たちの中には、「夫と一緒なのは良いが、義理の父母と同じ墓はイヤだ。」という人も多い。永遠のテーマである。また、一人娘のため、自分が夫の墓に入ると、実家の墓がやがて無縁になってしまうという問題を抱えている人もいる。

　このように、お墓に関する男女の意識はかなり違うようである。男性側は、結婚したら妻は夫の墓に入るのが当然だと考える。しかし、男女平等の教育を受けた今の女性は、（　Ａ　）。

　１．死んだ後は自分ひとりの墓がいいと考えるのである

　２．死んだ後も夫婦は一緒だと考えるのである

　３．死んだ後も男女平等だと考えるのである

　４．死んだ後は墓に入るべきではないと考えるのである

次の文章の（　Ａ　）に入るものとして最も適当なものはどれですか。

　最近、公共施設の運営を民間に委託することが多くなってきている。むだな赤字を減らすのが最大の目的なのだろうが、それで公共サービスが低下してしまうのでは意味がない。

　たとえば、東京都のある区では、今年の４月から自転車の駐輪場を民間の会社が管理するようになった。ところが、それまで１年間の利用料は２千円台だったのが、民間の会社が運営するようになって、１日100円、１ヶ月３千円、年間３万６千円になってしまった。おまけに、ある地域では、それまで２つあった駐輪場が１つになり、しかも駅前の広くて便利な駐輪場の方がなくなってしまい、駅から遠くて不便な方だけ残したという。これでは、ただ単純に赤字が出ないようにしただけで、これまでの区民へのサービスを維持しようという考えはなく、区民にガマンさせ、ストレスを与えるばかりだ。

　もちろん、区議会で認められたことなのだろうが、利用料が１０倍以上になるというのは、あまりにひどい。（　Ａ　）のでは、民営化する意味がないのだ。

　１．区議会で認められない

　２．サービスが低下する

　３．区民がガマンしない

　４．赤字が出る

次の文章の（　A　）に入るものとして最も適当なものはどれですか。

　人が生まれて言葉を話すようになる過程で、「相互主体性」ということが大事な要素としてあげられます。人が言葉を話すとき、そこには主体性が存在します。そして、その言葉を聞く人にも主体性が存在します。話す人と聞く人、この両者の主体性が相互に存在して初めて、言葉は生まれてくるのです。ところが、動物には、この相互主体性は認められません。

　たとえば、ネコや小鳥にいくら話しかけても、（　A　）のは、この相互主体性が存在しないからです。相手に言葉を伝えることも、相手の言葉を理解することも、この相互主体性が存在しなければ、不可能なのです 。

1．言葉が理解できない

2．主体的に動かない

3．すこししか反応しない

4．人の声が聞こえない

次の文章の（　A　）に入るものとして最も適当なものはどれですか。

　自然は平等に作られてはいない。たとえば、日本では田や畑を何もしないでそのまま放置すれば、たちまち草が生え、やがて雑木林に戻っていってしまうが、それは日本の自然の生命力が強いからである。ところが、降雨量の少ない国や地域では、ヨーロッパの地中海沿岸地域でも、田畑をそのまま放置すると、砂漠化してしまうのである。ドイツのような地域では、土の力が弱いため、酸性雨によりたちまち森が枯れてしまう。熱帯雨林地域では、木を切った後の土を雨期の雨が押し流してしまうし、そのため土そのものがやせている。

　したがって、「自然環境にやさしい町づくり」というのは、その地域の自然条件に合わせた町づくりということになるだろう。降雨量の少ない地域や熱帯雨林で、日本と同じように木を切れば、（　A　）。

1．自然は不平等になってしまうのである

2．自然は生命力が弱くなってしまうのである

3．自然はやがてもとに戻ってしまうのである

4．自然は回復できなくなってしまうのである

① 전체로는 2002년~2005년까지 총 8회 160문제 중 27문제, 17%의 출제율.

　단, 2004년~2005년 2년간은 80문제 중 7문제＝9%밖에 나오지 않았다.

　이 질문은 원래 일본어능력시험에 반드시 나오는 질문으로, 일본유학시험에서도 처음에는 자주 출제되었지만, 본문의 한 부분에 대응하는 선택지가 올바른지 어떤지를 대답하는 문제는 단순하고 문장의 논리적 관계에 대한 질문(필자의 의견·(　A　)에 들어갈 것)보다 적어졌다.

② 1회 총 20문제 중, 매회 2~3문제 출제가 예상된다.

③ 정답은 본문 중의 일부분에 대응하는 하나의 문장이 된다.

④ 정답은 본문 중의 말을 바꾼 것이다.

⑤ 선택지 중에는 본문에 쓰여 있지 않은 것도 있다.

⑦ 테마 : 자연과학, 언어, 심리학, 학교생활 등

2005②	問6　「鳥の足のしくみ」	問14「人間の言語と動物の言語」	問17「生活の中の自己演出」
2005①	問10「健康診断の注意書き」		
2004②	問8　「子供たちの携帯電話」		
2004①	問5　「新生児の呼吸」	問10「脳内ホルモンの働き」	
2003②	問12「マグマの種類と火山噴火予知」		
2003①	問3　「看護婦さんのテクニック」	問7「スポーツの誕生」	問10「大学内の資格講座」
	問12「『すりこみ』について」	問15「形式と中身」	問17「心のやすらぎ」
	問18「卒論・余暇の使い方」		
2002②	問1　「Eメール」	問3「リサイクル」	問8「スポーツ　緊張の中の一瞬」
	問13「外国語を楽しむ」	問15「砂漠の農地化」	問18「豊かな発想」
	問20「渡り鳥の生態」		
2002①	問6　「時計の輸出率」	問9「動物を飼う」	問16「わからない喜び―科学の本質」
	問18「言葉は道具か？」	問20「個別情報と知識の体系」	

포인트

① 정답은 반드시 본문 안에 있다! ⇒ 선택지와 같은 부분을 찾아라

　단, 선택지 순서와 본문 순서는 다른 경우가 많다.

② 정답은 본문의 말을 다른 말로 바꾼 것이다.

③ 문장의 마지막 부분, 즉, 필자의 의견부분이 정답인 경우가 많다. 따라서,

　의견문에 주의! 「～のである」「～なければならない」 등

　접속사에 주의! 「しかし」앞 뒤에서는 내용이 반대가 된다. ⇒「つまり」

　키워드에도 주의! 같은 단어가 사용되면, 주의!

그럼, 문제를 풀어 보자.

次の文章の内容と合っているものはどれですか。

「ダブルスクーリング」というのをご存知だろうか。大学と専門学校で、「ダブル」ということで、❶最近は大学に在籍しながら専門学校に通う学生が増えている。専門知識と同時に、専門の技術も身につけてしまおうというのである。しかし、一度に二つの学校に通うのは、時間的にも経済的にも負担が大きく、学生には厳しいことも事実である。

そこで、私立大学を中心として、学生の就職を支援するため新しい試みがなされている。

「簿記・会計」や「宅地建物取引」などの講座を学内に開設して、資格を取得させようというものである。もちろん❷受講料は必要であるが、❸学生たちは大歓迎で人気も高いようである。これは、学生に資格をとってもらうことで、❹少しでも就職活動が有利に展開できれば、ということを配慮した大学側の試みと言えよう。

少子化が進む中、どの大学も差別化を図るため必死なようである。

1．大学内の資格講座は、お金がいらないので人気がある。
2．資格をとることは就職に役立つと大学側は考えている。
3．大学に行かないで、専門学校に行く学生が増えている。
4．大学内の資格講座より、専門学校の資格講座のほうが人気がある。

다음 글의 내용과 맞는 것은 어느 것입니까?

「더블 스쿨링」이라는 것을 아는가. 대학과 전문학교해서 「더블」이라는 것으로, ❶요즘에는 대학에 재적하면서 전문학교에 다니는 학생이 늘고 있다. 전문지식과 함께 전문 기술도 익히려는 것이다. 그러나, 한꺼번에 두 학교를 다니는 것은 시간적으로도 경제적으로도 부담이 커서 학생들에게는 혹독한 것도 사실이다.

그래서, 사립대학을 중심으로 해서 학생취업을 지원하기 위한 새로운 시도가 행해지고 있다.

「부기・회계」와 「택지건물거래」 등의 강좌를 학내에 개설해서 자격을 취득하게 하는 것이다. 물론 ❷수강료는 필요하지만, ❸학생들은 대환영이고, 인기도 높은 것 같다. 이것은 학생에게 자격을 따게 함으로서 ❹조금이라도 취업활동이 유리하게 전개할 수 있으면 하는 것을 배려한 대학 측의 시도라고 말할 수 있다.

저출산화가 진행되는 속에서 모든 대학도 차별화를 도모하기 위해 필사적인 것 같다.

1. 대학 내의 자격강좌는 돈이 필요없기 때문에 인기가 있다.
2. 자격을 따는 것은 취업에 도움이 된다고 대학 측은 생각하고 있다.
3. 대학에 가지 않고 전문학교에 가는 학생이 늘고 있다.
4. 대학 내의 자격강좌보다 전문학교 자격강좌가 인기가 있다.

◇우선, 본문 안의 선택지와 관계가 있는 부분에 밑줄을 그어보자.
그리고, 선택지와 본문을 비교해 보자.

선택지 1 : 「お金が要らない 돈이 필요없다」
본　문② : 「受講料は必要である 수강료는 필요하다」⇒ ✕

선택지 2 : 「就職に役立つ 취업에 도움된다」
본　문④ : 「就職活動が有利に展開 취업활동이 유리하게 전개」⇒ ○

선택지 3 : 「大学に行かないで 대학에 가지 않고」
본　문① : 「大学に在籍しながら 대학에 재적 하면서」⇒ ✕

선택지 4 : 「専門学校のほうが人気がある 전문학교 쪽이 인기가 있다」
본　문③ : 「人気も高い 인기도 높다」⇒ ✕

선택지 「1・3・4」는 모두 틀린 것을 알 수 있다. 문제는 선택지 「2」이다.
한 번 더, 문장의 전체를 비교해 보자.

선택지 2 : 資格をとることは就職に役立つと大学側は考えている。

　　　　　자격을 따는 것은 취업에 도움이 된다고 대학 측은 생각하고 있다

본　　문 : これは、学生に資格をとってもらうことで、少しでも就職活動が有利に展開できれば、ということ
を配慮した大学側の試みと言えよう。

　　　　　이것은 학생에게 자격을 따도록 해서, 조금이라도 취업활동이 유리하게 전개 될 수 있다면, 하는 것을 배려한 대
학 측의 시도라고 말할 수 있다.

선택지 안의 말은 본문 안의 단어와 같은 의미라는 것을 알 수 있다. 그리고
「配慮した 배려했다」⇒「考えている 생각하고 있다」
「有利に展開 유리하게 전개」⇒「役立つ 도움이 된다」라는 식으로 같은 의미의 말인 다른 말로 바꿀 수 있다는 것
을 알 수 있다. 이것을 알 수 있을지 어떤지가 이 문제의 포인트이다.

次の文章の内容と合っているものはどれですか。

副腎皮質ホルモンの中に「コルチゾール」というものがあります。これは私たちが強いストレスを受けた時、それを和らげるため脳内に分泌されるストレスホルモンです。ところが、このホルモンは過剰なストレスにより多量に分泌されると、脳細胞、特に記憶を司る海馬の細胞を萎縮させてしまいます。それで、❶血中のコルチゾール濃度が高くなるほど海馬は小さくなります。❷海馬の容積と記憶力は比例しているので、その結果、海馬が小さくなると記憶力の低下をもたらします。

ここに、ある実験の報告があります。親といっしょにいて十分な接触がある子ネズミと、そうでなかった子ネズミの海馬を比べたところ、❸接触の多かった子ネズミのほうが海馬が大きかったというものです。これは、❹親との接触が多い子ネズミには、ストレスを受けた際も、コルチゾールが過剰にならないようにする仕組みが存在するからだと考えられます。

1. 海馬の容積が大きくなるほど、ものごとの記憶が難しくなる。
2. 親とよく接触する子ネズミのほうが、海馬は大きい。
3. 海馬が小さくなると、コルチゾールの分泌が過剰になる。
4. 親との接触が多い子ネズミは、コルチゾールの分泌が多い。

다음 글의 내용과 맞는 것은 어느 것입니까?

부신피질 호르몬 중에 「콜치졸」이라는 것이 있습니다. 이것은 우리들이 강한 스트레스를 받았을 때 그것을 진정시키기 위해 뇌 속에 분비되는 스트레스 호르몬입니다. 하지만 이 호르몬은 과다한 스트레스에 의해 다량 분비되면, 뇌세포 특히 기억을 담당하는 해마의 세포를 위축시켜버립니다. 그래서, ❶혈중 콜치졸 농도가 높아질수록 해마는 작아집니다. ❷해마의 용량과 기억력은 비례하기 때문에 그 결과 해마가 작아지면 기억력 저하를 초래합니다.

여기에 어떤 실험의 보고가 있습니다. 부모와 같이 있어서 충분한 접촉이 있는 생쥐와 그렇지 않은 생쥐의 해마를 비교해 봤더니, ❸접촉이 많았던 생쥐가 해마가 컸었다는 것입니다. 이것은 ❹부모와 접촉이 많았던 생쥐에게는 스트레스를 받았을 때도 콜치졸이 과다해지지 않도록 하는 구조가 존재하기 때문이라고 생각할 수 있습니다.

1. 해마의 용량이 클수록 사물의 기억이 어려워진다.
2. 부모와 자주 접촉하는 생쥐 쪽이 해마는 크다.
3. 해마가 작아지면 콜치졸 분비가 과다해진다.
4. 부모와의 접촉이 많은 생쥐는 콜치졸 분비가 많다.

◇ 우선 본문에서 밑줄 친 부분과 각기 어느 선택지가 맞는지, ①~④를 붙여보자. 그러면 이 문제의 경우 ③ → ① → ② → ④라는 순서라는 걸 알 수 있다.

그리고나서, 선택지가 본문과 같은 의미가 되는지를 알아보자.

선택지 1 : 「大きくなるほど 커질수록」

본　　문② : 「海馬が小さくなると 해마가 작아지면」 ⇒ ×

선택지 2 : 「親とよく接触する子ネズミは海馬が大きい。 부모와 자주 접촉하는 생쥐는 해마가 크다.」

본　　문③ : 「接触の多かった子ネズミのほうが海馬が大きかった。 접촉이 많았던 생쥐 쪽이 해마가 컸다.」 ⇒ ○

선택지 3 : 「海馬が小さくなると、コルチゾールの分泌が過剰になる。 해마가 작아지면 콜치졸의 분비가 과다해진다.」

본　　문① : 「血中のコルチゾル濃度が高くなるほど海馬は小さくなります。
　　　　　　혈중의 콜치졸 농도가 높아질수록 해마는 작아집니다.」 ⇒ ×

선택지 4 : 「親との接触が多い子ネズミはコルチゾールの分泌が多い。
　　　　　　부모와 접촉이 많은 생쥐는 콜치졸의 분비가 많다.」

본　　문④ : 「親との接触が多い子ネズミには、ストレスを受けた際のコルチゾールが過剰にならないようにする仕組みが存在する。 부모와 접촉이 많은 생쥐에게는 스트레스를 받을 때 콜치졸이 과다해지지 않도록 하는 구조가 존재한다.」 ⇒ ×

이 중, 특히 3번에 주의해라. 선택지 문은 본문과 비교하면, 원인과 결과가 반대되는 것을 알 수 있다. 콜치졸이 너무 증가하면 해마가 작아지는 것이다. 해마가 작아지면 콜치졸이 증가하는 것은 아니다. 주의하자.

정답은 [2]번이다.

次の文章の内容と合っているものはどれですか。

今はもう昔の話になるが、一般家庭に親子電話が登場した時、子供たちの長電話が始まった。次に、短いメッセージを入力できるポケットベルが普及して、子供たちは外で連絡を取り合うようになり、今や、小学生が携帯電話を持ち歩く時代となった。

長電話の時代、彼らに❶緊急の用件があったわけではなく、❷遠方に住む友人と久しぶりの会話を楽しむのでもなかった。それは今も変わらない。❸毎日学校で顔を合わせている相手と、始まりも終わりもない話をしているだけだ。❹目的も無いおしゃべりを延々と繰り返して、十代の貴重な時間を浪費する。さらに、メールやインターネットもまた、彼らにとっては電話でのおしゃべりの延長であり、多くは、用件と言えるほどの用件は見当たらない。

다음 글의 내용과 맞는 것은 어느 것입니까?

지금은 벌써 옛날 이야기가 되지만 일반 가정에 유무선전화기가 등장했을 때 아이들의 긴 통화가 시작되었다. 그 다음 짧은 메시지를 입력할 수 있는 포켓벨(삐삐)이 보급되어 아이들은 밖에서 서로 연락을 취하게 되어 지금은 초등학생이 휴대전화를 가지고 다니는 시대가 되었다.

긴 통화 시대, 그들은 ❶긴급 용건이 있어서가 아니고, ❷먼 곳에 사는 친구와 오랜만에 대화를 즐기는 것도 아니었다. 그것은 지금도 변함없다. ❸매일 학교에서 얼굴을 마주치는 상대방과 시작도 끝도 없이 수다를 떨 뿐이다. ❹목적도 없는 수다를 끝없이 반복하여 십대의 귀중한 시간을 낭비한다. 게다가 메일과 인터넷도 역시 그들에게 있어서는 전화에서의 수다의 연장이고, 대부분은 용건이라고 말할 수 있을 정도의 용건은 찾아 볼 수 없다.

◇ 우선, 본문 안의 선택지와 관계가 있는 부분에 밑줄을 그어보자.

그리고 선택지와 본문을 비교해 보자.

선택지 1 : 「長話に電話を使って、時間をむだに使っている 긴 수다에 전화를 사용해 시간을 헛되이 사용하고 있다」

본　문④ : 「目的もないおしゃべりを延々と繰り返して、10代の貴重な時間を浪費する 목적도 없는 수다를 끝없이 반복하여 십대의 귀중한 시간을 낭비한다」 ⇒ ○

선택지 2 : 「ふだん会えない相手とのたまの交流に 평소에 못만나는 상대와의 드문 교류에」

본　문② : 「遠方に住む友人と久しぶりの会話を楽しむのでもなかった 먼 곳에 사는 친구와 오랜만에 대화를 즐기는 것도 아니었다」 ⇒ ×

선택지 3 : 「できるだけ簡潔に目的を伝えるために 가능한 한 간결하게 목적을 전하기 위해」

본　문③ : 「毎日学校で顔を合わせている相手と、始まりも終わりもない話をしているだけだ 매일 학교에서 얼굴을 마주치는 상대방과 시작도 끝도 없이 수다를 떨고 있을 뿐이다」 ⇒ ×

선택지 4 : 「緊急の用件があった場合の連絡手段に 긴급 용건이 있었을 경우 연락 수단으로」

본　문① : 「緊急の用件があったわけではなく 긴급 용건이 있는 것도 아니고」 ⇒ ×

선택지 [2·3·4]은 모두 틀린 것을 알 수 있다. 선택지 [1]은 본문 내용과 일치하므로 정답이 된다.

次の文章の内容と合っているものはどれですか。

　地球の衛星である月は、地球のまわりを回りながら、自身も回転している。月が地球を1回転するのに27日と7時間43分かかる。その位置によって、夜、太陽の光を反射する月は、形を変えて見える。ところが、月自身が1回転するのにもまったく同じ時間がかかる。つまり、月の1日は、地球の27日7時間43分ということである。このため、月はいつも同じ面を、地球に向けていることになる。月の表面は、隕石が衝突してできた無数の穴（クレーター）におおわれているが、月の内部から流れ出した溶岩が固まってなめらかな平面となった部分もあり、光の反射の関係で地球からは暗く見えるため「海」と名付けられている。この暗く見える「海」の部分が、地球に見える面の約31％を占めており、これが動物の形に見えて、昔から「月にはウサギが住んでいる」と伝えられてきたのである。

1．月の自転と地球の自転は同じ周期であるため、月はいつも同じ面を地球に向けている。

2．月は、自転と地球の周りを回る周期が同じため、いつも同じ面を地球に向けている。

3．月にもかつて海があって、生物が住んでいたことは、むかし話として伝えられている。

4．月の表面には大きな穴があって、光が当たらないため黒く見えて、海と呼ばれている。

次の文章の内容と合っているものはどれですか。

　人間がうそをつく時の生理的反応を記録する装置のことを「うそ発見器」と言う。人間は「思わず手に汗をにぎる」という言葉があるとおり、緊張すると手のひらから汗が出てくる。これが精神性発汗である。皮膚は水分が少なく乾燥していると電気抵抗が高く、湿っていると抵抗が低い。特に手のひらの皮膚の電気抵抗は、精神性発汗の程度に対応して変化する。この変化を記録したものが皮膚電気反応である。他に、血管内の血液の量の変化を記録する「脈波」、そして、呼吸のリズムの乱れを記録する「呼吸曲線」を合わせた3つの生体情報を記録する装置が「うそ発見器」なのである。これによってうそをついた時の情動の変化が明確に示されるのである。

1．精神性発汗とは、人間の体に電気を流した時の生理的反応のことである。

2．うそをついた時、皮膚は水分が少なく電気抵抗が高い。

3．うそをついた時、皮膚は水分が多く電気抵抗が低い。

4．3種類のうそ発見器があり、場合によって使い分ける。

次の文章の内容と合っているものはどれですか。

　最近、「機能性飲料」が若者を中心にブームになっているそうです。この聞きなれない「機能性飲料」とは何でしょうか。

　正式な定義はありませんが、一般的に、各種ビタミン、ミネラル、アミノ酸などの健康維持に役立つ機能性素材を配合した清涼飲料水のことを機能性飲料と呼んでいます。いわゆるスポーツドリンクや栄養ドリンクは、これに含まれません。

　単なるミネラルウォーター（天然水）ではつまらないし、ジュースやコーラやコーヒーだと、糖分が気になるという若い消費者の心をつかんだことがブームにつながったのでしょう。ダイエットを気にする消費者は、食品をカロリーで選択するのです。ブームの根底にあるのが消費者の健康志向だということは想像にかたくありません。

　実際、コンビニの店頭には、「ノンカロリー (non-calorie)」や「カロリーオフ (calorie-off)」と表示された機能性飲料が所狭しと並んでいますし、各メーカーも競って新商品を開発し、毎日のようにテレビにコマーシャルが流れています。

1．機能性飲料は、正確な定義がなく聞きなれないため、まだ若者意外には知られていない。

2．スポーツドリンクや栄養ドリンクのように健康に役に立つものを機能性飲料という。

3．機能性飲料は、消費者の健康志向に応え、消費者の心をつかんだ商品といえる。

4．コンビニの店頭だけでなく、テレビを通しても機能性飲料を買うことができる。

경향 분석

① 전체로는 2002년~2005년까지 총 8회 160문제 중

　이유 ⇒ 12문, 8%의 출제율

　목적 / ~하기 위해 해야 하는 것 ⇒ 14문, 9%의 출제율

　※ 목적을 묻는 문제는 과거 3회 (2005년 제1회, 2003년 제2회 2번)뿐이다.

② 1회 총 20문제 중 이유도 목적도 매회 1~2문제 출제가 예상된다.

③ 질문형태는 다음과 같다.

이유	「〜理由として最も適当なものはどれですか。~이유로서 가장 적당한 것은 어느 것인가?」
	「〜理由として、筆者があげているものはどれですか。~이유로서, 필자가 거론하고 있는 것은 어느 것인가?」
	「〜理由は何だと言っていますか。~이유는 뭐라고 하는가?」
	「〜のは、なぜですか。~것은 왜인가?」「〜のは、なぜだ / どうしてだと言っていますか。~것은 왜인가 / 어째서라고 말하고 있는가?」
	「〜について、筆者はどうしてだと言っていますか。~에 대해 필자는 어째서라고 말하고 있는가?」
	「筆者はどうして〜と言っていますか。필자는 왜 ~라고 말하고 있는가?」
	「筆者はなぜ〜するようになったのですか。필자는 왜 ~하게 된 것인가?」
목적	「〜目的として最も適当なものはどれですか。~목적으로써 가장 적당한 것은 어느 것인가?」 / 「どのような目的で〜 어떤 목적으로~」
	「〜ために 〜하기 위해 / 〜に対してすべきことは何だと言っていますか。~에 대해서 해야할 것은 무엇이라고 말하고 있는가?」
	「〜ために、何をするべきだと言っていますか。~하기 위해, 무엇을 해야 한다고 말하고 있는가?」

목적	「～ために、何をすればいいですか。～하기 위해, 무엇을 하면 되는가? / どうするのがよいと言っていますか。어떻게 하는 것이 좋다고 말하고 있는가?」
	「～ために、まずしなければならないことはどれですか。～하기 위해, 먼저 해야 하는 것은 어느 것인가?」
	「～ために、重要なこと ～하기 위해 중요한 것 / 最も大切なことは何だと言っていますか。가장 중요한 것은 무엇이라고 말하고 있는가?」
	「生きていく上で必要なことは何だと言っていますか。살아가는데 있어서 필요한 것은 무엇이라고 말하고 있는가?」
	「どんな対策をたてるべきだと言っていますか。어떤 대책을 세워야 한다고 말하고 있는가?」

④ 대답 형태는 다음과 같다.

   이유 : 「～から」 ＊예외 : 「～こと」·「～ため」

   목적 : 「～こと」

⑤ 테마 : 자연과학, 언어, 심리학, 학교 생활 등

2005②	問5	「リサイクル」	問12	「言葉の記憶」
	問2	「日本語能力低下防止策」	問4	「スポーツ選手に育てるには」
2005①	問4	「子供の教育」	問15	「海外旅行の面白さ」
	問16	「メディア規制の是非」	問17	「ものづくり学校開設目的」
2004②	問11	「外面の秩序と心の秩序」	問4	「いい文章を書くために」　　問7「他者とのつながり」
2004①	問9	「生態系バランス」	問13	「コミュニケーション　内容の変容」
2003②	問9	「情報社会で人が会う理由」	問10	「ディズニーランド成功の理由」
	問1	「登山バテない方法」	問5	「新プログラム開設目的」
	問17	「人生観の転換」	問19	「ロボットの機能と目的」　　問20「家族とは何か」
2003①	問8	「あいさつを変えたわけ」	問20	「ボランティア活動の理念と目的」
2002②	問16	「人間に白目があるわけ」	問12	「読書について」
2002①	問4	「山登りを始めたわけ」	問11	「高齢者対策」

① 글의 종반부에 주의! 이유설명인 「〜のである」가 있으면 「〜」가 정답이다.
② 접속사에 주의!
　「そこで」「それで」의 경우는 그 앞에 답이 있다.
　「それは、〜からである」의 경우는 「それは」 뒤에 답이 있다.

기출유사문제 ⑧

人と会う機会を持つ理由として、筆者が挙げているものはどれですか。

　情報技術の発達によって、私たちは、直接相手と会わなくても情報交換ができるようになりました。例えば、携帯電話やインターネットによる情報交換では、家や職場にいながら、あるいは歩きながらでも、相手と情報のやりとりができます。このように、今では、人と人が直接会う機会が減ったように感じられますが、実際には、そうではありません。会合や宴会は相変わらず毎日のように開かれています。では、私たちが、わざわざ時間や場所を求めて会う機会を持ちつづけているのはなぜなのでしょうか。

　それは、もともと他人である私たちが、お互いに認め合い、協調性を高めるためには、同じ場所で体験を共有することが重要だからです。相互の関係をより強いものにするだけでなく、新しい出会いを得ることもできます。そうして新しく出会った相手との関係を深めるためにも、体験を共有することは重要なのです。直接人と会わないで済む便利な社会になったからこそ、逆に、人と会うことの重要性が増しているのかもしれません。

1. 情報技術がいくら高度になっても、情報交換は十分ではないから
2. 人と人が集まれば、仕事を離れた新しい出会いを得られるから
3. 人間関係を強化するためには、場を共有することが大切だから
4. 現代社会では、直接間接を問わず頻繁な情報交換が必要だから

사람과 만날 기회를 가지는 이유로써 필자가 들고 있는 것은 어느 것입니까?

　정보기술의 발달에 따라 우리들은 직접 상대방과 만나지 않고도 정보교환을 할 수 있게 되었습니다. 예를 들면 휴대전화와 인터넷에 의한 정보교환에서는 집이나 직장에 있으면서 혹은 걸으면서도 상대방과 정보를 주고 받을 수 있습니다. 이렇게 지금은 사람과 사람이 직집 만날 기회가 줄어든 것처럼 느껴지지만 실제로는 그렇지 않습니다. 모임과 연회는 변함없이 매일같이 열리고 있습니다. 그러면 우리들이 일부러 시간과 장소를 찾아서 만날 기회를 계속 가지는 것은 왜일까요?

　그것은 원래 타인인 우리들이 서로 인정하고 협조성을 높이기 위해서는 같은 장소에서 체험을 공유하는 것이 중요하기 때문입니다. 서로의 관계를 보다 강한 것으로 하는 것뿐만이 아니고, 새로운 만남을 얻을 수도 있습니다. 그렇게 해서 새롭게 만난 상대와의 관계를 돈독히 하기 위해서도 체험을 공유하는 것은 중요한 것입니다. 직접 사람과 만나지 않아도 해결되는 편리한 사회가 되었기 때문에 오히려 사람과 만나는 것의 중요성이 더해진 것일지도 모르겠습니다.

1. 정보기술이 아무리 발달하여도 정보교환은 충분하지 않으니까
2. 사람과 사람이 모이면 일을 떠나 새로운 만남을 얻을 수 있으니까
3. 인간관계를 강화하기 위해서는 장을 공유하는 것이 중요하니까
4. 현대사회에서는 직접간접을 불문하고 빈번한 정보교환이 필요하니까

◇ 이 문제는 제 1단락의 종반부에서 「なぜなのでしょうか。」라고 문제가 제기되고 있다. 그러니까, 바로 다음 문장 「それは、〜からです。」이 그 문제의 대답이 된다.

그리고 또 하나, 「からです。」의 두 번째 줄 밑에 「〜のです。」라는 문장이 있다. 그리고 잘 보면 「からです」의 앞에도, 「のです」앞에도 같은 말인 「体験を共有することが重要だ 체험을 공유하는 것이 중요하다」가 반복되고 있다는 것을 알 수 있다. 그러므로 이것이 정답이다. 선택지를 보면, 「共有することが大切だ 공유하는 것이 중요하다」로 되어 있는 3번이 정답이라는 것을 알 수 있다.

次の文章で、下線部のようなことが必要な理由として最も適当なものはどれですか。

　　環境問題が注目される中、環境への負荷を軽減するため、紙のリサイクルも工夫が必要になってきています。紙の再利用は、回収した紙からパルプを取り出し、再生紙を作るというものですが、再生した紙は元の紙に比べると、どうしても白さの程度が落ちてしまいます。だからといって、再生紙の白さを高めようとすると、多量の化学薬品を使うことになり、環境への負荷が高まってしまうという問題が生じます。せっかくリサイクルをしているのに、これでは意味がありません。そこで、白さばかりを求めるのではなく、白さの程度が違う再生紙を何種類か用意し、用途によってそれらを使い分けるということが、再生紙を作る側にも利用する側にも求められています。

1．白さを求めることは意味がないから
2．化学薬品の使用量を減らせるから
3．用途に合った紙の使い方ができるから
4．作る側にも利用する側にも便利だから

다음 글에서 밑줄 친 부분과 같은 것이 필요한 이유로서 가장 적당한 것은 어느 것입니까?

　　환경문제가 주목되는 가운데 환경에의 짐을 줄이기 위해 종이의 재활용도 궁리가 필요해지기 시작했습니다. 종이의 재이용은 회수한 종이에서 펄프를 추출해 재생지를 만든다는 것입니다만 재생한 종이는 원래 종이와 비교하면 아무래도 덜 하얗습니다. 그렇다고 해서 재생지를 더 희게 하려고 하면 다량의 화학약품을 사용하게 되어 환경에의 부담이 높아져 버리는 문제가 생깁니다. 애써 재활용을 했는데 그러면 의미가 없습니다. 그래서 흰색에만 구애 받지 말고, 흰색의 정도가 다른 재생지를 몇 종류 정도 준비해서 용도에 따라 그것들을 분류해서 사용하는 것이 재생지를 만드는 쪽에도, 이용하는 쪽에도 요구되어집니다.

1. 흰색을 고집하는 것은 의미가 없으니까
2. 화학약품의 사용량을 줄일 수 있으니까
3. 용도에 맞는 종이 사용법을 할 수 있으니까
4. 만드는 쪽에도 이용하는 쪽도 편리하니까

◇ 이 문제의 포인트는 접속사 「そこで」앞에 정답이 있다는 점이다. 문장의 흐름을 정리해 보자.
「環境への負荷を減らすため 환경에의 부담을 줄이기 위해」⇒「再生紙を作る 재생지를 만든다」
그러나 「再生紙の白さを高める 재생지를 더 희게 한다」⇒「多量の化学薬品を使う 다량의 화약약품을 사용한다」⇒「環境への負荷が高まる 환경에의 부담이 더해진다」
그러므로 「白さの程度を変える 하얀 정도를 바꾼다」⇒「化学薬品の量が減る 화학약품의 양이 준다」⇒「環境への負荷が減る 환경에의 부담이 준다」

이런 식의 문장 흐름이므로, 「多量の化学薬品を使う」가 원인이라는 것을 알 수 있다. 그리고, 선택지 중에서는 2번이 정답이라는 것을 알 수 있다.

下線部「今度は、私が娘へ伝えていく番だ」とあるが、なぜか。理由として、最も適当なものはどれですか。

　娘がこの春から東京の大学に進学した。最初は自炊などする余裕はなかったが、今ではご飯を炊いて、冷凍したり、時にはお弁当も自分で作っているらしい。友達もたくさんできて、地方の言葉を教えあったりして、友達の輪が広がったという。昔から友達には恵まれた子だったが、親が思う以上に忙しい日々を過ごしているようで、このごろは、ほとんど連絡が来なくなってしまっていた。そんなある日、「お米、送って。」とメールが届いた。

　私は、自分が学生だったころ、実家の母から定期的に届く宅配便が、都会で暮らす私にとって宝物だったことを思い出した。ブランド米のコシヒカリやお菓子、手作りの料理などを詰め込んでさっそく娘に送ってやった。

　故郷のなつかしい味は、友だちにおすそ分けして、また、幸せの輪が広がっていくだろう。今度は、私が娘へ伝えていく番だ。

1．筆者は、娘に、少しでも友だちの輪を広げてほしいから

2．筆者の娘が、久しぶりに「荷物を送ってほしい」と言ってきたから

3．筆者の学生時代には、筆者の母が幸せを届けてくれたから

4．筆者の娘が住む都会には、故郷のなつかしい品物はないから

下線部の理由として、筆者が挙げているものはどれですか。

　一人暮らしの高齢者がだれにも見守られることなく死んでいく「孤独死」が増え、東京都の自治体も対策をとり始めた。地域住民と連携し、異変をキャッチする「見守り事業」もその一つだ。が、必ずしも住民のニーズを満たしているとは言えないのが実情だ。

　ある区では、半径500m以内に親族がいない一人暮らしの老人の安否を確認し、消防署に通報するシステムをスタートさせた。民生委員や町内会、電力・ガス会社などが新聞、郵便物、雨戸の状態などに注意をはらっている。

　ところが、区内の木造アパートで死後3ヵ月以上の白骨遺体(88歳)が見つかった。この男性は見守り事業の対象外だった。区の高齢福祉課は「体が弱っていたり、認知症だったりすれば対象となるが、元気だったので・・・」と言う。また、「本人の同意がなければ支援できない。」と見守り事業の限界を認めている。

1．町内会や電力会社などは協力してくれるが、警察は協力しないから

2．事業の対象が限られていたり、本人の同意が必要だったりするから

3．体が弱っていたり、認知症だったりする人が、多すぎるから

4．本人の同意がないのに、支援をしようとする人がふえているから

기출유사문제 ⑩

次の文章のロボットが開発された目的として、最も適切なものはどれですか。

新しいロボットが開発され、公開された。このロボットは身長1.1m、横幅43cm、体重32kg。自分のいる位置を判断し、障害物を避けて適切に移動できるほか、コミュニケーションにおいても、人の顔を識別することができ、簡単な会話もできる能力をもつ。また、動力の電池が少なくなると、自分で充電装置の場所に戻って充電する賢いロボットである。

このロボットの最大の機能は、外部との通信手段を内蔵し、インターネットに常時接続されており、これにより、室内に異常が発生した場合、緊急連絡先に知らせることができることだ。たとえば、主人の留守中に室内に知らない人が侵入した場合や、異常な物音や高熱を感知した場合である。また、主人が風呂から長時間出て来ない場合や、話しかけても反応がない場合も、すぐに関係施設に連絡できるようになっている。

この新型ロボットは、防犯防火対策用として、あるいは、一人暮らしの高齢者介護用として、需要があると見込まれている。

1. インターネットに接続して、足りない製品を補充する。
2. 電池で動く家庭用電気製品を運んで充電する。
3. 室内のようすをカメラで撮影し、記録する。
4. 異常を感知して、特定の場所へ知らせる。

다음 문장의 로봇이 개발된 목적으로써 가장 적절한 것은 어느 것입니까?

새로운 로봇이 개발되어 공개되었다. 이 로봇은 신장 1.1m, 폭 43cm, 체중 32kg. 자기가 있는 위치를 판단하고 장애물을 피해 적절하게 이동할 수 있는 외에 커뮤니케이션에 있어서도 사람얼굴을 식별할 수 있고 간단한 회화도 할 수 있는 능력을 가진다. 또 동력전지가 적어지면 스스로 충전장치가 있는 곳에 돌아가서 충전하는 똑똑한 로봇이다.

이 로봇의 최대의 기능은 외부와의 통신수단을 내장해서 인터넷에 항상 접속되어 있어 이것에 의해, 실내에 이상이 발생했을 경우 긴급연락처에 알릴 수 있는 것이다. 예를 들면 주인이 부재 중에 집안에 모르는 사람이 침입한 경우와 이상한 소리나 고열을 감지한 경우이다. 또 주인이 목욕탕에서 장시간 나오지 않을 경우와 말을 걸어도 반응이 없는 경우도 즉시 관계시설에 연락 할 수 있도록 되어 있다.

이 신형 로봇은 범죄방화대책용으로서 혹은 독거 노인의 시중용으로 수요가 있을 것으로 전망된다.

1. 인터넷에 접속해서 모자라는 제품을 보충한다.
2. 전지로 움직이는 가정용 전기제품을 운반하여 충전한다.
3. 실내의 모습을 카메라로 촬영해서 기록한다.
4. 이상을 감지해서 특정장소에 알린다.

◇ 본문의 1단락은 새로운 로봇의 소개이다. 2단락의 초반문도 사실을 나타낸 것이다. 그러므로, 정답은 그 다음 문장 안에 있다는 것을 알 수 있다.

「**これにより**、室内に異常が発生した場合、緊急連絡先に知らせる**ことができることだ。たとえば**、主人の留守中に室内に知らない人が侵入した場合や、異常な物音や高熱を感知した場合である。また、主人が風呂から長時間出て来ない、話しかけても反応がない場合も、すぐに関係施設に連絡できるようになっている。」

「たとえば、」の 뒤는 앞 문장의 예이므로, 정답은 「室内に異常が発生した場合、決められてた連絡先に、連絡する＝知らせること」로 4번이 된다.

「～ために ～위해서 / するべきこと 해야 할 것 / 必要なこと 필요한 것 / しなければならないこと 하지 않으면 안 되는 것」
① 의견문을 찾아라. ⇒ 필자의 의견이 정답이다.
② 접속사문의 마지막에 주의! 「つまり」, 「しかし」, 「～のである」 등

기출유사문제 ⑪

次の文章の下線部「問題の真の解決」のために、筆者は何をするべきだと言っていますか。

テレビは、現代人にとって最も身近なメディアの一つである。テレビの映像によって、私たちは、家庭にいながら世界の情勢を知ることができる。しかし、その一方で、テレビは子どもたちに悪影響を与えているという指摘も繰り返されてきた。年少者による凶悪事件が増えている最近は、特に、有害なテレビ番組を規制すべきだという声も聞かれる。

だが、メディアはテレビだけに限らない。未成年には販売が禁止されている雑誌やマンガなども毎日数多く発行されているし、インターネットからは、テレビよりはるかに有害な情報を入手することができる。テレビだけを規制しても、問題の真の解決にはならない。

このような情報社会を生きてゆくために、今の子どもたちには、情報の海に飲み込まれないだけの「能力」が必要だ。メディアを通して手に入れる情報について、その善悪を自分自身で判断できるようにするための教育が必要なのだ。

1. インターネットやマンガに対する規制も強めること
2. 子どもが有害なテレビ番組を見ないようにすること
3. テレビに限らずメディアから流れる情報の量を減らすこと
4. 子どもが情報の善悪を判断できるようにすること

다음 글의 밑줄 친 부분 「문제의 진정한 해결」을 위해 필자는 무엇을 해야만 한다고 말하고 있습니까?

TV는 현대인에게 있어서 가장 가까운 미디어 중의 하나이다. TV영상에 의해 우리들은 집에서 세계 정세를 알 수 있다. 그러나 그 한편으로 TV는 아이들에게 악영향을 준다는 지적도 반복되어 왔다. 나이가 어린 연소자들에 의한 흉악사건이 늘고 있는 요즘은 특히 유해한 TV프로그램을 규제해야 한다는 소리도 들린다.

하지만 미디어는 TV에 국한되어 있지 않다. 미성년에게는 판매가 금지되어 있는 잡지와 만화 등도 매일 수없이 발행되고 있고 인터넷에서는 TV보다 훨씬 유해한 정보를 입수할 수 있다. TV만을 규제해서도 문제의 진정한 해결은 안 된다.

이러한 정보사회를 살아가기 위해서 요즘 아이들에게는 정보의 바다에 빠지지 않을 만큼의 「능력」이 필요하다. 미디어를 통해서 손에 넣을 수 있는 정보에 대해서 그 선악을 자기스스로 판단할 수 있도록 하기 위한 교육이 필요하다.

1. 인터넷과 만화에 대한 규제도 강화할 것
2. 아이들이 유해한 TV프로그램을 보지 않도록 할 것
3. TV에 한하지 않고 미디아에서 흘러나오는 정보의 양을 줄일 것
4. 아이들이 정보의 선악을 판단할 수 있도록 할 것

◇ 글의 종반부를 보면, 밑줄 친 부분의 뒷부분인 마지막 단락에 필자의 의견이 있다는 것을 알 수 있다.
  • 子どもたちには、情報の海に飲み込まれないだけの「能力」が必要だ。
  • メディアを通して手に入れる情報について、その善悪を自分自身で判断できるようにするための教育が必要なのだ。

위의 두 문장을 짧게 해 보자.

「子どもたち**には**、情報について、その善悪を自分で判断できるようにする教育**が必要なのだ。**」

이것이 필자의 의견이다. 따라서 정답은 4번이다.

「いい文章を書く」ために、まずしなければならないことはどれですか。

あなたは、ひょっとしたら「作文が苦手な人」ではないだろうか。文章力を伸ばしたいと思っているのではないだろうか。いい文章が書けるようになりたい、と。

そもそも「いい文章」とは何か？「いい文章を書く」とはどういうことか？

例えば「絵」と言っても、ゴッホが描いた自画像と、犯人を捕まえるために描いた似顔絵では、目的が全く違う。目指すゴールが違うのだ。

文章だって同じだ。文章、文章と言うが、種類によってゴールが違う。ゴールが違えば、トレーニング方法も違ってくる。良いか悪いかの基準だって異なるのだ。

小論文がわかりやすい例だ。その目指すゴールは「読む人を納得させること」。文章の論理的展開が評価される。よって、小論文で感情に訴えようとすると、「説得」というゴールまでたどり着けないことになる。

1．文章を書く前に、ゴールを確認すること
2．良い文章、悪い文章の基準を理解すること
3．良い文章を書くトレーニング方法を見つけること
4．文章を書く前に、論理的思考力を身につけること

「좋은 글쓰기」를 위해서 먼저 해야 하는 것은 어느 것입니까?

당신은 혹시 「작문을 잘 못하는 사람」은 아닌가? 문장력을 늘리고 싶다고 생각하는 것은 아닌가? 좋은 글을 쓸 수 있게 되고 싶다고.

도대체 「좋은 글」이라는 것은 무엇인가? 「좋은 글을 쓴다」는 것은 어떤 것인가?

예를 들면 「그림」이라고 해도 고흐가 그린 자화상과 범인을 잡기 위해 그린 초상화는 목적이 전혀 다르다. 추구하는 목표가 다른 것이다.

글도 마찬가지다. 글, 글이라고 하지만 종류에 따라서 목표가 다르다. 목표가 다르면 트레이닝 방법도 달라진다. 좋은지 나쁜지 기준도 다르다.

소논문이 알기 쉬운 예이다. 그 추구하는 목표는 「읽는 사람을 납득시킬 것」. 글의 논리적인 전개가 평가된다. 따라서 소논문에서 감정에 호소하려고 하면 「설득」이라는 목표까지 도달할 수 없게 된다.

1. 글을 쓰기 전에 목표를 확인할 것.
2. 좋은 글, 나쁜 글의 기준을 이해할 것.
3. 좋은 글을 쓸 트레이닝 방법을 찾을 것.
4. 글을 쓰기 전에 논리적 사고력을 기를 것

◇ 좋은 글을 쓰기 위해 먼저 해야 하는 것은 어떤 것인가? 하는 문제이다. 먼저 그림을 예로 들고 있다. 고흐가 그린 자회상과 범인을 잡기 위해 그린 초상화는 목적이 다르다. 그리고 다음 문장에서 「文章だってそうだ 글도 마찬가지다」라고 했다. 이것은 어떤 글을 쓸 것인가 즉, 목적에 따라 트레이닝 방법 등이 달라진다」라는 것이다. 그러므로 글도 종류에 따라 목표가 다르므로 좋은 글을 쓰기 위해 먼저 해야 하는 것은 어떤 목적인지 확인하는 것이다. 따라서 정답은 1번이다.

この学校の設立の目的として、筆者が挙げているものはどれですか。

　日本の大手企業が中心となって、全寮制の中学・高校一貫校を創設した。この企業は、独自の生産ラインを開発したことで、世界的にも有名で、多国籍企業として拡大しつづけている。その企業が、このたび、国内で教育の分野にも、進出したわけである。

　この学校は、「将来の日本を牽引する人材を育成する」という理念のもと、数多くの企業の協力を得て設立された日本初のボーディングスクールである。ボーディングスクールとは、社会のリーダーを養成する全寮制の学校のことである。

　中高一貫教育により、高校受験にむだなエネルギーを使うことなく、自分の才能を発見できること、そして、独自の教育内容により、世界に通用する学力を養うこともこの学校の大きな特徴です。

1．将来の日本のリーダーを育成するため

2．教育の分野でも世界的に有名になるため

3．受験に無駄なエネルギーを使わないため

4．生徒が自分の才能を発見するため

筆者は、NHK がしなければならないことは何だと言っていますか。

　NHK が国民の「受信料」で支えられている公共放送機関であることは、だれもが知っているが、昨今の不祥事などの影響で、受信料の支払い拒否が拡大し続けている。昨年度の受信料の減収は約530億円（8.3％）にも上ると言われている。危機感を募らせる NHK は、簡易裁判所を通じた督促状の発行や、受信契約をしていない不払い者に対する民事裁判手続きを検討し始めた。この「受信料を払うのは当然だ」という姿勢が、良心的な契約者の怒りをかりたてているようだ。

　NHK の公共性と信頼性に期待を持つ人は、受信料を「払いたくない」のではなく、むしろ「払いたい」と思っている。ただし、あくまで良質な「番組」に対して、という条件がつく。放送技術が進歩し、衛星放送やケーブルテレビなど受信形態が多様化する中で、なお「みな様の受信料」にこだわり続ける NHK は、そうした期待に応え切れるだろうか。この視聴者の期待にこたえる姿勢こそが NHK に求められている。受信料の支払い拒否は、「NHK など見たくない。必要ない。」という視聴者のりっぱな意思表示であるからだ。

1．受信料を払わない国民を裁判所にうったえること

2．良心的な契約者の怒りをできるだけおさえること

3．技術を進歩させ、受信形態を多様化させること

4．視聴者の信頼や期待に応えるよう努力すること

学校の教育内容を変えるために、筆者は何をするべきだと言っていますか。

　1976年以降、日本では、過熱する受験戦争や知識偏重の詰め込み教育に対する批判に応えて、いわゆる「ゆとり教育」への道が開かれ、特に2002年からは、学校が完全週休2日制となり、学習時間、学習内容共に削減され、「総合的な学習の時間」が新設されるに至った。

　これに対して、実施後数年もたたないうちから子供たちの「学力低下」が問題視され、ゆとり教育への疑問がマスコミでも取り上げられるようになった。ただし、本当に学力が低下しているのかどうかは、調査方法によって結果が異なり、客観的な評価は難しい。単純に考えても、学習内容と同時に時間も減らしてしまったら、ゆとりなど生まれないはずである。

　結局、大学での学習内容が卒業試験によって決定されているように、日本の中学・高校の教育を決定しているのは大学の入学試験である。大学が入学希望者に求める学力こそが高校の教育内容を決定しているのだ。これが変わらないかぎり、日本の教育は変わることはないだろう。

1．もっと「ゆとり教育」を拡大するべきだ。

2．「ゆとり教育」は廃止するべきだ。

3．大学の入学試験を変えるべきだ。

4．大学の卒業試験を変えるべきだ。

경향분석

① 4개로 나뉘어진 문장을 바른 순서로 나열하는 문제로, 2005년까지 3회 출제.(2004년 제2회 · 2003년 제1회 · 2002년 제1회)
② 매년 6월이나 11월 시험 중 한쪽 시험에 출제되는 경향이 있다.

기출유사문제 ⑬

次の文章は、商品の生産・消費過程に関する「循環」について書かれたものの一部です。[1]に続く[2]で、A～Dの最も適当な順番はどれですか。

[1]

商品が生産され消費されて行く過程の循環にはいろいろなパターンがあります。最もわかりやすいのは、過程の短い「在庫循環」です。何らかの原因で、商品が売れなくなってくるとする。すると、**在庫**がどんどんたまって行きます。

[2]

A　そうやって**急速なスピード**で生産の調整が行われると、やがて消費される量よりも**生産される量のほうが少なくなっていきます。**

B　その**在庫**を見て、生産者は「作りすぎた！」と判断し、**生産量を落とします。**

C　その結果、**在庫がどんどん減って行く。** そして、「これ以上在庫を減らせない」と生産者が思うまで減ったところで、また、生産量を増やしていく。

D　その場合、**生産を落とす**スピードは、積み上げられた在庫を早く減らそうとして、実際に売り上げが減った分以上に、**加速されます。**

1. B－C－A－D
2. B－D－A－C
3. D－A－B－C
4. D－C－B－A

다음 글은 상품의 생산 소비 · 과정에 관한 「순환」에 대해 쓰여진 것의 일부입니다. [1]에 이어서 [2]로, A~D 의 가장 적당한 순서는 어느 것입니까?

[1]

상품이 생산되고 소비되어 가는 과정의 순환에는 여러가지 패턴이 있습니다. 가장 알기 쉬운 것은 과정이 짧은 「재고 순환」입니다. 어떤 원인으로 상품이 팔리지 않게 되었다고 하자. 그러면 **재고**가 점점 쌓여 갑니다.

[2]

A 그렇게 해서 **급속한 스피드**로 생산 조정이 행해지면 이윽고 소비되는 양보다도 **생산되는 양이 적어지게 됩니다.**

B 그 **재고**를 보고 생산자는 「너무 많이 만들었다」고 판단하고 **생산량을 줄입니다.**

C 그 결과 **재고가 점점 줄어간다.** 그리고 「이 이상 재고를 줄일 수 없다」고 생산자가 생각할 때까지 줄었을 때 또 생산량을 늘려 간다.

D 그 경우 **생산량을 줄이는** 스피드는 쌓인 재고를 빨리 줄이려고 실제로 판매량이 줄어든 분 이상으로 **가속됩니다.**

1. B－C－A－D
2. B－D－A－C
3. D－A－B－C
4. D－C－B－A

① 문장 초반부와 종반부의 단어에 주의.
② 앞 문장의 마지막 단어가, 그 다음 문장의 초반부에 사용될 경우가 많다.
③ 예 : 鳥は、夜、木の枝にとまって眠るようだ。

　　　木の枝で眠っていると、落ちるのではないかと思う人もいるだろう。

　　　が、鳥は絶対に落ちないのである。

기출문제의 본문도 [1] 종반부의「在庫」가 그 다음 문장 초반부에 오므로 그 다음에 올 것은「B」와「C」이지만, [1]에서는「在庫がたまっていく 재고가 쌓여긴다」라고 하고,「C」에서는「仕庫が減っていく 재고가 줄어간다」라고 하고 있으므로, 올바른 순서는「B」가 된다.
다음은「B」의 마지막 부분을 보라.「生産量を落とします 생산량을 줄입니다」라고 했으므로,

　　B　その在庫を見て生産者は「作りたい!」と判断し、生産量を落とします。
　　D　その場合、生産を落とすスピードは、積み上げられた在庫を早く減らそうとして、実際に売り上げが減った分以上に、加速されます。

그 다음문은「D」라는 것을 바로 알 수 있다.
여기서, 선택지를 보면「B – D」로 이어지는 것은 [2]밖에 없다.
이것이 정답이다. 한 번 더 글 전체를 보자.

　　「商品が売れなくなってくると在庫がどんどんたまって行くきます。」

　　B　その在庫を見て生産者は「作りすぎだ」と判断し、生産量を落とします。

　　D　その場合生産を落とすスピードは、積み上げられた在庫を早く減らそうとして、実際に売り上げが減った分以上に加速されます。

　　A　そうやって急速なスピードで生産の調整が行われると、やがて消費される量よりも生産される量のほうが少なくなっていきます。

　　C　その結果、在庫がどんどん減って行く。そして、「これ以上在庫を減らせない」と生産者が思うまで減ったところで、また、生産量を増やしていく。

이것이「순서 문제」를 푸는 기본이다.

次の文章は新聞報道によって形成される「世論」について書かれたものの一部です。［1］に続く［2］で、A～Dの最も適当な順番はどれですか。

［1］ 20世紀初頭(1922)、アメリカの政治評論家リップマン (W.Lippmann) は、新聞によって形成される世論の非合理性を指摘した。彼によると、事件に対する人々の行動には、常に、メディアが発する情報から思いえがくイメージが介在しているという。

［2］
A 新聞は、時に、こうしたステレオタイプを強調し、人々の感情的な反応をあおったりもする。
B だが、新聞は、本来、事件に対して多面的な情報を提供し、客観的な視点を保持していなければならないものなのである。
C 人々は、そうしたイメージに対する反応として自分の意見や態度を決定しているというのである。
D たとえば、私たちは、民族や国について一定の形式的なイメージ、すなわちステレオタイプを持っており、このイメージにしたがって事件に対する一面的な判断をしがちである。

1. C－A－B－D
2. C－D－A－B
3. D－A－C－B
4. D－C－B－A

次の文章は自然観に関する「観点」について書かれたものの一部です。［1］に続く［2］で、A～Dの最も適当な順番はどれですか。

［1］ ここで問題となるのは、いわゆる近代的自然観、科学的自然観、機械論的自然観は、自然の本当のすがたをとらえているのか、という問題である。

［2］
A なぜなら、自然を機械的構造をもったものとしてとらえた場合だけ、人間は自然を思うままに支配し、利用し、また、作り変えることができるからだ。
B 結局、科学技術の問題は、自然をどうとらえるかという自然観の問題に行き着くのである。
C そうであれば、もともと近代の自然科学は、自然を支配し利用するための技術とむすびついたものだったと言えるだろう。
D この問題について、機械論的にとらえた自然とは、人間による支配、利用という観点からとらえた自然だと考えられる。

1. B－A－C－D
2. B－D－A－C
3. D－A－C－B
4. D－C－B－A

경향분석

① 2003년부터 매년 1회 11월 시험에 출제되고 있다.
② 질문 형태는 다음과 같다.
　「次の文章の内容を適切に要約しているものはどれですか。 다음 문장의 내용을 알맞게 요약한 것은 어느 것입니까?」

포인트

① 접속사에 주의!「このように」「したがって」「つまり」등.
② 정답은 본문의 단어를 다른 말로 바꾼 것이다.

기출유사문제 ⑭

次の文章の内容を適切に要約しているものはどれですか。

　私たちが住むこの地球は、人の一生と同じように、誕生してから46億年かけて、さまざまな変化を遂げて現在にいたっている。この地球上に生まれた生命は、変化する地球環境のなかで生き、進化してきた。**しかし**、生命は、時々刻々と変化する地球環境に、ただ受動的に適応してきただけではなかった。ある生物は、過酷な環境に自ら進出し、やがてその環境を変化させ、他の生物が進出できる環境を作り出した。**このように**生物が環境に影響を与え、変化した環境が、また生物進化に影響する。そいうことを地球上の生物は、延々と繰り返してきたのである。**したがって**、地球環境と生物は相互に影響を与え、相互に影響を受けながら共に進化してきたといえる。地球の歴史はまさに、

다음 글의 내용을 적절하게 요약한 것은 어느 것입니까?

　우리들이 사는 지구는 인간의 한평생과 마찬가지로 탄생한 후, 46억년이 걸려서 여러 가지 변화를 이루어 현재에 이르게 되었다. 이 지구 위에 태어난 생명은 변화하는 지구환경 속에서 살며 진화해 왔다. **그러나** 생명은 시시각각 변화하는 지구환경에 그저 수동적으로 적응해 온 것만은 아니었다. 어떤 생물은 가혹한 환경에 스스로 진출해서 이윽고 그 환경을 변화시켜 다른 생물이 진출할 수 있는 환경을 만들어냈다. **이렇게** 생물이 환경에 영향을 주고 변화한 환경이 또 생물진화에 영향을 준다. 그러한 것을 지구상의 생물은 끝없이 반복해 왔던 것이다. **따라서** 지구환경과 생물은 서로 영향을 주고 서로 영향을 받으면서 함께 진화해 온 것이라고 말할 수 있다. 지구 역사는 바

地球環境と生命とが、創り上げたシンフォニーにたとえることができるだろう。

로, 지구환경과 생명이 만들어낸 심포니에 비할 수 있을 것이다.

1. 生物が地球環境に受動的であることで、自然環境は守られてきた。
2. 生物と地球環境は、影響を与え合いながらたがいに進化してきた。
3. 生命が環境を変化させたため、かえって過酷な環境がもたらされた。
4. 生物は地球環境から影響を受けないように、進化を繰り返してきた。

1. 생물이 지구환경에 수동적인 것으로 자연환경은 지켜져 왔다.
2. 생물과 지구환경은 서로 영향을 주면서 상호 진화해 왔다.
3. 생명이 환경을 변화시켰기 때문에 오히려 가혹한 환경이 초래되었다.
4. 생물은 지구환경으로부터 영향을 받지 않도록 진화를 반복해 왔다.

◇ 본문 중의 접속사를 보라. 「しかし」 ⇒ 「このように」 ⇒ 「したがって」의 순서로, 같은 내용에 대해 설명을 덧붙여서, 마지막에 간단하게 정리하고 있다. 그러므로, 정답은 「したがって」의 뒷부분이 되는 셈이다.

본　　문 : 地球環境と生物は相互に影響を与え、相互に影響を受けながら共に進化してきた。

　　　　지구환경과 생물은 서로 영향을 끼치고 상호작용하면서 함께 진화해 왔다.

선택지2 : 生物と地球環境は、影響を与え合いながらたがいに進化してきた。

　　　　생물과 지구환경은 서로 영향을 끼치면서 함께 진화해 왔다.

① 밑줄 친 부분(본문에 밑줄 친 부분)에 대한 질문. 13문제, 출제율 8%.

　예 :「次の文章の下線部で「コツ」と言っているのは、どんなことですか。」

　예 :「次の文章の下線部の意味として最も適当なものはどれですか。」

② 글 내용에서 생각할 수 있는 결과를 추측하는 문제. 과거 5문제 출제. 매회, 1문제 출제율.

　예 :「次の文章は、海水について述べています。この文章のすぐ後に続く内容として、最も適当なも
　　　のはどれですか。」

　예 :「次の文章の中で述べられている実験から筆者が導き出した結論はどれですか。」

③ 그 외, 필자의 의견에 대한 출제. 과거 8문제, 5%, 매회, 한 문제 출제율.

　예 :「次の文章で筆者が重視している考え方はどれですか。」

　예 :「次の文章で筆者は「ストレス」について何と言っていますか。」

④ 편지, 문서, 안내, 전단지 등. 과거 19문제, 12%의 출제율

　단, 2004년 제 2회 2005년 제 1회에는 출제되지 않았다. ⇒ 출제 가능성은 낮다.

　예 :「３月に大学を卒業し、4月から別の大学の大学院に入学した人に、この人が所属している学会
　　　から、次のような手紙が来ました。この人が会員登録を更新するには、葉書にどんなことを書
　　　いて返送しなければなりませんか。」

　예 :「これはある大学の講義要項です。この授業について、正しいことが書いてあるものはどれです
　　　か。」

포인트 1	밑줄 친 부분과 관계가 있는 부분을 찾아라 ! ⇒ 정답은 본문을 다른 말로 바꾼 것이다.
포인트 2	본문의 내용에서, 정답을 추측해야 한다. ⇒ 그래도 정답은 본문 안에 있다 ! ⇒ 의견문을 찾아라! 본문 안의 가장 중요한 부분에 정답이 있다. ⇒ 다음 페이지의 과거문제를 보라.
포인트 3	의견문을 찾아라 ! ⇒「Ⅲ. 필자가 가장 말하고자 하는 것은 어느 것인가」
포인트 4	쓰여져 있는 정보와 전달사항을 간파하는 문제 ⇒ 기본적인 문제가 많다. ⇒ 본문과 선택지를 잘 보면, 정답을 알 수 있다.

次の文章は、海水について述べています。この文章の すぐ後に続く内容として最も適当なものはどれですか。

海水に含まれている塩分の濃度は、海の深さによって 異なっている。海面に近いほど、つまり太陽の光に近 いほど塩分濃度が高く、深くなるにつれて、つまり海 面から遠くなるほど塩分濃度が低くなる。海面の近く では、太陽光によって水が蒸発するからである。

ところが、塩分濃度が高い海面近くの水は、＊比重 が高くなるため、沈んで行って深いところの水と入れ 替わり、対流が起こる**はずだが**、実際に、そうは**な らない**。海面近くは、太陽光が当たり温度が高いが、 深くなるにつれ温度が下がる**ためである**。水の比重は 温度によって変化し、温度が高いほど比重は小さくな る。この温度が水分に与える影響は、塩分濃度による 比重への増大効果を上回っている**のだ**。

＊比重：一定量の水（4℃）の水の重さを1としたとき、同 じ量の物質の重さがどれだけになるかを示す数値。

1. 海水の比重は、表層より深層の方が大きいので対流が起 こる。
2. 海水の比重は、表層より深層の方が大きいので対流は起 こらない。
3. 海水の比重は、表層より深層の方が小さいので対流が起 こる。
4. 海水の比重は、表層より深層の方が小さいので対流は起 こらない。

다음 글은 해수에 대해서 말하고 있습니다. 이 글 바로 다음에 이어지는 내용으로서 가장 적 당한 것은 어느 것입니까?

해수에 포함되어 있는 염분의 농도는 바다 의 깊이에 따라서 다르다. 바다 표면에 가까 울수록 즉, 태양의 빛에 가까울수록 염분 농 도가 높고, 깊어짐에 따라 즉, 바다 표면에서 멀어질수록 염분농도가 낮아진다. 바다 표면 의 가까운 곳에서는 태양빛에 의해 물이 증발 하기 때문이다.

하지만, 염분 농도가 높은 바다표면 가까이 의 물은 ＊비중이 높아지기 때문에 가라앉아 깊은 곳에 있는 물과 교체해서 대류가 일어나 는 것이 **당연하지만**, 실제로 그렇게는 **되지 않 는다**. 바다표면 가까이는 태양빛을 받아 온도 가 높지만, 깊어짐에 따라 온도가 낮아지기 때 문이다. 물의 비중은 온도에 따라 변화하고, 온도가 높을수록 비중은 작아진다. 이 온도가 수분에 끼치는 영향은 염분 농도에 의해 비중 에 증대 효과를 상회하는 **것이다**.

＊비중 : 일정양의 물 (4℃)의 물 무게를 1로 했 을 때, 같은 양의 물질의 무게가 얼마큼 되는가 를 나타내는 수치.

1. 해수의 비중은 표층보다 심층 쪽이 크기 때 문에 대류가 일어난다.
1. 해수의 비중은 표층보다 심층 쪽이 크기 때 문에 대류는 일어나지 않는다.
3. 해수의 비중은 표층보다 심층 쪽이 작기 때 문에 대류가 일어난다.
4. 해수의 비중은 표층보다 심층 쪽이 작기 때 문에 대류는 일어나지 않는다.

◇ 먼저 키워드를 찾아보자. 키워드는 해수의 「濃度」와 「比重」과 「温度」이다. 본문은 이 3개의 관계에 대해 쓰여 져 있는 것을 알 수 있다.

◇ 다음으로, 접속사를 찾아보자. 3번째 줄에 「ところが」가 있다. 이것은 이 앞과 뒤에서, 이야기의 내용이 반대가 되는 것이다.

◇ 그리고 문장의 종반부의 표현을 보라.
3번째 줄 마지막에 「～はずだが、」이라고 되어 있다. 그 후, 바로 「～ならない。」가 나오고, 다음 문장의 마지막 은 「～ためである。」「～のだ。」라는 이유를 설명하는 표현이 이어지고 있다. 그러므로, 본문의 중요부분은 「ところ が」의 뒷문장이라는 것을 알 수 있다.
塩分濃度が高いほど海水の＊比重は高くなるので表面水は沈んでいくはずだが、そうはならない。
이 문장 안에 정답이 있다.

◇ 한 번 더 처음부터 본문내용을 정리해 보자.

① 海水は、表面に近いほど濃度が高い。해수는 표면에 가까울수록 농도가 높다.

② 濃度が高いほど比重も高い。농도가 높을수록 비중도 높다.

③ だから、表面の水が沈んでいくはずだ。그러므로, 표면의 물이 가라앉는 것이다.

④ だが、しかし、そうはならない。表面の水は沈まない。

   그러나 그렇게는 되지 않는다. 표면의 물은 가라앉지 않는다.

⑤ なぜなら、海水は表面に近いほど温度も高く、温度が高いほど比重は小さくなるからだ。そして、比重に対する効果は濃度より温度の方が大きいからである。

   왜냐하면, 해수는 표면에 가까울수록 온도도 높고, 온도가 높을수록 비중은 작아지기 때문이다. 그리고, 비중에 대한 효과는 농도보다 온도 쪽이 크기 때문이다.

⑥ だから、海水の比重は、やはり表面の方が小さく、表面の水は沈まないのだ。

   그러므로, 해수의 비중은 역시 표면 쪽이 작고, 표면의 물은 가라앉지 않는 것이다.

「表面の水が沈まない。」는 것은 「対流は起こらない。」는 것이므로 정답은 2번이다. 이와 같이 정답은 반드시 본문 안에 있다.

Ⅳ 기술

지금까지의 기술문제를 보면, 테마는 우리 주변의 이야기가 주제로 나온 경우가 많았다. 그리고 2004년(제 1회)부터는「食糧自給率の問題 (식량 자급율의 문제)」등과 같이 바로 답하기 어려운 추상적인 문제도 나오게 되었다.

지금까지의 테마문제는 다음과 같다

「マンションの高い階がいいか、低い階がいいか」

「若いとき貯金をしたほうがいいか」

「食糧自給率の問題」

「交通の問題」

「旅行に行く前にガイドブックをよく読むかどうか」

「年をとった政治家は辞めるべきかどうか」

+ 경향분석

① 테마 분류 : 외국어 · 수업 / 학교관계 사회 · 정치 생활의 4개로 나누어 진다.

② 각각의 테마에서 두 개의 의견이 제시된다. 의견은 제각기 대립적으로 이분되어있다.

　　[규범 ⇔ 자유, 보수 ⇔ 개혁 · 진보, 자연 ⇔ 과학, 시골 ⇔ 도시, 우연 ⇔ 계획, 획일 ⇔ 개성 · 다양]

　　[규범, 보수, 자연, 시골, 우연, 획일] 파 ⇔ [자유 개혁 · 진보, 과학, 도시, 계획, 개성] 파

③ 외국어의 학습과 수업 등 학교관계, 교육관계의 테마는 매년 출제되고 있다.

④ 우리주변의 생활상의 문제보다 사회적인 공공의 문제가 출제되는 경향이 있다.

Ⅱ. 새로운 문제 형식

문제의 형식면에서도 2005년 제 2회까지

<A>・・・・・・・・・・・・・・・・・・。
<B>・・・・・・・・・・・・・・・・・・。
という考え方があります。あなたは<A>と<B>のどちらの考え方に賛成しますか。
どちらかの立場に立って、理由を挙げて、考えを書いてください。

<A>・・・・・・・・・・・・・。
<B>・・・・・・・・・・・・・。
라는 생각이 있습니다. 당신은 〈A〉와〈B〉의 어느 쪽 생각에 찬성합니까?
어느 한 쪽의 입장에 서서, 이유를 들고, 생각을 써 주세요.

라는 질문이었지만, 2006년부터 다음과 같이 바뀌었습니다.

<table>
<tr><td>

日本の小学校では、昼ごはんをみんなで一緒に食べます。
<Ａ>ある学校では、学校が有料で用意した、同じものを食べます。
<Ｂ>別の学校では、生徒がそれぞれ持って来たものを食べます。
<u>両方の良い点や両方の良くない点を挙げて比較し</u>、<Ａ>と<Ｂ>のどちらがいいと思うか、書いてください。

</td><td>

일본의 초등학교에서는 점심을 모두 함께 먹습니다.
〈A〉어느 학교에서는 학교가 유료로 준비한 같은 것을 먹습니다.
〈B〉다른 학교에서는 학생이 각자 가지고 온 것을 먹습니다.
<u>양쪽의 좋은 점과 양쪽의 좋지 않은 점을 들어 비교하고</u>, 〈A〉와 〈B〉의 어느 쪽이 좋다고 생각하는지 써 주세요.

</td></tr>
</table>

※2006년 제2회부터, 「<u>両方の良い点や両方の良くない点を挙げて比較し</u>, 양쪽의 좋은 점과 양쪽의 좋지 않은 점을 들어 비교하고」라는 부분이, 「賛成する方だけではなく、もう一方についても触れながら書いてください。 찬성하는 쪽뿐만 아니라, 다른 쪽에 대해서도 언급하면서 써 주세요.」로 바뀌었다.

즉, 「どちらかの立場に立って、理由を挙げて 어느 한쪽의 입장에 서서, 이유를 들고」라는 부분이, 「<u>両方の良い点や両方の良くない点を挙げて比較し</u> 양쪽의 좋은 점과 양쪽의 좋지 않은 점을 들어 비교하고」라는 형태로 변한 것이다.

이것은 단순하게 생각하면, 4배나 써야 하지만 그렇지 않다.

〈A〉의 좋은 점은 〈B〉의 나쁜 점과 동일하다는 의미이다.

그러므로, 실제로는 다음 두 개의 사항을 쓰면 되는 것이다.

① 〈A〉의 좋은 점(=〈B〉의 나쁜 점)
② 〈B〉의 좋은 점(=〈A〉의 나쁜 점)

그리고 이렇게 쓰는 법이라면, 이미 우리들은 알고 있다.

「자기의 의견」 ⇒ 「이유」 ⇒ 「예」를 쓰고, 그 다음에, 쓰는 것이다. 그렇다.

「반대의견」을 쓰고, 그것을 부정하면 되는 것이다.

예를 들어 「대도시와 시골, 어느 쪽이 좋은가?」라는 문제의 경우

<table>
<tr><td>

【例】意見：私は大都市がいいと思う。
理由：なぜかというと、大都市は交通が便利だからである。
例：実際に、私は、今、東京に住んでいるが、学校の行き帰りに乗る電車を10分以上待ったことがない。これは田舎では考えられないことだろう。
反対意見：確かに、大都市は危険で田舎は安全かもしれない。
その否定：しかし、現代社会では、交通が不便だ

</td><td>

【예】의견 : 나는 대도시가 좋다.

이유 : 왜냐하면, 대도시는 교통이 편리하기 때문이다.
예 : 실제로, 나는, 지금, 도쿄에 살고 있지만, 학교에 다닐 때에 타는 전철을 10분 이상 기다린 적이 없다. 이것은 시골에서는 생각할 수 없는 일일 것이다.
반대의견: 확실히, 대도시는 위험하고 시골은 안전할지도 모른다.
그 부정 : 그러나, 현대사회에서는, 교통이 불편하면 시간을 헛되

</td></tr>
</table>

と時間がむだになるのではないだろうか。田舎で仕事を探すのも大変だろう。安全という理由だけで、田舎を選ぶことはできないのだ。

結論：したがって、私はやはり、大都市に住みたいと思うのである

이 쓰게 되는 것이 아닐까. 시골에서 일을 찾는 것도 힘들 것이다. 안전이라는 이유만으로, 시골을 선택하는 일은 불가능한 일인 것이다.

결론: 따라서, 나는 역시 대도시에 살고 싶은 것이다.

자세히 보면 「大都市の良い点も悪い点も 대도시의 좋은 점도 나쁜 점도」, 그리고 「田舎の良い点も悪い点も 시골의 좋은 점도 나쁜 점」도 쓰여져 있다는 것을 알 수 있을 것이다. 이것으로 15행, 약300자의 작문이 된다. 좀 더, 대도시의 좋은 점을 써서 400자로 하면, OK. 6점 만점을 받을 수 있을 것이다.

그럼, 왜 이렇게 새로운 문제형식으로 바뀐 것일까?

그것은, 문제를 만든 사람이 확실하게 설명하고 있지 않기 때문에 잘은 모르지만, 분명히 이유를 쓰고, 그 예를 쓰는 것만으로는 「논리성」의 점수를 매기는 것이 어려웠기 때문이라고 생각한다. 실제로 우리 반 학생으로, 초급 = 일본어능력시험 3급 레벨의 학생이, 「의견 ⇒ 이유 ⇒ 예 ⇒ 결론」의 쓰는 법을 10월에서 11월 시험까지 1개월 반 공부해서, 6점 만점을 받았다. 물론 초급 학생이므로, 초급 문법만으로 「です・ます」로 써서 6점 받은 것이다.

이것은 아무리 일본어를 잘 하는 사람의 작문도 즉, 상급 학생으로 일본어능력시험 1급 합격인 사람의 작문도 같은 6점이라는 것이다. 아무리 어려운 단어와 문법을 사용해서 써도 초급의 학생과 같이 6점인 것이다. 「이것으로는 시험의 의미가 없다.」 분명히 그렇게 생각했던 것 같다.

그럼, 여기서 해답예를 살펴 보자.

해답 예

Aには、家庭ごとの経済的な差がでにくい、という良い点がある。学校が全員に同じ食べ物を用意すれば、子どもは、自分の食べ物を他人と比べることなく、安心して昼ごはんが食べられると思う。また、一度にたくさんの料理を作るので、同じものをそれぞれの家庭で別々に作るのに比べ、材料費もあまりかからないだろう。

一方、Bには、一人一人の事情に合わせやすい、という良い点がある。特に、特定の食物にアレルギーを持つ子どもにとって、Aでは都合が悪いこともあるかもしれない。しかし、そういう場合には、弁当を持ってくることを認めればいいのである。違うものを食べている子どもがいても、そのような理由があるなら、みんな納得するだろう。

したがって、基本的にはAのやり方をとり、何か問題があれば個別に対応する、というやり方が最も現実的だと思う。

A에는 가정마다의 경제적인 차이가 덜 난다는 좋은 점이 있다. 학교가 전원에게 같은 음식을 준비하면, 아이들은 자기의 음식을 다른 사람과 비교하는 일 없이 안심하고 점심을 먹을 수 있다고 생각한다. 또, 한꺼번에 많은 음식을 만들기 때문에, 같은 것을 각각의 가정에서 따로 만드는 것에 비해, 재료비도 그다지 들지 않을 것이다.

한편, B에는 한 사람 한 사람의 사정에 맞추기 쉽다는 좋은 점이 있다. 특히, 특정의 음식에 알레르기를 가지고 있는 어린이에게 있어서, A로는 상황이 나쁜 경우도 있을 지도 모른다. 그러나 그러한 경우에는 도시락을 가지고 오는 것을 허락해 주면 되는 것이다. 다른 것을 먹는 아이가 있어도, 그러한 이유가 있다면, 모두 납득할 것이다.

따라서, 기본적으로는 A의 방식을 택해서, 뭔가 문제가 있으면 개별적으로 대응하는 방법이 가장 현실적이다라고 생각한다.

단락의 구성을 살펴 보면, 첫 단락에서「A의 좋은 점」을 두 가지 썼다는 것을 알 수 있다. (좋은 점① : 안심하고 먹을 수 있다. 좋은 점② : 재료비가 B보다 싸다)

다음 제 2단락은,「確かに 확실히」가 아니라,「一方 한편」으로 시작되고 있지만, 잘 보면「~일지도 모른다. 그러나」라는「반대의견의 부정」의 문형이 된다는 것을 알 수 있다.

그러므로, 여기서는「B의 좋은 점＝A의 나쁜 점」이 쓰여 있다. 그리고 A의 나쁜 점은 특별한 경우의 문제로, 그 경우의 해결책도 제시하고 있다.

이 해답 예가, 우리들이 잘 알고 있는「반대의견」의 쓰는 법과 같다라는 것을 알 수 있다.

현실적으로 이「반대의견」의 쓰는 법은 초급인 학생에게는 어려운 작성법이다. 또, 상급인 학생이 아무리 능숙한 일본어로 써도, 이유만으로는, 6점을 딸 수 없게 되었다.

즉, 새로운 문제형식은「의견 ⇒ 이유 ⇒ 예 ⇒ 결론」이라는 지금까지의 작성법을 4점으로 하기 위한 것이었던 것이다. 다음은 문제 ②의 해답예이다.

해답 예

＜Ａ＞政治家は、年をとったら辞めるべきだ
＜Ｂ＞政治家は、年をとっても辞める必要はない
という考え方があります。
<u>両方の良い点や両方の良くない点を挙げて比較し、</u>
＜Ａ＞と＜Ｂ＞のどちらがいいと思うか、書いてください。

〈A〉정치가는, 나이를 먹으면 그만두어야만 한다.
〈B〉정치가는, 나이를 먹어도 그만 둘 필요는 없다.
라는 생각이 있습니다.
<u>양쪽의 좋은 점과 양쪽의 좋지 않은 점을 들어 비교하고, 〈A〉와〈B〉의 어느 쪽이 좋다고 생각하는가, 써 주세요.</u>

해답 예

　政治家は、年をとったという理由だけで辞める**必要はない**。政治には、高齢者の力も若者の力も、ともに必要だと考える**からだ**。
　若い政治家には、従来の慣習にとらわれない柔軟な発想が期待でき、それも政治には不可欠なことである。**しかし**、政治家の仕事は、新しい考えを示すことだけではない。その考えを実現させるためには、対立する立場の人にも十分な説明や説得をする必要がある。そういう時には、高齢の政治家の深い知恵と、粘り強い交渉力が役に立つだろう。**要するに**、若者にも高齢者にもそれぞれの価値がある。**重要なことは**、若い政治家と高齢の政治家とが、お互いのよさを生かしながら協力し合えるようにすること**だと思う**。
　高齢の政治家がいなくなることは、若い政治家がいなくなることと同じくらいよくないことだ。年をとったという理由で政治家をやめてもらおう**というのは**、あまりに単純な意見だといえるだろう。

　정치가는 나이를 먹었다는 이유만으로 그만 둘 필요는 없다. 정치에는 고령자의 힘도 젊은이의 힘도, 다 필요하다라고 생각하기 때문이다.
　젊은 정치가에게는 종래의 관습에 얽매이지 않는 유연한 발상을 기대할 수 있고, 그것도 정치에는 불가결한 것이다. 그러나, 정치가의 일은 새로운 생각을 제시하는 것 만이 아니다. 그 생각을 실현시키기 위해서는 대립하는 입장의 사람에게도 충분한 설명과 설득을 할 필요가 있다. 그럴 때는 고령의 정치가의 깊은 지혜와 끈질긴 교섭력이 도움이 될 것이다. 요컨대, 젊은이에게도 고령자에게도 각자의 가치가 있다. 중요한 것은 젊은 정치가와 고령의 정치가가 서로의 장점을 살리면서 협력해 가도록 하는 것이라고 생각한다.
　고령의 정치가가 없어진다는 것은 젊은 정치가가 없어진다는 것과 마찬가지로 좋지 않은 일이다. 나이를 먹었다는 이유로 정치가를 그만두게 하려는 것은 너무나 단순한 의견이라고 말할 수 있을 것이다.

이 해답 예도 첫 단락에 「高齢の政治家も必要だ 고령의 정치가도 필요하다」라는 자기의 의견과, 그 이유 「若い政治家も高齢の政治家も両方必要だから 젊은 정치가도, 고령의 정치가도 양쪽 다 필요하기 때문에」가 쓰여 있다. 그리고, 두 번째 단락에 「양쪽 다 필요한 이유의 설명」이 쓰여 있다. 즉,「젊은 정치가의 좋은 점」과 「고령의 정치가의 좋은 점」이다. 그 위에, 자기의 의견 = 「양쪽 다 필요하다」를 주장하고 있다.
그리고, 마지막에 결론을 쓰고, 반대 의견 = 「高齢の政治家は辞めるべきだ고령의 정치가는 그만 두어야 한다」를 부정하고 있다. 〈A〉의 나쁜 점 = 〈B〉의 좋은 점

말이 어려운 작문이지만, 문장의 구성은 단순하다. 〈A〉와 〈B〉, 양쪽의 좋은 점을 쓰고, 양쪽 다 필요하니까, 한 쪽만 필요하다는 〈A〉의 의견에는 반대다」라는 것이 된다. 그러나, 「若い政治家だけでいい 젊은 정치가만으로 좋다」, 「高齢の政治家だけでいい 고령의 정치가만으로 좋다」라고 말하는 사람은 아무도 없으므로, 이 문제는 그다지 좋은 문제라고는 말할 수 없다. 〈A〉가 극단적인 의견으로, 〈B〉가 일반적인 상식이 되기 때문이다.
단, 이렇게 문제에 따라서는, 양쪽 모두의 좋은 점을 쓰고, 양쪽 모두 필요하다고 쓰는 방법도 기억해 두면 좋을 것이다.

여기서, 한 번 더, 새로운 문제형식의, 작성법을 복습해 두자.

> ❶자기의 의견 ⇒ ❷이유 ⇒ ❸반대의견 ⇒ ❹그 좋은점 ⇒ ❺그 나쁜 점 ⇒ ❻자기의 의견의 주장 ⇒ ❼결론

Ⅲ. 예상문제와 해답예

문제 ①

〈A〉外国語を学習するときは、できるだけ少人数のクラスがいい
〈B〉外国語を学習するときは、人数の多いクラスのほうがいい
という考え方があります。両方の良い点や両方の良くない点を挙げて比較し、〈A〉と〈B〉の
どちらがいいと思うか、書いてください。

〈A〉외국어를 학습할 때는 가능한 한 소수의 클래스가 좋다
〈B〉외국어를 학습할 때는 사람 수가 많은 클래스가 좋다라는 생각이 있습니다. 양쪽의 좋은 점과 양쪽의 좋지 않은 점을 들어 비교하고, 〈A〉와 〈B〉의 어느 쪽이 좋다고 생각하는지 써 주세요.

　私は少人数のクラスを選ぶ。なぜなら、少人数のほうが外国語を話す機会が多いからだ。

　実際に、限られた時間の中で先生の質問に答える時間は、人数に反比例して少なくなる。先生は１人なのだから、学生が１人というのが理想である。それが２人になれば、学生が話す時間は半分になってしまう。外国語の学習は話す機会が多いほど効果的である。それを減らすのは、むだな時間を増やすということになるのである。

　確かに、たくさんの人がいれば競争意識は高まるだろう。しかし、一緒に学ぶ人が自分より能力の高い人ばかりとは限らない。私はテストの点を競争するために外国語を学びたいとは思わないし、人数の多いクラスでは、競争がはげしくなればなるほどストレスもたまっていくだろう。だれも、そんなクラスで勉強したいとは思わないだろう。

　以上の理由から、私はできるだけ人数の少ないクラスで外国語を学びたい。

　나는 소수의 클래스를 택하겠다. 왜냐하면, 소수 쪽이 외국어를 이야기할 기회가 많기 때문이다. 실제로, 정해진 시간 안에서 선생님의 질문에 대답할 시간은, 사람 수에 반비례해서 적어진다. 선생님은 한 사람이니까, 학생이 한 사람인 것이 이상적이다. 그것이 두 사람이 되면, 학생이 이야기하는 시간은 반이 돼 버린다. 외국어 학습은 말할 기회가 많을수록 효과적이다.

　그것을 줄이는 것은, 쓸데없는 시간을 늘이는 것이 되는 것이다.

　확실히, 많은 사람이 있으면 경쟁의식은 높아질 것이다. 그러나, 같이 배우는 사람이 자기보다 능력이 뛰어난 사람만 있는 것은 아니다. 나는 테스트의 점수를 경쟁하기 위해서 외국어를 배우고 싶지는 않고, 사람 수가 많은 클래스에서는, 경쟁이 치열해지면 해 질수록 스트레스도 쌓일 것이다. 누구도, 그런 클래스에서 공부하고 싶지는 않을 것이다.

　이상의 이유에서, 나는 될 수 있으면 사람수가 적은 클래스에서 외국어를 배우고 싶다.

　私は人数の多いクラスのほうがいいと思います。なぜなら、人数が多いと、いろいろな人と一緒に勉強できるからです。できれば、たくさんの国の人が一緒になったクラスが良いと思います。その場合、勉強する外国語が唯一の共通語になるからです。そして、その唯一の共通語を話すことによってお互いの文化や習慣に興味を持つようになり、学習意欲も学習効果も高まっていくと思います。考え方も性格も違ういろいろな人が一緒に勉強するからこそ、難しい外国語の授業が楽しくなるのではないでしょうか。

　確かに、学生が多いと授業中の発言は少なくなるかもしれません。しかし、学生同士のコミュニケーション能力は人数が多いほど高まるのではないでしょうか。学生が、一人か二人しかいないクラスなんて、想像しただけでさびしいし、授業もつまらないでしょう。ですから、私は人数が多いクラスのほうがいいと思います。

　나는 사람 수가 많은 클래스 쪽이 좋다고 생각합니다. 왜냐하면, 사람 수가 많으면, 여러 사람과 함께 공부할 수 있기 때문입니다. 가능하면 많은 나라의 사람이 같이 있는 클래스가 좋다고 생각합니다. 그 경우, 공부하는 외국어가 유일의 공통어가 되기 때문입니다. 그리고 그 유일의 공통어를 말함으로써 서로의 문화와 습관에 흥미를 가지게 되어 학습의욕도, 학습효과도 높아진다고 생각합니다. 사고방식도, 성격도 다른 여러 사람이 함께 공부하는 것이야말로, 어려운 외국어 수업이 즐거워지는 것이 아닐까요?

　확실히, 학생이 많으면 수업 중의 발언은 적어질지도 모르겠습니다. 그러나, 학생들끼리의 커뮤니케이션 능력은 사람 수가 많을수록 높아지는 것은 아닐까요? 학생이 한두 사람 밖에 없는 클래스는 상상만으로도 쓸쓸하고, 수업도 재미없을 것입니다. 그러므로, 나는 사람 수가 많은 클래스 쪽이 좋다고 생각합니다.

〈A〉ある会社では、社員が出勤する時間や昼食をとる時間が決められています。
〈B〉別の会社では、社員がそれぞれ出勤する時間も昼食をとる時間も自由です。
両方の良い点や両方の良くない点を挙げて比較し、〈A〉と〈B〉のどちらがいいと思うか、書いてください。

〈A〉어떤 사회에서는 사원이 출근하는 시간과 점심을 먹는 시간이 정해져 있습니다.
〈B〉다른 회사에서는 사원이 저마다 출근하는 시간도 점심을 먹는 시간도 자유입니다.
양쪽의 좋은 점과 양쪽의 좋지 않은 점을 들어 비교하고, 〈A〉와〈B〉의 어느 쪽이 좋다고 생각하는지 써 주세요.

　私は、会社の時間ははっきり決められているほうが良いと思う。

　というのも、会社は一つのチームであり、団体としてまとまっている方が能率的な仕事ができるからである。会社はまた、他の会社との取り引きもあるのだから、時間がはっきりしている方が、お互いの会社にとっても能率的だからである。

　確かに、社員にはそれぞれ個人の事情というものがあり、決められた時間が不便に思えることもあるだろう。だが、はっきりした基準があるからこそ、仕事が成り立つことを忘れてはいけない。会社の時間が決められているからといって、個人の時間がなくなるわけではない。会社の時間は会社の時間、個人の時間は個人の時間とはっきり分けたほうが、それぞれの時間をもっと有効に使えるのではないだろうか。

　以上から、私は会社の出勤時間や昼食の時間が決まっている方が能率的だと考える。

　나는 회사의 시간은 확실하게 정해져 있는 것이 좋다고 생각한다.

　그 이유는 회사는 하나의 팀이고, 단체로서 통합되어 있는 편이 능률적으로 일을 할 수 있기 때문이다. 또 회사는, 다른 회사와의 거래도 있기 때문에, 시간이 확실한 편이 서로의 회사에 있어서도 능률적이기 때문이다.

　확실히 사원에는 저마다의 개인의 사정이라는 것이 있고, 정해진 시간이 불편하게 느껴지는 경우도 있을 것이다. 하지만 확실한 기준이 있기 때문에, 일이 성립된다는 것을 잊어서는 안 된다. 회사 시간이 정해져 있다고 해서 개인의 시간이 없어지는 것은 아니다. 회사시간은 회사시간, 개인시간은 개인시간이라고 분명하게 나누는 편이 각자의 시간을 좀 더 유효하게 사용할 수 있는 것은 아닐까?

　이상에서 나는 회사의 출근시간과 점심시간이 결정되어 있는 편이 능률적이라고 생각한다.

　現代のように交通や情報通信が発達した社会では、会社の出勤時間や昼食の時間が決められているのは、非効率的だと言えるでしょう。会社は、社員の個人の能力を最大限に生かさなければなりません。そうでなければ、生き残れないのが現在の競争社会です。それに、人口が集中する大都市で、どの会社も出勤時間を同じにすれば、交通が混雑するのは当たり前です。昼食の時間も同じです。この問題を解決するためにも、会社で過ごす時間を個人の自由にして調整することが必要なのです。

　현대와 같이 교통과 정보통신이 발달한 사회에서는 회사의 출근시간과 점심시간이 정해져 있는 것은 비능률적이라고 말할 수 있을 겁니다. 회사는 사원의 개인능력을 최대한으로 살려야 합니다. 그렇지 않으면, 살아남을 수 없는 것이 현재의 경쟁사회입니다. 게다가, 인구가 집중해 있는 대도시에서 어느 회사도 출근시간을 똑같이 한다면, 교통이 혼잡한 것은 당연한 것입니다. 점심시간도 마찬가지입니다. 이 문제를 해결하기 위해서도, 회사에서 보내는 시간을

　確かに、会社全体が一つの機械のようにまとまって動かなければならない会社もあるでしょう。そのような会社の場合は、時間を決めた方が能率的かもしれません。しかし、現在では、社員個人のアイデアや判断を重視する会社の方が多くなっているのが実情ではないでしょうか。

　したがって、現在では、個人の自由を優先する会社の方が現実的だと言えるのです。

개인의 자유로 해서 조정하는 것이 필요한 것입니다.

　확실히 회사 전체가 하나의 기계처럼 통합되어 움직여야 하는 회사도 있을 겁니다. 그러한 회사의 경우는 시간을 정하는 편이 능률적일지도 모르겠습니다. 그러나, 현재로서는 사원 개인의 아이디어나 판단을 중시하는 회사가 많아진 것이 실정이 아닐까요?

　따라서, 현재로는 개인의 자유를 우선하는 회사가 현실적이라고 말할 수 있는 것입니다.

Ⅳ. 기출문제 테마 분석

• 外国語 · 授業 25%

062-2　<A>外来語はできる限り使わないほうがいい ⇒ **보수**
　　　　<B>外来語を使うことには利点がある ⇒ **개혁**

051-1　外国でその国の言語を新しく勉強し始めるとき、
　　　　<A>同じ母語を持つ人たちだけが集まっているクラス ⇒ **획일성**
　　　　<B>いろんな母語を持つ人々が混じっているクラス ⇒ **다양성**

041-2　小学校で算数の授業をする場合、<A>成績別クラスにしたほうがいい。⇒ **경쟁 · 개혁**
　　　　　　　　　　　　　　　　　　　<B>成績別クラスにしないほうがいい。⇒ **조화 · 보수**

032-1　外国語で作文などを書くとき、
　　　　<A>まず自分の母語で書いてみて、そのあとそれを外国語に直すほうがいい。⇒ **보수파**
　　　　<B>自分の母語は使わず、いきなり外国語で書き始めたほうがいい。⇒ **개혁파**

022-1　外国に行って、その国の人といっしょに仕事をする場合、
　　　　<A>その国の言葉はできるだけ上手に話せたほうがいい。⇒ **이상추구 · 완벽파**
　　　　<B>その国の言葉はそれほど上手ではなくても、仕事に必要な程度だけ話せればいい。⇒ **현실파**

• 学校 · 教育関係 35%

062-1　教室の掃除は、<A>使った人（先生や生徒）がする高校と、⇒ **규범 · 도덕**
　　　　　　　　　　<B>掃除会社などがする高校 ⇒ **합리적**

061-1　日本の小学校では、昼ごはんをみんなで一緒に食べます。

<A>ある学校では、学校が有料で用意した、同じものを食べます。⇒ 급식 ⇒ 획일

<B>別の学校では、生徒がそれぞれ持って来たものを食べます。⇒ 도시락 ⇒ 자유

052-2　小学校の長期休暇（夏休みなど）では、<A>宿題は必要がない ⇒ 자유

<B>宿題は必要だ ⇒ 규범

042-2　将来自分がやりたいことは、<A>大学に入学する前に決めるのがよい ⇒ 계획

<B>大学に入って勉強しながら決めていくのがよい ⇒ 우연

031-1　<A>学生はいろいろな経験をしたほうがいい。⇒ 외향적 · 개혁

<B>学生は一つのことを深く追求したほうがいい。⇒ 내향적 · 보수

021-2　小さいころからコンピュータをどんどん使わせたほうがいい。⇒ 진행파

小さいうちはコンピュータの基本的なことができればいい。⇒ 보수파

021-1　今、留学生のための大規模な学生寮を建てる計画があります。

建築場所は都会がいい。⇒進歩派　　田舎がいい。⇒ 보수파

• 政治・社会 25%

061-2　<A>政治家は年をとったら、辞めるべきだ ⇒ 개혁

<B>政治家は、年をとっても辞める必要はない ⇒ 보수

052-1　現在、ある国では車は左側通行、ある国では右側通行です。これに関して、

<A>世界中でどちらかに統一した方がいい ⇒ 규범

<B>統一する必要はない ⇒ 자유

042-1　大都市の交通渋滞をより少なくするためには、<A>車を減らしたほうがよい ⇒ 자연파

<B>新たな道路を作るなどして、より多くの車が通れるようにしたほうがよい　⇒ 진행파

041-1　<A>肉や野菜、米や小麦などの食糧は輸入に頼らず、全部国内で作ったほうがいい。⇒ 보수

<B>一部は外国からの輸入に頼ってもいい。⇒ 개혁

022-2　野菜や穀物などを育てる時に、害虫を殺すための農薬を使うことがあります。

<A>農薬は人間の体によくないから使わないほうがいい。⇒ 자연 · 보수파

<B>農薬を使わなければ十分な収穫が得られないので、少量なら使ってもいい。⇒ 과학 · 개혁파

• 生活 15%

051-2　初めて行く国を一人で観光旅行するとき、

<A>ガイドブックをよく読んで参考にするほうがいい ⇒ 계획 · 규범

<B>ガイドブックには頼らないほうがいい ⇒ 우연 · 자유

032-2　<A>若い時はお金はあまり使わないで貯金しておいたほうがいい。⇒ 보수

<B>若い時は勉強や旅行など有意義なことにお金をたくさん使うのがいい。⇒ 자유

031-2　高層マンションに住む場合、

<A>低い階に住むほうがいい。⇒ 보수파

<B>高い階に住むほうがいい。⇒ 진보파

청해 / 청독해
듣기 대본

연습문제 1 🔵 1-01

女子学生と男子学生が作家の展示会について話しています。この2人は、これからどうしますか。

女子学生 ねえ、今、ギャラリーでイプセンの展示会をやってるんだって。行ってみない？

男子学生 イプセンって、あの、劇作家のイプセン？

女子学生 うん。写真とか自筆の原稿とか展示してあるんだって。

男子学生 本当？ 卒論にも役に立つかもしれないね。行ってみようか。

女子学生 うん、行こう。

男子学生 でも、ぼく、これから友だちと約束があるんだ。それ、何時までなの？

女子学生 6時まで。

男子学生 だったら、だいじょうぶだ。後で行くよ。

女子学生 じゃあ、私は先に行くね。

Q：この2人はこれからどうしますか。

1．二人とも展示会に行く。
2．二人とも授業に行く
3．男子学生は展示会に、女子学生は友達と会う。
4．男子学生は友だちと会い、女子学生は展示会に行く。

연습문제 2 🔵 1-02

男子学生と女子留学生がボランティア活動について話しています。この女子学生は明日何をしますか。

男子学生 アリさん、ボランティア活動をやってるんだって？

女子学生 ええ、でも、今はお休み中で、また、探してるところなんだけどね。

男子学生 僕も老人ホームに行ってお手伝いしてるんだ。

女子学生 老人ホームって、お年寄りの施設のことだよね。

男子学生 そう。そこでお年寄りの買い物を手伝ってあげたり、いっしょに歌を歌ったりするんだけど、どう？ よかったら一度、いっしょに行ってみない？

女子学生 ありがとう。実は、私、音楽療法に興味があって、卒業論文にしようと思ってるの。だから、すごく参考になりそう。だけど、留学生の私でも大丈夫かなあ？

男子学生 アリさんなら大丈夫だよ。職員や専門の人もそばにいるし。

女子学生 そう？ じゃ、今度行くときに見学させてもらってもいい？

男子学生 さっそく明日行くけど、どう？

女子学生 いいの？ じゃ、お願い。

Q：この女子学生は明日何をしますか。

1．男子学生の買い物を手伝う。
2．音楽療法について論文を書く。
3．老人ホームを見学する。
4．老人ホームの就職試験を受ける。

연습문제 3 🔵 1-03

スペインからの留学生が、市民講座でスペイン語を教えることになり、それについての連絡が、留守番電話に入っていました。この留学生は、まず何をしなければなりませんか。

職員 国際交流センターの田中です。この度は、市民のためのスペイン語講座の講師をお引き受けいただき、ありがとうございます。来週土曜日2時から、市民センターにおきまして、講師の先生方への事前説明会がございます。また、当日、受講者名簿をお渡しいたします。お手数ですが、この日に参加可能かどうか、市役所の国際交流センターまでお電話いただきたく存じます。また、説明会当日に、授業の内容についての予定表をご提出ください。以上、よろしくお願いします。

Q：この留学生は、まず何をしなければなりませんか。

1．説明会に参加するかどうか連絡する。
2．受講者名簿を受け取る。
3．授業の予定表を提出する。
4．講師の先生方に問い合わせる。

연습문제 4 🔘 1-04

女子学生が先生にレポートの提出について相談しています。この女子学生はレポートをどのように提出することにしましたか。

女子学生　先生、今よろしいですか？　レポートの提出のことでちょっとご相談が・・・。

先　　生　はい、なんですか。

女子学生　あのう、8月20日までに研究室に提出、ということになってますけど、そのころは家族と旅行に行っていて、日本にいないんですが……。

先　　生　そう、じゃあ、夏休み前でもいいですよ。

女子学生　今、書いているんですが、休みに入る前に完成させるのはちょっと…。8月末までにはできると思うんですけど、出すのは9月になってからでもいいでしょうか？

先　　生　そういうわけにはいきませんよ。書いてもらったレポートを9月の最初の授業に使いたいので、8月中に読んでしまいたいんですよ。うーん、じゃあ、完成したらメールで送ってもらえますか？　締め切り厳守ですよ。

女子学生　わかりました。では、それまでに必ずメールでお送りします。ありがとうございます。

Q：この女子学生はレポートをどのように提出することにしましたか。

1．夏休みの前にメールで送る。
2．締め切りの前にメールで送る。
3．締め切りの前に研究室に持って行く。
4．締め切りのあとに研究室に持って行く。

연습문제 5 🔘 1-05

女子学生が会社の選び方について自分の考えを述べています。この女子学生は、今、会社の選び方についてどう思っていると言っていますか。

学　生　ある調査結果によると、若い社員のおよそ15％は、「転職希望、つまり、会社を変えたい」と考えていて「実際に転職した」人は1割

にも上るそうです。つまり、10人に1人は、会社をやめて新しい会社に就職しているということです。私も以前は、転職することには不安を感じていました。もし新しい会社も前の会社と同じように、自分に合わなかったらどうしようと思っていたのです。かといって、好きでもない仕事を続けると、後悔するだろうという思いもありました。しかし、今は考え方が変わりました。調査結果が示しているように、結婚して家族ができてからでは、転職も難しくなります。だから、若いうちに自分に合った会社を選ぶべきだってことに気づいたのです。

Q：この女子学生は、今、会社の選び方についてどう思っていると言っていますか。

1．自分に合わない会社に就職するのは不安だ。
2．自分に合わない会社でも、若いうちに転職するべきではない。
3．自分に合わない仕事を続けると、結婚できないだろう。
4．自分に合った仕事をしたいなら、若いうちに転職するべきだ。

연습문제 6 🔘 1-06

先生と女子留学生のリーさんが、今度リーさんが参加する小学校の生徒との交流会について話しています。リーさんがしてほしいと頼まれたのは、どのようなことですか。

先生　来週の交流会のことなんですが、今、子供たちは「世界のファッション」について学習しているそうなんです。それで、来週は、リーさんの国のファッションについても、子供たちが自分で調べたことを発表するんですが、その発表のあと、リーさんにも何かしてもらえないかなと思っているんですよ。

リー　具体的にはどんなことがいいですか。

先生　そうですねえ・・・例えば、服の材質とかデザインとか着方とか。実物に直接さわったり、

実際に着てみたり、そういう体験ができるといいと思うんですけどね。子供たちは、言葉だけの説明だとなかなか理解しにくいですから。

リー　　わかりました。では、そういうことで。

Q：リーさんがしてほしいと頼まれたのは、どのようなことですか。

1．ファッションについて調べたことを発表すること
2．発表内容が正しいかどうか判定すること
3．直接体験できるように服を用意すること
4．発表内容について言葉で説明をすること

연습문제 7　🔘 1-07

女子学生と男子学生が女子学生の病気について話しています。この女子学生の病気はどんな病気ですか。

男子学生　　どうしたの？　ぐあい悪そうだね。目も赤いし。カゼでもひいたの？

女子学生　　そうじゃなくって、アレルギー性鼻炎。

男子学生　　アレルギー性鼻炎。それって、花粉症じゃないの？

女子学生　　そうね、目にも症状が出てるから、花粉症って言ったほうがいいわね。

男子学生　　そうか、大変そうだね。それって、治らないんでしょう？

女子学生　　そうね。今年は、漢方薬を試しているんだけど、少し軽くなるだけなんだよね。

男子学生　　手術とか、できないのかな。

女子学生　　する人もいるけど、それじゃ治らないっていう人もいるし、治っても鼻だけだからね。花粉が入らないようにするのが一番みたい。

男子学生　　そう、おだいじにね。

女子学生　　ありがとう。

Q：この女子学生の病気はどんな病気ですか。

1．目と鼻に症状が出る病気
2．体重が軽くなる病気
3．薬を飲めば治る病気
4．手術をすれば治る病気

연습문제 8　🔘 1-08

先生が、ヒトが緊張した時の変化について話しています。この先生は、ヒトが緊張した時、どうすることが最も重要だと言っていますか。

先生　　ヒトは、普段、呼吸や脈拍のリズムは一定していて、呼吸は1分間に16回から18回、脈拍は60から80程度だといわれています。ところが、たくさんの人の前で話したり、危険が近づいたりすると、ヒトは緊張して、ドキドキして呼吸が速くなります。ヒトは、緊張すると心臓の鼓動が速くなり、呼吸が荒くなり、汗をかいたりもします。その結果、いつものように振舞うことができず、失敗することも多いのです。このように、ヒトは緊張すると身体的な変化が現れますが、これらの変化のうち呼吸だけは、意識的に変えることができます。ですから、緊張した時こそ、ゆっくり息を吸って吐いて、深く呼吸することほど大事なことはありません。また、頭の中に良いイメージを思い浮かべることも効果的だと言われています。

Q：この先生は、ヒトが緊張した時、どうすることが最も重要だと言っていますか。

1．汗をおさえる。
2．心臓の動きをおさえる。
3．深呼吸をする。
4．良いことをイメージする。

연습문제 9　🔘 1-09

女子学生と男子留学生が、話をしています。この男子留学生は新しい引っ越し先のどんな点がいいと言っていますか。

女子学生　　最近、引っ越したんだって？　新しい引っ越し先、どう？

男子学生　　ああ。ある会社の寮に決まったんだ。

女子学生　　えっ、社員寮？　それって、留学生にも貸してくれるの？

男子学生　　うん。

女子学生　　へえ。でも、周りはみんなその会社の人で

しょう？

男子学生　うん。実際に、働いている日本人と話すの
はおもしろいよ。いろいろ規則はうるさい
けどね。それより、管理人さんが食事の世
話もしてくれて、それがまた安いんだ。

女子学生　へえー、そういう寮ってあまりないよね。

Q：この男子留学生は新しい引っ越し先のどんな点
がいいと言っていますか。

　　1．日本人と日本語で交流ができる点
　　2．その会社で働くことができる点
　　3．安い食事を作ってくれる点
　　4．おもしろい規則がいろいろある点

연습문제 10　1-10

男子学生と女子学生が電話で話しています。この女子
学生が男子学生に頼まれたことは何ですか。

男子学生　あ、もしもし、山田さん？

女子学生　あ、中野くん、おはよう。どうしたの、こ
んなに朝早く。

男子学生　実は、きのう足をケガしちゃって…。まだ、
歩けないんだ。今日は文芸創作ゼミの発表
だったんだけど、それも行けそうにないん
だよ。

女子学生　え、だいじょうぶ？　じゃ、ゼミの先生に
は私から連絡しておくね。

男子学生　あ、いや、それはさっき学校に連絡してお
いたから。

女子学生　そう。

男子学生　それで、今日の人類学の授業なんだけど。

女子学生　4限の？　あ、もしかして、ノートのこ
と？

男子学生　うん。あの先生は、ノートが大事だって先
輩が言ってたから。後で貸してくれる？

女子学生　わかった。授業でプリントが配られたら、
余分にもらっといてあげるね。

Q：この女子学生が男子学生に頼まれたことは何で
すか。

　　1．かわりにゼミの発表をすること
　　2．ケガのことを先生に連絡すること
　　3．授業のプリントをもらっておくこと
　　4．授業のノートを後で貸すこと

연습문제 11　1-11

女子学生が授業の内容について先輩の男子学生に相談
しています。この男子学生が言いたいことは何ですか。

女子学生　先輩、田村先生の授業、受けたことありま
すか。

男子学生　うん。どうしたの？

女子学生　この間の授業で、「歴史の終焉」という話
があったんですけど、どうも意味がよくわ
からないんです。

男子学生　ああ、そういうことね。

女子学生　「歴史が終わる」って言われると、地球上
の人がみんな死んでいなくなるのか、って
びっくりしたら、どうもそうじゃないみた
いで……。

男子学生　それはね、これまでの「歴史」という考え
方が変わるということだよ。だから、人間
社会が消えてなくなるっていうことではな
いと思うよ。その辺は大事なところだか
ら、先生に質問してもっと説明してもらっ
た方がいいんじゃないかな。

Q：この男子学生が言いたいことは何ですか。

　　1．歴史についての先生の説明はまちがってい
る。
　　2．歴史についての考え方は人によってそれぞ
れ違う。
　　3．歴史が終わるといっても人間社会が消えると
いうことではない。
　　4．人間社会の歴史が終わることはけっしてあ
りえない。

연습문제 12　1-12

あるマンガ雑誌の発行を授業で紹介しています。この
先生が新しいマンガ雑誌について最も評価しているこ
とは何ですか。

先生　今や日本を代表する文化の一つと言ってもい
いマンガですが、このたび、週刊のマンガ雑

誌が無料で配布されることになり話題を呼んでいます。毎週10万部を首都圏の電車、ジェイアールの駅前で一人一人手渡しで配布しているのです。日本のマンガ雑誌にはこれまでほとんど企業の広告は入っていませんでした。そこに目をつけた会社が広告のページを増やして、その分値段も安くしようということで、とうとう無料で配布することにしたのです。それと同時に、この会社は、雑誌を配布するだけでなく、インターネットや携帯電話からでも、同じマンガが読めるようになっていて、駅前でマンガ雑誌を受け取ることができなかった人も、あとから読むことができるというわけです。これによって広告の効果も倍増し、ちゃんとビジネスとして成り立つのです。それは、創刊号の表紙を飾ったのが人気有名マンガ家の絵だったことでもわかります。このように、読者が無料でマンガを読むことができて、しかも会社も利益をあげられるというシステムを作ったことが、この新しい会社の特徴だと言えるでしょう。

Q：この先生が新しいマンガ雑誌について最も評価していることは何ですか。

1．マンガ雑誌の値段を安くしたこと
2．マンガ雑誌の広告を増やしたこと
3．雑誌の表紙に有名作家の絵を載せたこと
4．無料でマンガを読める仕組みを作ったこと

연습문제13 🔘 1-13

アナウンサーが水族館の館長にインタビューをしています。この館長はこの水族館の人気の理由は何だと言っていますか。

アナ　こちらの水族館はインターネットの人気ランキングでいつも1位だそうですね。
　　　その人気のわけをぜひ教えてください。

館長　私どもは、新幹線の停まる大きな駅のすぐ目の前にあってとても便利なんです。その立地条件のよさを利用して、お客様にどうしたら家族連れで一日楽しんでもらえるか、また、若い恋人たちのデートにも利用してもらえる

か、それを一生懸命考えて、総合的な施設を作ったんです。

アナ　そうなんですか。では、具体的にどのようにされたのですか。

館長　ですから、子どもたちがイルカに直接手で触れるような楽しい水族館だけではなくて、遊園地のようなアトラクションもありますし、コンサートホールや映画館、レストランはもちろん、そばにはホテルまで用意したんです。

Q：この館長はこの水族館の人気の理由は何だと言っていますか。

1．一日中遊べる総合的な施設にしたこと
2．イルカに直接手で触れることができること
3．新幹線の駅前で立地条件がいいこと
4．そばにホテルが建っていること

연습문제14 🔘 1-14

先生が格差社会について話しています。
この先生は、日本では、正規社員と非正規社員との間に大きな差があると言っていますが、それは何が原因だと言っていますか。

先生　えー、会社で働く人は、正規社員と非正規社員、つまり、いわゆる正社員と、それからパートやアルバイトで働く人に分けられるのですが、日本では、1998年ごろから雇用形態が変わり、非正規社員に派遣労働者が加わって、急激に割合が増えてきました。2006年には、働く人の3人に1人は非正規社員となり、特に、15歳から24歳までの若年層では、およそ2人に1人が非正規社員だといわれています。もちろんどの国にも正社員とそれからアルバイトやパートの社員もいるわけですが、問題は、日本の場合、同じ仕事を同じ時間しても、給料は正社員より非正規社員の方が安いことにあります。その上、非正規社員にはボーナスもありませんし、保険や年金もありません。これは、企業の経営者が、社員に払う給料、つまり、人件費を節約するために、いわゆる日本型の賃金制度を見直して、安く使える労働者を増やしたことが大きいと考えられます。正社員を減らして、派

遣労働者やアルバイトを増やしたんですね。

Q：この先生は、日本では、正規社員と非正規社員との間に大きな差があると言っていますが、それは何が原因だと言っていますか。

1．若年層の労働者が急に増えたこと
2．非正規社員の能力が低いこと
3．経営者が人件費を節約したこと
4．非正規社員にはボーナスがないこと

연습문제15　1-15

授業で、サッカー選手が「イメージトレーニング」について説明しています。
この選手のイメージトレーニングの特徴として、最も適切なものはどれですか。

選手　最初は、自分の手のひらに重い鉄のボールを持っているイメージを想い描いて、集中すると、だんだん手のひらが本当に重くなってくるといった簡単なイメージから始めるんですね。そうして、頭の中にイメージする練習を続けると、本当に頭の中で自分がサッカーをしているようなリアルな体験ができるようになるんですね。
　　　それで、実際にグランドに立って相手チームと試合をしている時の自分をイメージするようになるんですが、僕の場合、走り回っている僕や選手たちを真上から見ているようにイメージしています。そうすると、味方のチーム、敵のチームを含めた全体がイメージできるようになるんですよ。これが、練習の時も非常に役に立つんですね。

Q：この選手のイメージトレーニングの特徴として、最も適切なものはどれですか。

1．試合を上から見るイメージ
2．練習の時に役立つイメージ
3．リアルな体験をするイメージ
4．グランドに立っているイメージ

연습문제16　1-17

専門家が、環境問題について話しています。今後、私たちは、どうすることが重要だと言っていますか。

専門家　現在、地球温暖化の影響は、日本でも確実に広がっていることがわかります。このまま気温が上昇し続ければ、100年後には、地球上の温度が平均4℃も上がり、北極南極の氷も溶けて、海面が6メートルも上昇するという予測データもあります。そうなれば、現在の東京の大部分は海に沈んでしまいます。
　　　なにしろ、地球全体の問題ですから、各国政府を中心とした全世界的な取り組みが必要で、特に、二酸化炭素を大量に排出する企業の責任は重大です。ただ、そう考えると、問題が大きくなって、私たち一人一人は何もできなくなってしまいます。ですから、私たちは私たちにできることを、例えば電気を節約するとか、本当に小さなことですが、そこから始めるしかないんですね。それが大事なのです。

Q：今後、私たちは、どうすることが重要だと言っていますか。

1．政府を中心にして取り組むこと
2．大企業が責任を持って取り組むこと
3．自分にできることからはじめること
4．電気を使わない生活をすること

연습문제17　1-19

先生がレポートの書き方について説明しています。この先生はレポートに何を書くように言っていますか。

先生　えー、レポートですが、授業で取り上げた小説について、書いてもらいます。いいですか、2000字以上ですよ。まず、作者について事実関係を調べてください。作者が何歳のときに書いたのか、その時の状況、その小説がかかれた背景ですね。皆さんの中には、本についている解説なんかをそのまま書き写す人もいますが、それでは単位をあげられませんよ。いいですね。ただ感想をだらだらと書くのもダメ。それから、作品に登場する人物の考え方について整理して、皆さんの批評を書いてください。ポイントはこの２つです。両方書いてないと不可ですからね。

Q：この先生はレポートに何を書くように言っていますか。

1．作品の解説書を読み、書き写す。
2．作品の解説書を読み、感想を書く。
3．作者について調べ、作者の背景を批評する。
4．作者について調べ、登場人物を批評する。

연습문제18 🔘 1-21

女性と男性がオリンピックの開催について話しています。
この女性は、日本がオリンピックを開催することについてどのように言っていますか。

男性　ねえ、また日本でオリンピックが開催されるかもしれないんだって？
女性　それって、まだまだ先の話でしょう？
男性　でも、おもしろそうだね。前に日本であったのは、僕らが生まれる前だったし。
女性　そうかしら。もう、過去の話じゃないの？
男性　だって、世界中の人が集まるわけだし、その経済効果を考えると生きているうちに１回は経験したいなって思うんだけど。
女性　また、お金のため？　日本はもう発展途上国じゃないんだから、必要ないでしょう？
男性　そんなぁ、……単純におもしろいと思うけどな。スポーツにはドラマがあって盛り上がるし。
女性　だから、単純に計算して、世界には200近くの国があって、その半分で開催するとしても、400年はかかるんだから、急ぐことないと思うよ。

Q：この女性は、日本がオリンピックを開催することについてどのように言っていますか。
1．おもしろそうだと言っている。
2．開催する必要はないと言っている。
3．経済効果が高いと言っている。
4．スポーツは単純だと言っている。

연습문제19 🔘 1-23

先生が、カエルの冬眠について話しています。
先生の説明から、カエルが冬眠しなくなった原因は何だと考えられますか。

先生　カエルやヘビなどが、冬になって寒くなると、冬眠、つまり、春が来るまで活動を停止することはよく知られています。これは、冬になると気温が下がり、食べ物もなくなるので、エネルギーを節約するため眠った状態に近くなるのですが、日本では５年ぐらい前から、12月になってもカエルを見かけたという報告があちこちから寄せられるようになりました。ついこの間も、カエルの捕獲を仕事としている人から、12月の下旬に川で大きな食用ガエルを捕まえたという話を聞いたばかりです。
　　　冬に食料が少ないことは、変わりありませんから、やはり原因は、こちらだと考えられますね。

Q：先生の説明から、カエルが冬眠しなくなった原因は何だと考えられますか。
1．冬になってヘビがいなくなったこと
2．エネルギーが必要なくなったこと
3．冬になってもあまり寒くならなくなったこと
4．カエルをとる人が少なくなったこと

연습문제20 🔘 1-25

男子学生と女子学生がレンタルの機械について話しています。
この女子学生は、このレンタル商品の一番の利点は何だと言っていますか。

男子学生　ねえ、何見てるの？
女子学生　見てみて、これね、ポップコーンを作る機械なんだけど、レンタルができるのよ。
男子学生　へえー、そんなのがあるんだ。ポップコーンマシン、か。
女子学生　今度の交流会のときに使おうかなって思って。
男子学生　ああ、いいね。そういうのがあるとお祭り

みたいで、いいよね。

女子学生　そうそう。買ったら高いだろうし、年に何回も使うものじゃないし。

男子学生　それで、お金の方はだいじょうぶなの？

女子学生　うん。1人分、300円として、50人だと赤字なんだけど100人も来れば、もうかっちゃうかも。

男子学生　ふーん、ちょっと厳しいかもしれないね。

女子学生　でも、何よりいいのは、場所をとらないこと。手ごろな大きさで、終わったらそのまま箱に入れて、翌日引き取ってもらうだけでいいの。本当に便利なのよ。

Q：この女子学生は、このレンタル商品の一番の利点は何だと言っていますか。

1．お祭り気分になれること
2．大きくないこと
3．お金もうけができること
4．料金が安いこと

연습문제21 1-27

男子学生と女子学生が話しています。このあと、男子学生はどうしますか。

女子学生　どうしたの？　何かあったの？

男子学生　うーん、きょうアルバイトが入ってるんだけどね、これからドイツ語の授業があって、終わってからだと間に合わないんだ。

女子学生　え？　授業があるのに、アルバイトしてるの？

男子学生　いや、急に代わりを頼まれちゃったんだよ。ドイツ語の先生、出席に厳しくてね、休めないし。

女子学生　そりゃ、授業優先だよね。

男子学生　タクシーで行くと高くついちゃうしなぁ。

女子学生　じゃあ、アキコの車にのせてもらったら？私から頼んであげるわ。

男子学生　えっ、なんか悪いなぁ。

女子学生　だいじょうぶだいじょうぶ。私もいっしょに乗ってあげるから。

男子学生　そう。わかった。

Q：このあと、男子学生はどうしますか。

1．アルバイトを優先して授業を休む。
2．授業を優先してアルバイトを休む。
3．授業に出て、女子学生の車でアルバイトに行く。
4．授業に出て、女子学生の友だちの車でアルバイトに行く。

연습문제22 1-29

男子学生と女子学生が温泉の効果について話しています。この女子学生は、温泉にはどのような効果があると言っていますか。

女子学生　温泉って、いろいろな効果があるらしいわね。

男子学生　うん。血行が良くなって、病気やケガが治ったり、女性にとっては、何といっても、お肌に効くって言うよね。

女子学生　そう。それでね、大学の医学部の先生が温泉の効果を研究したそうなの。

男子学生　へえ、そうなんだ。

女子学生　うん、地方公務員3000名を対象に研究したらしいよ。それで、温泉に入った人の方が欠勤日数が少なく、仕事を休むことが少ないということが明らかになったそうよ。

男子学生　ふーん。

Q：この女子学生は、温泉にはどのような効果があると言っていますか。

1．病気が治る。
2．仕事を休まなくなる。
3．血がきれいになる。
4．肌がきれいになる。

연습문제23 1-31

記者がある会社の責任者に質問しています。
この責任者は、石炭を掘る会社を続ける理由は何だと言っていますか。

記　者　日本の石炭を掘る技術は海外でも高い評価を受けていますね。最近は、石炭の需要も増えているそうですが、将来的なビジネスだといえるのでしょうか。

責任者　　確かに、新しい発電の技術が開発され、石炭を燃やしても二酸化炭素の排出を削減できるようになりました。でも、石炭のほとんどを輸入している現在、日本で石炭を掘っているのは我が社だけなんです。そして、いずれ、日本で石炭が取れなくなる日がやってくるでしょう。

記　者　　では、日本の炭坑の技術は、過去のものとなってしまうのでしょうか。

責任者　　いえ、実は、今も、わが社の社員が、海外に出張して日本の技術を伝えているんです。つまり、石炭の需要がある限り、私たちの技術も必要だということなのです。だから、まだまだ仕事を続けられるというわけです。

Q：この責任者は、石炭を掘る会社を続ける理由は何だと言っていますか。

　　1．海外で、日本の炭坑の技術を必要としているから。
　　2．海外には、石炭を掘る会社がないから。
　　3．二酸化炭素を減らす技術が、新しく開発されたから。
　　4．日本でとれる石炭は、将来も、なくならないから。

연습문제24 🔘 1-33

女性と男性が今度の連休の過ごし方について話しています。この女性はどうしたいと言っていますか。

男性　　ねえねえ、今度の連休、どうしようか？

女性　　うーん、旅行に行くか、買い物するか、音楽か映画か、それとも、家でのんびりしているか。

男性　　それじゃ、つまんないでしょう。この前は、温泉に行ってゆったりできたから、今度は、運動して汗を流すとか、テーマパークで一日過ごすとか。

女性　　ちょっと、やめましょう、そんな、人の多いところ。頭が痛くなりそうよ。

男性　　何、言ってんの。ぼくたち、まだまだ若いんだから。

女性　　どこにそんなエネルギーがあるのかしらね。私はやっぱり、静かなところがいいわ。絵を描いたり、焼き物を作ったり、今度は、自分だけの時間に集中したいんだ。

男性　　へえー、そう。まだ、時間があるから、もう少し調べてから決めようか。

女性　　うん、そうしよう。

Q：この女性はどうしたいと言っていますか。

　　1．スポーツをして、汗を流したい。
　　2．家の中で、のんびりしていたい。
　　3．静かなところで、自分だけの時間を作りたい。
　　4．旅行へ行って、おいしい料理を食べたい。

연습문제25 🔘 1-35

女子学生が「格差社会」に関する発表をし、男子学生が質問しています。
女子学生は、パートタイマーの賃金を増やせない理由は何だと言っていますか。

女子学生　　日本では、21世紀になって「格差」が社会問題になってきましたが、特に、正規社員と非正規社員、つまり、派遣労働者やアルバイトの賃金の格差が問題になっています。その中でも、私はパートタイマーの賃金に注目しています。

男子学生　　それは、欧米のように非正規社員の賃金を上げれば、解決するんじゃないでしょうか。

女子学生　　実は、パートタイム労働者の場合、家庭の主婦が多く、そのほとんどが夫の扶養家族になっているのです。そのため、給料が上がると、税金がかかるようになって、かえってマイナスになってしまうのです。

男子学生　　それは困りますね。税金がかからないように法律を変えられないのでしょうか。

女子学生　　それはどうでしょうか。政府にとっては少しでも税金が欲しいわけですからね。

Q：女子学生は、パートタイマーの賃金を増やせない理由は何だと言っていますか。

1．正規社員と非正規社員の格差は必要だから
2．パートタイマーは、夫と離婚した女性が多い
　から
3．給料が上がると、税金を払わなければならな
　くなるから
4．政府が、反対しているから

연습문제26 🔘 1-37

テレビで先生が質問に答えています。先生は、どうし
たらいいと言っていますか。

アナウンサー　では、質問を読みます。「最近、おな
　　　　　　かの脂肪が気になっているんですが、
　　　　　　仕事のほうが忙しくて、運動で汗をか
　　　　　　いたり、ダイエットしたりする余裕も
　　　　　　ありません。何か簡単におなかの脂肪
　　　　　　が取れる方法はないでしょうか。」と
　　　　　　いう質問なんですが、先生、いかがで
　　　　　　しょう？
先　　　生　はい。そうですね。健康食品とかダイ
　　　　　　エット食品とかは一時的な流行で、す
　　　　　　ぐに熱が冷めてしまうものですから、
　　　　　　効果が表れるまで続けるには、それだ
　　　　　　けの精神的な余裕が必要になってきま
　　　　　　す。実際、一時的に痩せることができ
　　　　　　たとしても、結局は続かなくて、いつ
　　　　　　の間にか元に戻っているということも
　　　　　　多いようです。後は、室内でできる簡
　　　　　　単な運動ということになると思います
　　　　　　が、私が今お勧めしているのは、室内
　　　　　　で棒にぶら下がったり、ゴムベルトの
　　　　　　上を走ったりするような汗をかく運動
　　　　　　じゃなくて、深呼吸です。1日に、ほ
　　　　　　んの1～2分でいい。目をつぶって、息
　　　　　　を大きく吸ったり、吐いたりする。と
　　　　　　にかくまず、これから始めることです
　　　　　　ね。具体的には……

Q：先生は、どうしたらいいと言っていますか。

1．棒にぶら下がることです。
2．汗をかくことです。
3．深呼吸をすることです。
4．ダイエットを続けることです。

연습문제27 🔘 2-01

女子学生が男子学生に注意しています。男子学生は、
明日、どの役割を分担しますか。

女子学生　山田くん、明日のことだけど、山田くん
　　　　　の役割分担、わかってる？
男子学生　一応、鈴木さんから全体のスケジュール
　　　　　は聞いたよ。で、写真を撮るように言わ
　　　　　れたんだけど。
女子学生　わたしたちは、舞台のセッティングや受
　　　　　付の準備、それから花を飾ったり、もう
　　　　　朝から大変なのよ。
男子学生　あのう、ぼく、明日は、ちょっと、市役
　　　　　所に寄らなきゃならないんだけど……。
女子学生　はいはい。わかってます。だから、山田
　　　　　くんを撮影の役に回したの。
男子学生　えっ、そうだったんだ。
女子学生　そう。絶対に忘れないでよ。デジタルカ
　　　　　メラ。
男子学生　はい。わっかりました。

Q：男子学生は、明日、どの役割を分担しますか。

1．鈴木さんから全体のスケジュールを聞くこと
2．舞台のセッティングや準備をすること
3．会場に行く前に市役所に寄ること
4．写真を撮ること

연습문제28 🔘 2-04

大学の先生が講演会で話しています。この先生は、最
近の少年犯罪について、どう考えくいますか。

先生　最近、少年犯罪がよく話題になりますが、未
　　　成年の犯罪が急激に増えているわけではない
　　　んですね。といって、二十歳未満の犯罪が減
　　　っているというわけでもないんですが、それ
　　　よりも問題なのは、殺人事件などの凶悪犯罪
　　　が低年齢化していることだといえます。
　　　つまり、14歳や12歳の中学生が事件を起こ
　　　していることが問題なのだということです。
　　　これは、よく言われるように学歴社会や受
　　　験戦争のゆがみによるものだという考え方
　　　もあります。が、しかし、それよりも家庭
　　　の環境に大きな原因があるようです。もう

一度、家族のあり方が問われる時代になっ
たということではないでしょうか。

Q：この先生は、最近の少年犯罪について、どう考え
　ていますか。

　　1．二十歳未満の犯罪が急激に増えている。
　　2．家庭内の凶悪犯罪が急激に増えている。
　　3．家庭の環境や家族のありかたが問われている。
　　4．学歴社会や受験戦争に大きな原因がある。

연습문제29 2-06

先生が、集中講義について話しています。この先生が
最も言いたいことは何ですか。

先生　　今度の集中講義では、最後に、みなさん、そ
　　　　れぞれ5人ずつグループをつくって二週間の
　　　　講義内容について発表してもらいます。この
　　　　発表の成績で単位の取得が可能となりますの
　　　　で、皆さんは全員発表に参加してください。
　　　　留学生の皆さんの場合も、日本人の学生と同
　　　　じ扱いとなりますので注意してください。文
　　　　法や表現の正確さはもちろんのこと、何より
　　　　もわかりやすい発表を心がけてください。内
　　　　容はというと、今回のテーマ、「大都市の人
　　　　の流れと物の流れ」について、時間・空間・
　　　　移動目的の三つのポイントに絞り、まとめる
　　　　ことが大事です。
　　　　確かに、いろいろな資料やアイテムを使って
　　　　視聴覚に訴えるのもいいでしょう。しかし、
　　　　それだけでは高い点はとれません。焦点を三
　　　　つに絞り、明確な発表にしてください。

Q：この先生が、最も言いたいことは何ですか。

　　1．留学生を含め、グループ全員が発表に参加
　　　　すること
　　2．三つのポイントに絞り、分かりやすい発表
　　　　をすること
　　3．資料やアイテムを使い、視聴覚に訴えること
　　4．日本語の文法や正確な表現を心がけること

연습문제30 2-08

あるNPOの代表が、自分たちの活動について説明して
います。この代表は、どんな生活を目指して、活動を
始めましたか。

代表　　現代社会で暮らす人々は、1分1秒を争う競
　　　　争社会で生き残るために、寝る時間も削っ
　　　　て、忙しい毎日を送っています。そうして、
　　　　精神的な余裕がなくなると、人間関係もギス
　　　　ギスしてきますし、イライラする時間も増え
　　　　てきて、トラブルも多くなって来ます。
　　　　そこで、私たちは、「スローライフ」をキー
　　　　ワードにして、「ゆっくり」そして「ゆたか
　　　　な」生活を目指し、NPOを立ち上げました。
　　　　「どうして自分は、こんなに急いでいるんだ
　　　　ろう？」と、立ち止まって、自分自身に聞い
　　　　てみよう。そうしたら、きっと新しいライフ
　　　　スタイルが見つかるはずです。そして、それ
　　　　を「町づくり」や地域の活性化につなげられ
　　　　たら、と考えています。

Q：この代表は、どんな生活を目指して、活動を始め
　ましたか。
　　1．競争社会で生き残るための生活
　　2．寝る時間を節約して有効に使う生活
　　3．人と人が、まったく関係しない生活
　　4．急がず、豊かな気持ちをもてる生活

연습문제31 2-10

先生が、現代社会の問題について話しています。
この先生は、問題解決の一つの方法は何だと言ってい
ますか。

先生　　現在、日本国内では格差が問題になっていま
　　　　すが、同様に、世界では、日本を含めた欧米
　　　　諸国とアフリカなどの自然環境を生活の中心
　　　　にした諸国との格差も大きな問題になってい
　　　　ます。実際に、先進諸国が出し続ける二酸化
　　　　炭素が原因で、地球温暖化が進み、海に沈み
　　　　そうになっている小さな島国があるわけで、
　　　　経済先進国の責任は大きいわけです。このよ
　　　　うな問題に対して、経済的に貧しい国は、先
　　　　進国から借金をしているために、自分の国だ

けでは解決ができないのが実情です。
　ですから、問題を解決するためには、まず、経済先進国の人々が責任を自覚することだと私は思っています。そして、経済的な利益の一部を経済後進国の人々に還元するシステムを作ることだと思います。そうすれば、経済的に貧しい国の人々も、今のままで豊かな精神文化を維持できるのではないでしょうか。

Q：この先生は、問題解決の一つの方法は何だと言っていますか。

1．二酸化炭素を減らして地球温暖化を止めること
2．アフリカなどの自然環境を大切にすること
3．経済先進国の人が世界の格差問題の責任を自覚すること
4．経済後進国の人がゆたかな精神文化を守ること

연습문제32 　2-12

先生が遺伝子の研究について話しています。
この先生は、ミトコンドリアDNAの特徴は何だと言っていますか。

先生　最近、遺伝子の研究が進み、目覚しい成果を上げています。人の体はもともと細胞からできているわけですが、その細胞の中にはミトコンドリアという小器官があって実はこのミトコンドリアの中にも遺伝情報のDNAがあることがわかっています。そして、このミトコンドリアDNAは母性遺伝という特徴を持っているのです。つまり、母親のものだけが子どもに伝わり、父親のミトコンドリアDNAは全く関与しないということです。このことから母親のミトコンドリアDNAをたどっていけば民族や人種などのルーツもわかるようになり、例えば日本人の場合、今から約5万年前に中央アジアやインド地方の9人の母から生まれた子孫が、日本へ流れて来たのだという説もあるのです。このような考えは、このミトコンドリアDNAの特徴に基づいているのです。

Q：ミトコンドリアDNAの特徴は何だと言っていますか。

1．父親の遺伝情報だけが子どもに伝わること
2．母親の遺伝情報だけが子どもに伝わること
3．父親と母親の両方の遺伝情報が子どもに伝わること
4．父親よりも母親の遺伝情報の方が多く子どもに伝わること

연습문제33 　2-14

授業で先生が「ナノテクノロジー」について話しています。この先生は「ナノテクノロジー」についてどのように言っていますか。

先生　ナノテクノロジーというのは、ナノメートル、つまり10億分の1メートルという、小さな小さな超微細世界の技術のことで、生命科学や情報通信や環境エネルギーなどの分野で使われる、新しい技術として注目されています。なにしろ、10億分の1メートルですから、もう原子のレベルに近いわけで、この新しい技術を使えば、たとえば、一つの大学図書館が所有するような膨大な量の情報を、全部、たった一つの、角砂糖ほどの小さな記憶装置に収めることができるのだそうです。すごいですね。
　ということは、携帯電話のように手軽に持ち運べるコンピュータも夢ではなく、いずれ近い将来、私たちの手に入るようになるでしょう。

Q：この先生は「ナノテクノロジー」についてどのように言っていますか。

1．生命科学の新しい分野だと言っています。
2．図書館のように大きな記憶装置のことだと言っています。
3．原子レベルに近い技術のことだと言っています。
4．小さな小さなコンピュータのことだと言っています。

연습문제 1 2-30

男性が女性に電気料金について質問しています。
6月分の料金を計算すると、赤字分はいくらになりますか。

男性　　どう、6月分の電気料金、いくらになった？

女性　　ああ、今、計算してるところ。去年の6月分が2万8千円で、今年が1万3千円だから、1万5千円の節約になって……

男性　　本当にそれで、太陽電池のお金が戻ってくるの？

女性　　それはね、15年計画だから、1ヶ月あたり2万5千円の計算で……
じゃ、1万円の赤字じゃないの？

女性　　うん、いや、見て見て、これ、余った電気を電力会社に売った分。

男性　　へー、5千円も戻ってきたのか。

女性　　でも、まだまだよ。先月は晴れた日が少なかったから。夏になれば、赤字分を取り戻せるはずよ。

男性　　そうだね。

연습문제 2 2-31

男子学生と女子学生が新入生オリエンテーションの日程について話しています。この二人がいっしょに参加することになるのはいつですか。

男子学生　　えーと、7日が入学式で、…なんかいろいろあるね。

女子学生　　本当ね。私たち、学部は同じだけど、学科は別々だから、いっしょになることないみたいね。

男子学生　　うーん、この日も午前と午後に分かれて診断だからね。

女子学生　　ということは、最初のガイダンスだけかしら。事務関係はみんな同じだもんね。

男子学生　　そうだよね。授業が始まっても、体育のときぐらいじゃない。いっしょになれるのは。

女子学生　　えーっ、体育もとらなきゃならないの？それって男女いっしょなの？

男子学生　　基本的にね。いろいろ選べるらしいんだ。筋力アップトレーニングみたいなのもあるらしいよ。

女子学生　　それ、いいかも。ダイエットになりそうね。ということは、じゃ、このガイダンスのあとに、相談しよう。

男子学生　　いいよ。それで、この日にいっしょに申し込めばいいってわけか。

女子学生　　そうね。そうしよう。

연습문제 3 2-32

男子学生と女子学生が「履修上の注意」を見ながら話しています。
この女子学生は、「履修上の注意」の中のどの部分について問い合わせることにしましたか。

女子学生　　ねえ、授業、どれとるか決めた？　私、なかなか決められなくて。

男子学生　　僕も、おもしろそうなのから時間割に入れていったら、多すぎちゃって。この単位数の上限っていうのは、絶対ダメなのかな。何で、芸術学科は46単位なんだろう。

女子学生　　そうね、もっと勉強したい人だっているでしょうね。

男子学生　　そうそう。

女子学生　　私が気になってるのは、こっち、文学部の「マンガ論」っていう講義があってね、一度聞いてみたいなって思って。

男子学生　　それ、受講生が多いんだってね。だいじょうぶなの？

女子学生　　そうね。学部が違っても本当に取れるのか、もっとくわしく聞いてみようかしら。

男子学生　　そうだね。登録は、えーと、まだまだ先だし、ついでに単位数のことも聞いてくれるとありがたいな。

女子学生　　ダメよ。自分のことは自分でやってください。

男子学生　　はーい。

연습문제 4　🔘 2-33

女子学生と男子学生が「公開授業」の案内を見ながら話しています。
この男子学生は、どの授業を受けることにしましたか。

男子学生　今年の公開授業は、おもしろそうだね。
女子学生　うん。今年は、ぜひ受けてみようと思ってるんだ。
男子学生　そう。で、どれに申し込むの？
女子学生　そうね、私、落語にも興味あるんだけど、社会問題にも興味があって、報道の裏話にも興味があるんだよなぁ……
男子学生　へえー、僕だったら、やっぱりこれだな。映画のストーリーとかも分析してくれるんだって。
女子学生　ふーん、それって、こっちの「書き方」とは違うのかな。
男子学生　ちがうちがう。僕のほうが軽いもん。そっちは、重そうで、キミの方が向いてると思うよ。
女子学生　えーっ、私はやっぱりニュースの伝わり方のほうを知りたいな。

연습문제 5　🔘 2-34

先生が心理学の講義をしています。先生がこれから描く図はどれですか。

先生　私たちは、外部からの刺激を、目や耳などの受容器を通して、脳に伝えています。これが感覚のしくみです。図1を見てください。これは、手のひらの触覚を表したものですが、今、手のひらの感覚だけで、重さの変化が分かる最小の重さを1グラムとします。つまり、最初に10グラムの重さの物を持っていて、次に11グラムの物を持ったとき、その変化が分かるということです。でも、その変化が1グラムより軽くなると分からなくなるということです。そして、実は、この変化の割合、この式のKの値ですね、これはいつも同じ、一定だというのがウェーバーの法則です。ですから、最初に、100グラムの物を持った

とき、次に、このようにKの値が小さくなるような場合は、その変化を感じられない、識別できなくなるというわけです。では、みなさん実際に試してみましょう。

연습문제 6　🔘 2-35

女子留学生と男子留学生が茶道講座の案内を見ながら話しています。
この女子留学生が講座に参加できない理由は、何ですか。

男子学生　あの茶道講座って面白そうだね。
女子学生　うちの留学生向けの講座でしょ？　これ、去年もやってたよ。
男子学生　へえ、そう。ぼくも参加してみようかな。女性だけじゃないでしょ？
女子学生　うん。でも、いろいろ条件があるみたいよ。
男子学生　毎週木曜日。ぼく、この期間だったらだいじょうぶ。時間もオーケーだし。
女子学生　えっ、もしかして、茶道をやったことあるの？
男子学生　いや、本でかじった程度なんだけどね。一度経験してみたいと思ってたんだ。ちょうど今、日本文化論の講義もとってるし。
女子学生　えっ、日本文化論？　それって関係あるの？
男子学生　ほら、ここに書いてあるよ。
女子学生　あら、本当。じゃ、わたしは参加できないわ。
男子学生　なんだ。残念だね。

연습문제 7　🔘 2-36

女子学生と男子学生がグラフを見ながら話しています。
この女子学生がグラフについて疑問に思ったことはどんなことですか。

女子学生　そのグラフ、何を表しているの？
男子学生　自動車の保有率なんだけどね、それと国民1人あたりの所得の割合を示したものなんだ。
女子学生　ふーん、それで何が分かるの？

男子学生　うん、見てごらん、ここ、対角線上にだ
　　　　　いたい並んでいるのが分かるだろう。
女子学生　うんうん。
男子学生　車って高い買い物だから、やっぱり所得
　　　　　が高くないと買えないってことなんだよ。
女子学生　ふーん、じゃ、やっぱりアメリカが一番
　　　　　お金持ちで、車も持ってる人が多いって
　　　　　ことね。
男子学生　そうそう。
女子学生　じゃあ、日本がここにあるってことは、
　　　　　どういうことなんだろう？
男子学生　ああ、それね。たぶん、日本は、国土が
　　　　　狭くて、車以外の交通が発達している
　　　　　ということだと思うよ。

연습문제 8 　2-37

ある会社の人が、日本のビールの生産量がどのように
変化してきたかについて説明しています。この説明の
内容をグラフで表すとどのようになりますか。

男性　日本では、高度経済成長期を経てバブル経済
　　　の崩壊まで、ビールの生産量は増減を繰り
　　　返しながらも増えつづけてきました。特に
　　　1980年代の後半、バブル時代と呼ばれたこ
　　　ろ、急速に伸びつづけたことが分かります。
　　　しかし、バブルもはじけ、メーカーがビール
　　　よりも安い発泡酒を売りに出した1990年代
　　　半ばからは、はっきりと減少傾向に転じたこ
　　　とが分かります。その後は、アルコール分が
　　　少なくてもビールの味がして、しかも安い発
　　　泡酒の売り上げが伸びるのと反対に、ビール
　　　の生産量は減りつづけているのです。

연습문제 9 　2-38

先生が性格診断の説明をしています。先生は、どうし
たらいいと言っていますか。

先生　えー、この図は、人の性格を自分中心か相手
　　　中心か、未来志向か現在志向かによって4つ
　　　のタイプに分類したものです。人の性格は複
　　　雑なものですが、大きくこの4つに分けられ

ると言っていいでしょう。見てください、こ
の人の場合、右下の欄にマルがついています
ね。よく言えば、相手に対して優しく、どん
な状況でも柔軟に対応できるタイプというこ
とですが、悪く言えば、相手のことばかり意
識して、まわりに流されてしまうタイプとも
言えます。かといって、反対に自分のことし
か考えず、自分が決めたことは絶対に曲げな
いというタイプも困ります。どれか一つのタ
イプに偏るのは困りますし、といって一人の
人間が全部の性格をもつことは不可能です。
ですから、大事なのは、相手の性格を理解す
るということでしょう。そうすれば、仕事で
も成功することでしょう。

연습문제 10 　2-39

女性がダイエットの方法について話しています。
この女性は今、どのポイントについて話していますか。

女性　ダイエットにはいろいろな方法があります
　　　が、ご飯のかわりに栄養剤を飲むだけという
　　　ような方法は、私はあまりお勧めできません。
　　　ただやせることだけが目的なのではなく、健
　　　康にも良い方法となるとやはりこちらの運動
　　　系で、外の新鮮な空気を呼吸しながらの歩行
　　　は、精神的な健康にも効果が大きいと言える
　　　でしょう。

연습문제 11 　2-40

先生が、温度と光合成との関係について説明していま
す。先生がこのあと言おうとしていることは何ですか。

先生　この2つのグラフは、植物の光合成、つま
　　　り、植物が光のエネルギーを利用して、取り
　　　入れた二酸化炭素を固定し、炭水化物を合成
　　　する作用ですが、その光合成の速度を温度と
　　　光の強さの関係で表したものです。この場合、
　　　二酸化炭素の温度は一定に保たれています。
　　　合成の速度の関係を、光が弱い場合と光が強
　　　い場合の2つに分けて示したものです。これ
　　　に対して、右のグラフは、光の強さと光合成

の速度の関係を４つの温度設定に分けて示し
たものです。左と右では扱った植物がちがい
ますが、結局、この２つのグラフは同じこと
を表しており、次のことが言えるのです。

연습문제 12 🔘 2-41

授業で先生が「みんなの前で話す場合の注意点」につい
て話しています。
この先生が最も言いたいことは何ですか。

先生　あなたがメッセージを的確に相手に伝えたい
　　　と思うのでしたら、「事実」、「意見」、「感情」
　　　の３つのボールをバランスよくみんなに投げ
　　　かけることです。例えば職場の部下を前にし
　　　て、みなさんの自分の考え方を説明すること
　　　になったとしましょう。みなさんは「こうあ
　　　るべきだ」「こうすべきだ」「こうでなければ
　　　ならない」と自分の意見を主張するでしょう。
　　　つまり意見のボールを多く投げたわけです。
　　　しかし、もしその意見に事実の裏づけがなけ
　　　れば、それを聞いている部下はどのように感
　　　じるでしょうか。論理的に自分の意見を構築
　　　しないかぎり、みなさんは単に自己主張の強
　　　い人だと思われてしまうでしょう。意見には
　　　事実が必要なのです。これは、感情について
　　　も同じことが言えるのです。

연습문제 13 🔘 2-42

先生が人材の評価について話しています。
この先生は、企業にとって最も評価が高い人材は、ど
れだと言っていますか。

先生　高度情報化社会が進むにつれて、企業が期待
　　　する人物像も大きく変化してきているようで
　　　す。ご覧下さい、この表は、企業が人材を登
　　　用する場合の原則を「能力」と「意欲」の２点
　　　を評価要素として表したものです。かつて、
　　　バブル経済の全盛期には多くの企業が、何よ
　　　りも元気でよく働くがんばり屋をかき集めた
　　　ものでした。ところが、ここに来て、やっと
　　　何かが、まちがっていることに気づいて来た

のです。元気なだけで何も結果が出ない人は、
却って危険です。また、有能な上にがんばり
すぎる人も、企業にとってはマイナス評価に
なることがわかってきました。最近、企業の
多くは、意欲が旺盛で命令どおりに動く人材
よりも、有能であり、しかも独創的で個性豊
かな人材の確保に乗り出しているのです。

연습문제 14 🔘 2-43

男子学生と女子学生が「日本人の脳の特徴」について話
しています。
二人の話の内容とちがうのは図のどの部分ですか。

男子学生　日本人の脳っておもしろいね。
女子学生　今日の講義、おもしろかったよね。
男子学生　なんだったっけ、言語脳というのが左脳？
女子学生　うん。
男子学生　左の脳で、右脳は音楽脳って言われるん
　　　　　だっけ。
女子学生　そうそう。ヨーロッパ人の脳とは反対だ
　　　　　ったなんてね。
男子学生　そうなんだよな。頭の中まで違うなんて、
　　　　　なんだかショックだなぁ。
女子学生　うーん。あれっ。この図、なんかおかし
　　　　　くない？
男子学生　えーと。そうだね。変だね。先生の話だと、
　　　　　この虫の鳴き声まで左脳の言語脳で聞き
　　　　　分けるのが日本人だったよね。
女子学生　うんうん。相手が人間の場合も泣いたり
　　　　　笑ったりとかの感情音は左脳で聞いて、
　　　　　機械の音なんかは右脳で聞くんでしょ。
男子学生　自然の音が言葉のように聞こえるのが日
　　　　　本人なんだってね。

練習 3-03

先生と女子学生がパーティーについて話しています。この女子学生は、今晩、どうしますか。

学生　先生、おはようございます。
先生　ああ、おはよう。
学生　最近お忙しそうですね。
先生　そうなんだ。年末は特に忙しくてね。そうだ、聞きましたか？　今日は5時からパーティーがありますよ。
学生　ええ、山田さんから聞きました。楽しみにしています。先生はどうなさいますか？
先生　私は、ちょっと会議があって行けないんだ。
学生　そうですか。やはり、お忙しいんですね。残念です。

Q：この女子学生は、今晩、どうしますか。

1．パーティーに行きません。
2．会議に出ます。
3．パーティーに行きます。
4．山田さんを待ちます。

1番 3-04

女性と男性が音楽について話しています。この男性はどんな音楽がいいと言っていますか。

女性　ねえねえ、きのうのコンサート、どうだった？
男性　ああ。久しぶりに、大きな声を出したり、踊ったり・・・楽しかったよ。
女性　よかったわね。田中くんって、そういうの、あんまり好きじゃないのかと思ってた。
男性　うん、まあ、たまにはストレスの解消しなくちゃね。
女性　どっちかっていうと、クラシックとか現代音楽とかのイメージなんだけどな。田中くんって。
男性　うん、ぼくはやっぱり、音楽って言うと、そっちの方になっちゃうんだけどね。癒し系の音楽も聞くんだけど・・・。音を極め

るっていうか、音で世界を構築するっていうかね・・・。
女性　そうでしょ。わたしは、楽しくて元気の出る音楽が好きだから、今度はいっしょに行こうよ。
男性　そうだね。また、ストレスたまったらね。

Q：この男性はどんな音楽がいいと言っていますか。

1．楽しく、踊ったりできる音楽
2．静かでストレス解消になる音楽
3．クラシックや現代音楽
4．聞くと元気が出る音楽

2番 3-05

男子学生と女子学生が大学の図書館で話しています。女子学生はこれからどうしますか。

男子学生　あっ、また貸し出し中だよ。
女子学生　そうなの。しかたがないね。人気本だから。
男子学生　しょうがない。本屋で買うか。駅前の本屋ならまだ間に合うかな。
女子学生　あっ、今日は、棚卸しかなんかで、閉まってたわよ。
男子学生　うーん。じゃ、悪いけど新宿のジュンク堂書店で買ってくれないかなぁ。帰りに、ちょっと寄って。
女子学生　そうねぇ・・・、どうせ今からじゃ間に合いそうもないから、うちに帰ってインターネットで調べてみるよ。結局そのほうが早いと思うし・・・。
男子学生　うん、分かった。じゃ、そうしてくれる。僕の分も注文しといてね。

Q：女子学生はこれからどうしますか。

1．駅前の本屋へ行きます。
2．新宿の書店へ行きます。
3．うちへ帰ります。
4．市民図書館へ行きます。

3番 🔘 3-06

先生が小論文の書き方について話しています。
この先生が言っていることの中で最も大切なことは何
ですか。

先生　みなさんの小論文を読んでいると、初めから
　　　終わりまで自分の意見をダラダラと書いたも
　　　のを見かけますが、小論文の書き方として、
　　　それはふさわしくありません。せっかく原稿
　　　用紙を最後まで、いっぱい使って書いている
　　　のに、段落も構成もなく、最後まで一段落で
　　　書いてしまったものもあります。
　　　また、事実関係はよく整理されているが、そ
　　　れだけというものもあります。そうではなく
　　　て、問題点に対して客観的な意見を述べ、そ
　　　れを論証することが大事です。そして、全体
　　　のバランスをとる工夫をしましょう。

**Q：この先生が言っていることの中で最も大切なこと
は何ですか。**

　　1．わかりやすく客観的な文章を書くこと
　　2．段落を分けた論理的な文章を書くこと
　　3．主観と客観をバランスよく分けた文章を書
　　　　くこと
　　4．最後まで自分の意見だけを書くこと

4番 🔘 3-07

研究室で先生と女子学生が話しています。**この女子学
生はこの後、どうしますか。**

女子学生　先生、今度の学園祭での発表なんです
　　　　　が、ぜひ、ビデオに収めたいと思うんで
　　　　　すが、ビデオカメラを貸していただけま
　　　　　せんでしょうか。
先　生　　ああ、ビデオカメラはねぇ、鈴木くんに
　　　　　貸してしまったんだ。
女子学生　鈴木くん、何に使うのかしら？
先　生　　彼のグループも学園祭で発表するからっ
　　　　　て。練習をビデオにとって研究するって
　　　　　言ってたな。
　　　　　明日には一度、返してくれることになっ

てるんだけどね。
女子学生　そうですか。
先　生　　映画研究部には、行ってみた？
女子学生　ええ。でも、あそこのは予約でいっぱい
　　　　　で・・・。
先　生　　じゃ、やっぱり鈴木君に相談してみたら？
　　　　　当日、ダブることはないはずだから。
女子学生　そうですね。じゃ、そうします。ありが
　　　　　とうございました。

Q：この女子学生はこの後、どうしますか。

　　1．映画研究部へ行きます。
　　2．研究室でビデオカメラを借ります。
　　3．発表の練習をビデオにとります。
　　4．鈴木くんに連絡します。

5番 🔘 3-08

先生が中国旅行の歴史について話しています。最初の
ころの中国旅行はどのようでしたか。

先生　1970年代から80年代にかけて、日中国交正
　　　常化以降、最初のころの中国旅行は、飛行機
　　　も一日一便しかなく、一回のツアーで30万円
　　　もするものでした。食事においても食べきれ
　　　ないほどの料理が用意され、ディナーには必
　　　ずマオタイという高級なお酒が付くなど、そ
　　　れ相応のサービスが提供されていました。
　　　あれから30年経った現在、年間300万人もの
　　　人が中国を訪れ、しかも、当時の半額以下の
　　　料金で、観光なら、ビザなしで簡単に行ける
　　　ようになった事を考えると、時の流れを感じ
　　　ます。

Q：最初のころの中国旅行はどのようでしたか。

　　1．料理が少なく不便なものだった。
　　2．料金は現在の半額だった。
　　3．とても高額でぜいたくなものだった。
　　4．サービスが悪く旅行者も少なかった。

6番 🔘 3-09

男子留学生のリーさんが、ゆう子さんのお母さんと電話で話しています。
ゆう子さんのお母さんは、ゆう子さんが帰ってきたらどうしますか。

母　　　はい、田中でございます。
リー　　もしもし、青田大学のリーと申しますが、田中ゆう子さん、いらっしゃいますか？
母　　　ゆう子は、まだ帰ってないんですが。
リー　　そうですか、何時ごろお戻りでしょうか。
母　　　そうね、いつもは遅くても8時ごろには帰ってくるんですけどね。
リー　　じゃ、そうですね、夜9時ごろ、またかけ直します。よろしいですか？
母　　　はい、かまいませんよ。それより、こちらからかけさせましょうか？　ゆう子のケータイの番号はご存知なのかしら？
リー　　はい。ケータイにかけてみたんですが、つながらなくて・・・。
　　　　電話があったことだけ、お伝えください。
母　　　はい、わかりました。

Q：お母さんは、ゆう子さんが帰ってきたらどうしますか。

1．リーさんに電話させます。
2．リーさんの家へ行かせます。
3．ケータイの電源を入れさせます。
4．リーさんの伝言を伝えます。

7番 🔘 3-10

大学の職員がゼミの登録について説明しています。いつまでに登録しなければなりませんか。

先生　　後期のゼミの登録についてですが、前期と同様、後期講義の開始から2週間以内に登録用紙に記入して提出してもらいます。ゼミの登録用紙は、さっき皆さんに配った中の青い用紙です。それにゼミの科目名、講師名など必要事項を記入して担任の先生に提出してください。
　　　　えー、後期の講義開始は10月の4日です。もちろん、ゼミの登録をしなければ、単位を取得できませんので注意してください。

Q：いつまでに登録しなければなりませんか。

1．10月11日まで
2．10月14日まで
3．10月18日まで
4．10月22日まで

8番 🔘 3-11

大学で男子留学生のチンさんと女子学生が話しています。チンさんはどうしますか。

女子学生　ねぇ、ダンス同好会って、おもしろそうじゃない？
チ　ン　　そうだね。なんといってもカッコいいよね。
女子学生　なんだか憧れちゃうな。写真見ると、みんなスタイルもいいし、楽しそうだし・・・。
チ　ン　　うん、女の子も男の子も花があるよね。
女子学生　ねぇ、いっしょに参加してみない？
チ　ン　　えっ。そうだねぇ。参加したいのは山々なんだけどね。とにかく人が多すぎない？
女子学生　それは、しょうがないわよ。人気ナンバー1の同好会なんだから。
チ　ン　　そうか。じゃ、とりあえず、説明会だけでも顔を出してみるかな。
女子学生　じゃ、決まりね。

Q：チンさんはどうしますか。

1．ダンス同好会に入会する。
2．ダンス同好会の説明会に参加する。
3．ダンス同好会の山登りに参加する。
4．ダンス同好会に顔を出す。

9番 🔘 3-12

先生がマーケティングの授業で学生に課題を与えています。
先生は、学生にどのような課題を与えましたか。

先生　　それでは休み期間中の課題を発表します。先ず、なるべく大型の書店へ行って、最近の売上ベストテンを調べてみてください。そして、価格やページ数、本のデザインや内容について分析してみてください。なぜ、今、そ

の本が売れているのかという点です。いろい
ろな理由が考えられると思いますが、自分な
りに考えてその理由をまとめてほしいと思い
ます。次の授業では、さっそく、発表しても
らいますが、複数の書店を比較してみるのも
おもしろいでしょう。

Q：先生は学生にどのような課題を与えましたか。
　1．今後、どんな本が売れるか、予想すること
　2．今、人気の本が、なぜ売れているか分析する
　　こと
　3．書店と売上の関係について調べること
　4．書店の大きさと売上の関係について調べる
　　こと

10番 3-13

男子学生が、短期留学の感想を話しています。この学
生が短期留学で体験したことは何ですか。

女性　ドイツに留学してたんですってね。
学生　ええ、3週間ですけどね。ドイツの農家にホー
　　　ムステイしたんですけど、楽しかったです
　　　よ。
女性　農家なんて、けっこう大変だったんじゃな
　　　い？
学生　ええ、朝早いのは、最初、体にこたえました
　　　ね。すぐ慣れましたけど。なにしろ自給自足
　　　の生活って初めてでしたから、カルチャーショ
　　　ックでしたね。自分のうちの畑で取れた野菜
　　　を料理して、晩御飯で食べたり・・・。
女性　へぇー、うらやましいわね。お友達もできた
　　　んでしょ。
学生　ええ。今度来た時は、もっと長くいろよっ
　　　て、言われました。

Q：この学生が、短期留学で体験したことは何ですか。
　1．農家での自給自足の生活
　2．ドイツの友だちにカルチャーショックを感じ
　　たこと
　3．朝早くからの勉強
　4．ドイツの家庭料理の研究

11番 3-14

電話代行の会社で働く女性が自分の仕事について説明
しています。
この女性が、客に申しわけなく思うのは、どんなこと
ですか。

女性　わたしは電話代行の会社でアルバイトをして
　　　います。企業からの依頼で、その会社の代わ
　　　りにお客に電話をして「すみません」と謝る
　　　ことが仕事なのです。激怒するお客さんに、
　　　ひたすら「もうしわけございません」と繰り
　　　返すしかないのです。人の代わりに怒鳴られる
　　　のがこんなにつらいとは思ってもみませんで
　　　した。
　　　ただ、わたしがお客様に対して申しわけなく
　　　思うのは、謝罪の電話をしているのが、その
　　　会社とは全く無関係の人間だということで
　　　す。お叱りの言葉、いたわりの言葉、それら
　　　の声は、当の会社には届かずにわたし達の胸
　　　におさまるのです。

Q：この女性が客に申しわけなく思うのはどんなこと
　ですか。
　1．客に大きな声で怒鳴られること
　2．ひたすら謝罪するしかないこと
　3．やさしいいたわりの言葉を受けること
　4．客の声が会社に届かないこと

12番 3-15

先生が学生に奨学金の申請について説明しています。
申請書はどこに提出すればいいですか。

先　生　今年度の奨学金の申請については締め切り
　　　　を今月の末日とします。この日までに必
　　　　ず提出してください。
学　生　先生、申請書は事務局に出すんですか。
先　生　いえ、奨学金受給者は選抜されますので、
　　　　条件があるんです。
学　生　えっ、どんな条件ですか。
先　生　まず、出席率が90％以上。それから、試
　　　　験の成績もＡの割合が50％以上じゃない
　　　　と受け付けられないんですよ。
学生先生　厳しいんですね。
先　生　そうですよ。出席率は学生課、成績は教務

課に聞けばわかるんですが・・・

学生先生	はい。じゃ、さっそく聞いてみます。
先　　生	いや、それより、とりあえず担任の先生に聞いて、OKなら、申請書を学生課に提出してください。
学生先生	はい、わかりました。

Q：申請書はどこに提出すればいいですか。

　　1．担任の先生です。
　　2．事務局です。
　　3．教務課です。
　　4．学生課です。

13番 3-16

男子学生と女子学生が、就職について話しています。この男子学生は、今、就職活動のどの段階ですか。

女子学生	あ、先輩、就職活動ですか。
男子学生	うん、そうなんだ。いくつか試験を受けたんだけどダメだったよ。今日は、これから、やっと２次面接なんだけどね。
女子学生	どんな会社ですか。
男子学生	「クリエイトジャパン」っていうユニフォームを作る会社なんだ。
女子学生	へぇー、やっぱり中国と関係あるんですか。
男子学生	そうそう。やっぱり、中国語勉強してよかったよ。中国に工場がある会社でね。けっこう、いけそうなんだ。
女子学生	そうだといいですね。
男子学生	うん、昨日まで、結果待ちの状態で心配したけど、何とかこぎつけたって感じ。
女子学生	そうですか。がんばってくださいね。

Q：この男子学生は、今、就職活動のどの段階ですか。

　　1．面接の結果を待っているところ
　　2．これから２次面接へ行くところ
　　3．中国の工場へ行くところ
　　4．面接の結果、断られたところ

14番 3-17

先生が民族のルーツを探る方法について話しています。この先生は、民族のルーツを確認する手がかりとして最も正確な方法は何だと言っていますか。

| 先生 | 民族や人種の違いを見分ける手段としてはいろいろなものがありますが、日本人の場合、昔から、「耳垢が湿っているかどうか」、「二重まぶたか一重まぶたか」「頭蓋骨の形」、「体毛が濃いか薄いか」、「酒に強いか弱いか」などが判断の基準となっていました。中でも「頭蓋骨の形」については科学的にも証明されていますが、これらの方法はどれも正確なものとは言えません。現在では、1万年も前の古い遺跡の人骨から採取された遺伝子の鑑定によって、日本人のルーツが正確にわかるようになって来ました。この方法は植物にも応用され、イネが日本へ伝わって来た古代のルートまで、解明されようとしています。 |

Q：この先生は民族のルーツを確認する手がかりとして最も正確な方法は何だと言っていますか。

　　1．耳垢が湿っているかどうか
　　2．頭蓋骨の形
　　3．人骨の遺伝子
　　4．イネの遺伝子

15番 3-18

先生が学生に調査の依頼をしています。学生は何の調査を頼まれましたか。

先生	今度の冬休みなんだけど、キミ、田舎は東北だっただろう。
学生	はい、青森ですが。
先生	確か、下北のほうだったよね。
学生	はい、よくご存知ですね。
先生	実はね、今、裁判の関係で下北地方の方言を調査していてね。キミに、いくつかの言葉を調べてきてほしいんだよ。犯人が話した言葉の意味関係をつかみたいんだ。
学生	へー、おもしろそうですね。でも、難しくないですか。
先生	調査方法はあとで詳しく教えるから・・・。

学生　　そうですか。やっぱりヴォイスレコーダーに
　　　　録音したりするんでしょうか。
先生　　うん。やっぱり生の声を録音しなきゃね。お
　　　　願いするよ。
学生　　はい、わかりました。

Q：学生は何の調査を頼まれましたか。

　　1．ある裁判の犯人の住所
　　2．ある裁判の犯人の職業
　　3．下北地方の言葉の録音
　　4．下北地方の住民の意見

16番 3-19

先生が会社の経営について話しています。
この先生は、経営者にとって何が、一番大事だと言っ
ていますか。

先生　　事業を成功させる秘訣は、売上を最大限に伸
　　　　ばし、経費を最小限に抑えることです。こう
　　　　いうと簡単なように聞こえますが、これがな
　　　　かなか難しい。売上を最大限にするためには
　　　　工夫が必要です。同じく経費を最小限にする
　　　　ためにも工夫が必要です。ほかでもないここ
　　　　に経営者の智恵の出しどころがあるのです。
　　　　ところが、普通の経営者はそうは考えないの
　　　　です。単に利益だけを追いかけている。自分
　　　　の業界ではだいたい利益率が何パーセントだ
　　　　から、そのくらいの利益を出そうと考えてい
　　　　るんです。それが実現すると、そこで工夫は
　　　　終る。だから、それ以上の利益が出ないんで
　　　　す。経営は利益をいくら出そうとして行なう
　　　　ものではないんです。

**Q：この先生は、経営者にとって何が一番大事だと言っ
ていますか。**

　　1．同じ業界の平均の利益率を目標にして努力す
　　　　ること
　　2．ただひたすら利益を求めて努力しつづける
　　　　こと
　　3．売上を最大限に伸ばし、経費を最小限に抑え
　　　　るために工夫すること
　　4．目標の利益に達したところで工夫をやめる
　　　　こと

17番 3-20

先生が「青いバラの開発」について話しています。
これまでの青いバラと今回の青いバラとでは、何がち
がうと言っていますか。

先生　　サントリーが世界初となる本物の青いバラの
　　　　開発に成功しました。これまで、青いバラと
　　　　いえば、「不可能」の代名詞といわれてきま
　　　　したが、バイオテクノロジーの発達により、
　　　　ついに実現まで漕ぎつけたのです。これまで
　　　　のいわゆる青いバラは、赤色の色素を抑え、
　　　　青い色合いに見せているだけで、青色の色素
　　　　そのものを含んでいるわけではありませんで
　　　　した。この本物の青いバラ、すぐには、販売
　　　　できませんが、これまで青い植物の研究開発
　　　　には約30億円が投じられており、3〜4年後
　　　　には商品化する予定だそうです。

**Q：これまでの青いバラと今回の青いバラとでは、何
がちがうと言っていますか。**

　　1．青い色素を含んでいるかどうか
　　2．不可能の代名詞かどうか
　　3．バイオテクノロジーを使うかどうか
　　4．商品化できるかどうか

18番 3-21

男子学生と女子学生が「郵政の民営化」について話し
ています。
女子学生の意見は男子学生の意見に比べてどのような
特徴がありますか。

男子学生　キミって郵便局の民営化に反対だったよ
　　　　　ね。
女子学生　そうね。どちらかと言えばね。
男子学生　僕は民営化に賛成だな。この個人消費の
　　　　　発達した現代社会に、莫大な資金を抱え
　　　　　たまま社会に流通させずに眠らせておく
　　　　　なんて、犯罪に近いと思うな。きっと大
　　　　　きな経済効果があると思うよ。
女子学生　そういう言い方もわかるんだけど、現在
　　　　　の経済が消費者の微妙な心理に左右され
　　　　　るということも考えないといけないと思
　　　　　うの。だから、郵便局のような公共の機

関が消費者の安心のために必要だと思う
のよ。わたしには民営化がもたらす不安
の方が大きいと思えるの。

Q：女子学生の意見は男子学生の意見に比べてどのような特徴がありますか。

　　1．民営化がもたらす経済効果について考えている
　　2．民営化がもたらす消費者の心理の変化について考えている
　　3．民営化しない場合の郵便局の犯罪に付いて考えている
　　4．郵便局は消費者に不安を与えていると考えている

19番 3-22

学生が作った心理テストについて先生が指導しています。先生はこの心理テストについてどのように言っていますか。

先生　　ここの質問なんですが、答えを記述させるつ
　　　　もりですか。
学生　　はい。この質問には、答える者の無意識が表
　　　　れると思いまして。
先生　　しかしね、このテストは客観的な数値を出す
　　　　ことが目的でしょう。
学生　　はい。そうなんですが。
先生　　だったら、この質問にも選択肢を設けた方が
　　　　いいでしょう。そうでないと、信頼性に欠け
　　　　ますよ。それから、この質問ですが、テスト
　　　　全体の目的からずれているんじゃないでしょ
　　　　うか。このような質問があると、妥当性に欠
　　　　けると言えるんじゃないでしょうか。
学生　　うーん。わかりました。さっそく、訂正し
　　　　ます。

Q：先生はこの心理テストについて、どのように言っていますか。

　　1．信頼性は充分だが、妥当性に欠けている。
　　2．妥当性は充分だが、信頼性に欠けている。
　　3．信頼性も妥当性もまあまあである。
　　4．信頼性にも妥当性にも欠けている

20番 3-23

専門家がニュース番組で、カラスのゴミ荒らし被害について話しています。
黄色の半透明ゴミ袋が有効なのは、どうしてだと言っていますか。

先生　　大都市で深刻なカラスのゴミ荒らし被害を減
　　　　らそうと、このたび、黄色の半透明ゴミ袋が
　　　　開発されました。これは、カラスが人間より
　　　　色覚、色を識別する感覚ですね、その色覚が
　　　　人間より、すぐれている点に着目し、黄色で
　　　　中身を見えにくくしたものです。
　　　　この黄色のゴミ袋ですが、人間には半透明に
　　　　見えても、色に敏感なカラスには、色自体の
　　　　認識が優先され、中身がほとんど見えない
　　　　のです。実際に、黄色のゴミ袋を使って実験
　　　　したところ、被害はほとんどありませんでし
　　　　た。

Q：黄色の半透明ゴミ袋が有効なのは、どうしてだと言っていますか。

　　1．カラスはもともと生理的に黄色を嫌う傾向があるから
　　2．カラスは色に敏感なため中身が見えにくいから
　　3．カラスは嗅覚より視覚のほうが発達しているから
　　4．カラスは視力が弱く中身が見えないから

練習 3-25

男子学生と女子学生が、メニューを見ながら話しています。この女子学生はランチにいくら使いますか。

男子学生　ねえ、どれ注文する？　ぼくはラーメンにする。

女子学生　そうねえ、あたしはハンバーガー。

男子学生　じゃあ、飲み物は？

女子学生　飲み物？　飲み物は別にいらないわ。

男子学生　でもねえ、ここのコーヒーおいしいんだよ。ぼくは食後にコーヒーにするよ。

女子学生　そう。じゃあ、あたしも、そうしようかしら…。あら、でもずいぶん高いわ。やっぱり、やめておくわ。

1番 3-26

男子学生と女子学生が秋の公開講座の掲示を見ながら話しています。女子学生はどの講座を聞くことにしましたか。

男子学生　いろいろあって迷うなぁ。

女子学生　やっぱり自分の専攻と関係あるものにしたら？

男子学生　そっか。じゃ、この色彩検定の講座にしよう。青木さんは？

女子学生　わたしはね、「嘘の心理」というのが面白そうだと思って。

男子学生　それって、経営学部の先生でしょう？

女子学生　そうそう。ビジネスの現場の話が聞けるんじゃないかって、楽しみなんだ。

女子学生　でも、この名前、どこかで見たことない？ほら、最近よくテレビに出てる、あのヒゲの先生だよ、きっと。

女子学生　えーっ、じゃ、やめた。わたし、好きじゃないのよ。

男子学生　そんなに、嫌わなくても…。

女子学生　わたし、こっちの現実的な話の方に決めたわ。

2番 3-27

女子学生と男子留学生が話しています。この男子留学生は、これからどうしますか。

女子学生　チンさん、このあいだ言ってた写真コンテストには、もう応募したんですか？

男子学生　いえ。ちょうどこれから郵便局へ行くところなんです。

女子学生　そう。締め切りはいつなんですか？

男子学生　11月15日なんですけど。

女子学生　えっ、今日なんですか？　それで、間に合うんですか？
今、コンテストの案内を持ってますか？

男子学生　えーと、はい。これなんですけど。

女子学生　やっぱり。思ったとおり、今日、必着になってますよ。
ここに、今日の5時までって書いてありますよ。

男子学生　そうなんですか。写真だから、ファックスやEメールでは送れないし、…。

女子学生　しょうがない。わたしがひとっ走り、行って来てあげますよ。うちからなら区役所まで5分もかかりませんからね。

男子学生　ほんとに！　助かります。

3番 3-28

先生がプレゼンテーションについて、資料を見ながら話しています。今話しているのは資料の中のどの部分についてですか。

　プレゼンテーションの最大のポイントは、顧客の気持ちをつかみ、次の行動へと一歩を踏み出させることにあります。ただ、聞いていて面白いという話だけではダメなのです。そのためには、限られた時間の中で、次から次へと新しい情報を提供し、顧客を飽きさせないこと。そして、購買意欲を掻き立てるため、商品のメリットを強調することです。なお、商品のイメージを悪くする不安を取り除くこと、そのイメージをコントロールすることもプレゼンテーションの一つの要素と言えるでしょう。

4番 🔘 3-29

男子学生が「健康診断の実施日程」を見ながら女子学生と話しています。この女子学生は、いつ診断をうけにいきますか。

女子学生	経済学部って人が多いんだね。
男子学生	そうなんだ。なんか、健康診断なんてバカげてるね。
女子学生	そんなこといわないで・・・。 人数、多いから経済学部の学生を二つに分けてやるようにしたんでしょ。今年から。
男子学生	しかも、後の方は午前・午後どちらも診断を受けられるように組んであるし・・・。
女子学生	ああ、よかった。結局、これだと最終日になっちゃうけどね。
男子学生	ぼくも、それしかないみたいだ。

5番 🔘 3-30

女子学生が先輩に、短期留学について聞いています。この女子学生はどうすることにしましたか。

女子学生	先輩、先輩。先輩って、去年、この学校の海外留学制度を利用したでしょう。
男子学生	うん。国際関係学部１年は、必修なんだ。キミ、今年、行くの？
女子学生	ええ、そのつもりなんですけど・・・。
男子学生	どこの国？ やっぱりアメリカなのかな？
女子学生	いえ、同じ英語圏でも、イギリスなんです。
男子学生	それでね。ついでだから、学校の寮より、ホームステイにしたほうがいいと思うな。より自然な形で日常会話が勉強できるし、心の交流があるからね。６ヶ月ってけっこう長いよ。

6番 🔘 3-31

女性と男性が電話で話しています。男性が書いたメモとして最も適当なものはどれですか。

女性	もしもし、マルイ商事の山川と申しますが、いつもお世話になります。
男性	いえ、こちらこそ。
女性	すみません。赤坂部長、いらっしゃいますか。

男性	いえ、赤坂はただ今外出しておりますが。
女性	そうですか・・・、すみません、では、伝言をお願いできますか？
男性	はい、かしこまりました。
女性	実は、台風の影響で、品物の納品が2〜3日遅れそうなんです。 品物の到着が確認でき次第、ご連絡すると、部長にお伝えください。
男性	はい、わかりました。わざわざどうも、ありがとうございました。

7番 🔘 3-32

男子学生と女子学生がスポーツ大会実行委員会の打ち合わせをしています。明日、どこまで進むことにしましたか。

女子学生	明日の実行委員会なんだけど、ちょっと、このメモを見てくれる？
男子学生	こんなに話したら日が暮れちゃうよ。
女子学生	それは、わかってるんだけど、とりあえずこれから話し合っていかなきゃならないことを最初に言っておこうと思って。
男子学生	それこそ、最初なんだから、お互いの名前が覚えられれば、いいんじゃない？
男子学生	ううん。最初が肝心よ。最初に全体の流れをつかんでもらわなきゃ。話が先に進まないわ。
男子学生	で、具体的にどこまで進むつもり？
女子学生	お互い、だれがどんなことを担当するか、そこまで決められればって思ってるわ。
男子学生	そうだな。それぐらい決めた方がいいかもね。
女子学生	うん。

8番 🔘 3-33

男子学生と女子学生がホテルの案内を見ながら話しています。二人はどのホテルに予約しますか。

男子学生	今度の秋の旅行、ホテル決まったの？
女子学生	ううん、まだ。インターネットで調べたんだけど、どれにしようか、まだ迷っているの。

男子学生	どれどれ。これが一番安いみたいだね。
女子学生	そうなんだけど、紅葉を見るのにホテルからバスで30分もかかるんじゃねぇ。
男子学生	こっちは広大な自然庭園の中にあるから楽といえば楽そうだけど、やはり贅沢だよね。
女子学生	そうね。2万円は出せないわね。ねえ、このホテルにしない？
男子学生	えっ、こっちのほうが安いんじゃない。
女子学生	わたしね、一度、温泉につかりながら、山の紅葉を見てみたかったのよ。歩きながら見るというのもいいとは思うんだけどね。
男子学生	そう。じゃ、これにするか。

9番 3-34

男子学生と女子学生が「囚人のジレンマゲーム」について話しています。図の4つのケースのうち、男子学生はどのケースを予想していますか。

女子学生	「囚人のジレンマゲーム」って、アメリカでは本当にやってるんでしょう。共犯者AとBが別々に警察に捕まって…
男子学生	本当に取り引きだよね。共犯者の名前を出すかどうか、それとも何も言わずに黙っているか、この図でいくと、もし僕がAだとしたら、どうだろうな。結局、警察にしゃべるか、しゃべらないか、だろう？
女子学生	そういうことね。でも、それで、刑務所が10年になるか、半年になるかが決まるんだから、よく考えなさ。
男子学生	うん、そういうこと。
女子学生	私がBだとして、Aのことは何もわからないわけだから、不安だよね。Bのこと、信用できればいいけど、いろいろ想像するわけだから。
男子学生	そうやって、結局、警察の思い通りにしゃべっちゃうんだろうね。
女子学生	うーん……。
男子学生	僕は、結局、これになりそうな気がするな。単なる予想だけどね。
女子学生	ずいぶん悲観的ね。だったら、最初から相手の名前、しゃべっちゃった方がいいん

じゃない。　長くて8年、うまくいけば半年で済むんだから。

| 男子学生 | だって、裏切るより裏切られる方が気が楽だと思うんだけどな。 |

10番 3-35

男子学生と女子学生がクリスマスバザーの案内を作っています。この案内に何を書き加えますか。

男子学生	クリスマスバザーの案内、こんな感じでいいかな。
女子学生	そうね。
男子学生	それで、会場のセッティングや品物の展示は、委員会の担当だったっけ。
女子学生	ううん、出品者各自で飾り付けしてもらうようにするわ。
男子学生	そうだね。その方が手っ取り早いかな。場所は抽選で決めるとして、それから先は自分たちでやってもらうことにしよう。
女子学生	そうね。そのことも書いておかなきゃね。

11番 3-36

テレビ番組で専門家が景気の悪循環について話しています。この専門家は、図の中のどの点に注目すべきだと言っていますか。

　これは、いわゆるデフレスパイラルという現象を図で表したものですが、経済の悪い要因がいくつもつながって循環し、景気が悪い方へ悪い方へと進んで行ってしまう、悪化する一方だ、ということを表しています。便宜上、景気が悪いという点を出発点としていますが、私が注目したいのは、この部分です。現在のように生産よりも消費の方に比重が移っている社会では、この部分、いわゆる消費者購買意欲をいかにかき立てるか、これが重要なのです。消費者に対して、商品を買わずに、ただ我慢することを強いるような社会では、景気回復は望めません。

12番 3-37

男子留学生のリーさんと女子学生が、講義科目について話しています。リーさんは、あと、どの科目をとることにしましたか。

女子学生　リーさんの時間割、ちょっと見せてくれる。
男子学生　うん。必修科目が３科目と２科目で５科目でしょう。
女子学生　そうそう。
男子学生　あと、選択科目は…
女子学生　これだと、あと１科目たりないんじゃないかしら。
男子学生　うーん、そうなんだよな。
女子学生　総合基礎の方か、それとも、外国語か。
男子学生　よし、決めた。僕ね、一度、言葉について勉強したいと思ってたんだ。
　　　　　英語は週に２回で十分だし…
女子学生　うん、それがいいんじゃない。ちょうど木曜の３時限目だし。

13番 3-38

先生が商標について話しています。この先生が今話しているのはどの商標についてですか。

　それでは、テキストを見てください。商標、つまり、トレードマークやロゴマークは、大きく分けると、文字だけを使った文字商標、それから、実物に近い図形を使った図形商標、図形をよりシンプルに記号化した記号商標、そして、それらを組み合わせた結合商標の４つに分けられます。

　今日、みなさんにお話したいのは、これらの商標のうち、それだけでは何の意味かわからない、特定できない、この商標についてです。よく見れば文字のように見えますし、何らかの図を表しているのかもしれません。が、それだけではやはり判断できない。そんな商標が企業を代表するシンボルとして世界中に知られるようになるのです。

14番 3-39

授業で先生がグラフの説明をしています。このグラフから言えることはどんなことですか。

　みなさん、このグラフを見てください。1970年から2006年にかけて、各家庭で毎月どんなものにお金を使ったか、その割合の変化を４つの帯グラフに表したものです。これは、二人以上の世帯の消費状況を示したもので、2006年だけは比較のため、単身世帯、一人暮らしの消費状況も示してあります。また、グラフの右端には、それぞれの年の毎月の消費支出額が示してあり、今から30年も前、各家庭が毎月使うお金の額は、今の４分の１以下だったことがわかります。

15番 3-40

女子学生と男子学生が反対語について話しています。「太る」と「やせる」の関係は、４つの分類のうち、どれに当てはまりますか。

女子学生　今ね、動詞の反対語を調べてるんだけど、ちょっと協力してくれない？
男子学生　ああ、この間の伊藤先生の宿題だね。
女子学生　うん、今、４つの分類まで調べてて、例も５つずつあげてみたんだけどね。
男子学生　これ、「２」と「３」の分け方が難しいね。
女子学生　そうね。最初は迷うんだけどね。「２」の方は何か人や物が移動するんだよね。その方向が逆っていう意味。
男子学生　そうか。ほかにも、褒めると叱るとか、人の感情の反対関係もあるんだったよね。全部調べるの、大変だよ。
女子学生　だから、いっしょにやろうって言ってるんじゃない。そんなに勉強しないでブラブラしてたら、また、太るわよ。
男子学生　えっ、だれが太るんですか？
女子学生　えーと、「太る」と「やせる」の関係は、変化を表すから……

16番 3-41

先生が都市の評価について話しています。この先生が今、話している都市はどれですか。

　これは、日本全国の都市のうち、人口５万人以上の都市のデータを分析し、特に、集積性、拠点性、成長性の３つの要素を総合して、都市の経済力とし

て表したものです。日本全国430の都市のうち、ここ
に挙げたのは北海道の都市ですが、今日お話しした
いのは、この都市です。
　北海道は、やはり札幌が飛び抜けて評価が高く、５
段階評価のＡランクになっています。その他の都市は
どれもＣランク、もしくはそれ以下の評価になってい
ますが、ここを見てください。成長性が飛び抜けて高
い都市があります。この都市は、逆に、拠点性を見る
と、まだまだ商店などの商業機能が発達しておらず、
とても低い数値を示しています。これからどう発展し
ていくか、楽しみな都市と言えるでしょう。

17番　3-42

**男性と女性がある調査結果について話しています。こ
の女性が、企業の評価に矛盾を感じているのはどの点
ですか。**

男性　これ、フリーターに対する企業のプラス評価
　　　とマイナス評価だそうですが、実際に、フリ
　　　ーターを評価して採用する企業もあるようで
　　　すが、いかがでしょうか。子どもをもつお母
　　　さんとして、どう思われますか。
女性　やっぱり、このマイナス評価の70％もしめる「
　　　いつやめるかわからない」っていうのが、企業
　　　の気持ちを一番良く表しているんじゃないでし
　　　ょうか。結局、フリーターは信用できないと、
　　　そういう意識の表れだと思いますよ。
男性　プラス評価の理由もいろいろあるようです
　　　が。
女性　でも、これなんかマイナス評価と同じ理由で
　　　しょう？　こんな、全く矛盾した意識が企業
　　　側にあるってことは、どういうことなんでし
　　　ょう。やはり、マイナス評価の中には偏見や
　　　先入観が含まれているってことじゃないんで
　　　しょうか。

18番　3-43

**先生が高齢社会の問題について説明しています。この
グラフからどんなことがわかりますか。**

　これは、高齢者の働く意欲と、実際に60歳を過ぎ
たお年寄りが、どれくらい働いているのかを表したグ
ラフです。まず、男性は女性に比べ就業意欲もあり、

実際に働いていることがわかります。さすがに、65
歳以上になると、働く男性は３人に１人ほどに減りま
すが、女性はその半分にも満たないということです。
しかし、それより気になるのは、就業を希望しながら
就業していない、就業できないお年寄りが、かなりい
るんじゃないかと予想されることです。

19番　3-44

**下の図は、クレジットカードのしくみについて説明し
た図です。先生が挙げている例は、この図のどの部分
についての例ですか。**

　例えば、英語を勉強しようと思って、駅前の英語
教室に行くとします。そして、１年分の授業料30万
円をカードで前払いしたとしましょう。しかし、授
業が始まって１ヶ月後のある日、いつもの教室に行
ってみると、英語教室そのものがなくなってしまっ
ていた。そして、二度と授業は受けられず、カード
の支払いだけが残ってしまった。こういう場合、や
はり、英語教室、つまり、この図で言う販売店と、
消費者、つまり、カードの所有者との間の問題です
から、この部分の問題ということになり、代金支払
いの義務は免れません。

20番　3-45

**先生が、親鳥の保育活動について説明しています。親
鳥が雛鳥を識別する上で、最も重要な感覚はどれです
か。**

　この３枚の図を見てください。親鳥が雛鳥に反応
する場合としない場合を調べたものですが、Ａは、
雛鳥を１羽だけ透明な器に入れて、声を聞こえなく
した場合です。この場合、親鳥は、その雛鳥が見え
ているのに、反応しませんでした。
　また、Ｂは、雛鳥の姿は見えないけれど、声だけ
聞こえているという状況です。この場合、親鳥は、
反応したのです。
　Ｃでは、カセットテープに録音した雛鳥の声を
聞かせた時の反応を見ました。生の鳴き声でなくて
も、親鳥はちゃんと反応するのです。
　つまり、親鳥は、雛鳥に触れたり、臭いをかいだ
りするまでもなく……

練習 4-03

女子学生と男子学生が、山田さんとの待ち合わせについて話しています。この二人はこれからどうしますか。

女子学生	山田さんに電話した？
男子学生	うん。
女子学生	何だって？
男子学生	急用ができたから、ちょっと遅れるって。待ってるって言ったんだけど、先に行ってくれって。
女子学生	じゃ、そうする？　でも、山田さん、研究会の場所、知ってるのかな？
男子学生	どうだろう？
女子学生	また、電話してみたら？
男子学生	いや、だいじょうぶだよ。先にどうぞって言ったんだから。
女子学生	そう言ったのなら、だいじょうぶね。

Q：この二人はこれからどうしますか。

1. 山田さんを待ってから行く。
2. 山田さんに先に行ってもらう。
3. 山田さんに電話をする。
4. 山田さんより先に行く

1番 4-04

男子学生と女子学生が、田中くんについて話しています。この男子学生は女子学生にどのようなアドバイスをしましたか。

男子学生	どうしたの？　なにかあった？
女子学生	うーん、サークルのメンバーなんだけど、最近、休んでばかりで、協力してくれなくて……
男子学生	だれ？　田中くん？
女子学生	そう。予定どおり行かなくて、こまってるの。
男子学生	そうか……。よくあることだよね。みんな、いろいろといそがしいからね。そういうときは、あまり深刻に考えないで、ほうっておいたほうがいいみたいだよ。
女子学生	え、どういうこと？
男子学生	約束をぜったいに守らせるとか、そうでなきゃ、サークルをやめさせるとか、あまりきびしく考えないほうがいいってこと。
女子学生	へえ。
男子学生	彼にも何か事情があるんだろうし、それが解決すれば、また、やる気が出てくると思うよ。そういうふうに考えて、みんなで予定を進めておけば、彼ももどって来るとき、気が楽なんじゃないかな。
女子学生	そうか……。なるほどね。

Q：この男子学生は女子学生にどのようなアドバイスをしましたか。

1. 田中くんのことは、あまり考えすぎないほうがいい。
2. 田中くんに対して、もっときびしく接したほうがいい。
3. 田中くんに、約束はぜったいに守らせたほうがいい。
4. 田中くんにあって、サークルをやめさせたほうがいい。

2番 4-05

先生が、放送学科のゼミの授業について説明しています。先生は、後期にどんなことをすると言っていますか。

先生	このゼミでは、実際にテレビ番組の企画をしてもらいますが、まず前期は、「今、テレビで放送する価値のある番組とは何か、どんなものか」について、自分なりに考え、発表し、意見を戦わせてもらいます。その上で、各自、自分のアイディアを番組の企画書という形にして行きます。後期に入ってからは、まず、前期に書いた企画書を学生相互で評価し合います。そうして改良した企画の中から、全員が「オーケー」を出したものに関しては、正式に番組企画書として、制作プロダクションに提出し、評価してもらいます。そこで、採用されて本当にテレビで放送されることもありますので、みなさん、がんばってください。

Q：先生は、後期にどんなことをすると言っていますか。

1．全員の意見をまとめて、一つの企画書を書き上げる。
2．一人一人別々に企画書を書いてお互いに評価し合う。
3．全員が「いい」と評価した企画書をプロダクションに提出する。
4．プロダクションに採用された企画をテレビで放送する。

3番 4-06

ラジオ番組の司会者が、専門家に「子どもの家庭での過ごし方」について話を聞いています。
この専門家は、子どもの学力はどんなことと関係があると言っていますか。

司会者　ある国際教育機関の調査結果についておうかがいします。この調査結果によると、日本の子どもが家庭で過ごす時間のあり方に、問題があるようですが、先生はどうご覧になりますか。

専門家　日本の中学生の場合、自宅で宿題をする時間が、世界46か国のなかで最も短かったということですが、小学生も含めて、たしかに日本の子どもは自宅で勉強する習慣がついていないといえるでしょう。テレビやゲームに使う時間が多いのですから。しかし、だからといって、それがすぐに学力の低下につながるというわけではありません。家の外では、例えば学習塾や英語教室でしっかり勉強しているわけですからね。私はむしろ、睡眠時間の方が大きいと思いますよ。見てくださいこの数字。6時間しか寝ていない子どもは、国語と数学の成績が20％も低くなっています。長い時間勉強しても寝不足では意味がないのです。

Q：この専門家は、子どもの学力はどんなことと関係があると言っていますか。

1．自宅で学習する習慣がついているかどうか
2．テレビやゲームに使う時間が長いかどうか
3．家の外で勉強する時間が長いかどうか
4．じゅうぶんな睡眠時間をとっているかどうか

4番 4-07

病院の会計係と男性の患者が話しています。この男性は、いつ保険証を持って来ますか。

会計係　田中さーん。
患者　あ、はい。
会計係　田中さん、今日は保険証をお持ちじゃないんですね。
患者　だけど、いつだったかなあ。保険証なら一度持ってきましたよ。
会計係　おそれいります。保険証は毎月確認させていただくことになっているんです。
患者　そうなんですか。じゃ、今からとって来ましょうか。
会計係　いえ、次回お見えになるときでけっこうですよ。次は、来週ですね。
患者　ええ、来週の金曜ですが、その日だと来月になってしまいますね。その前は、30日なら、何とかなりますが。
会計係　いえいえ、別に変更がなければ、だいじょうぶですので、次回、よろしくお願いします。

Q：この男性は、いつ保険証を持って来ますか。

1．今日
2．今月30日
3．今月月末
4．来週の金曜日

5番 4-08

先生と学生が、学生の提出したレポートについて話しています。この先生は、学生のレポートのどんなところに問題があると言っていますか。

学生　先生、前回のレポートなんですが、評価があまりよくなくて……。あの、理由を教えていただけませんか。
先生　えーと……、ああ、これね。コメントを書いておいたんですが。
学生　はい。それがよくわからなくて。

先生　そうですか。確かに、自分の意見は書いてあり
　　　ますね。文献もよく読んでいると思います。た
　　　だ、私が課題にしたのは、自分の感想や意見を
　　　書くだけではなく、ほかの専門家の意見と比較
　　　して、客観的に書くことだったんですよ。ちゃ
　　　んと説明したはずなんですけどね。

学生　すみません。ありがとうございました。

**Q：この先生は、学生のレポートのどんなところに問
題があると言っていますか。**

1．文献をよく読んでいないところ
2．自分の意見と専門家の意見を比較していない
　　ところ
3．自分の感想や意見が少ないところ
4．自分の意見を説明していないところ

6番 4-09

**先生が、ロボットについて説明しています。この先生
は、今、人気があるロボットは、どのようなことをす
ると言っていますか。**

先生　皆さんは、ロボットというとどんな物を想
　　　像しますか。いろいろなロボットがあります
　　　が、建物への侵入やガスもれなどを監視する
　　　ロボットや、2本足で歩いたり、人々の心を和
　　　ませてくれるペットロボットもあります。そ
　　　れから、寝たきりの人が歩く訓練をするのを助
　　　けるリハビリロボットなど福祉の分野でもロ
　　　ボットが使われるようになりました。また、
　　　最近流行しているのが忙しいお母さんの家事
　　　を代行してくれる「お掃除ロボット」です。
　　　全自動で部屋をきれいにしてくれるので、家
　　　事の負担が軽くなったと喜ばれています。

**Q：この先生は、今、人気があるロボットは、どのよ
うなことをすると言っていますか。**

1．盗難や事故などを未然に防ぐ。
2．動物のように人間の心を慰める。
3．人の動作を介助してリハビリを支援する。
4．家事を代行して主婦の負担を軽減する。

7番 4-10

**先生が、お酒に対する強さについて説明しています。
先生は、お酒に強いか弱いかは、どのようなことと関
係していると言っていますか。**

先生　えー、みなさんもお酒を飲む機会があると思
　　　いますが、ふつう、スポーツマンなど体が大
　　　きくて体力がある人のほうが、お酒が強いと
　　　考えられがちですが、実は、それよりも体
　　　内の酵素が関係しているのです。アルコール
　　　は体内で分解されて炭酸ガスと水になりま
　　　すが、この分解する速さを決定しているのが
　　　酵素です。酵素の作用は、人によって差が
　　　あり、酵素の働きが弱い人は、アルコールが
　　　分解されないまま脳へ運ばれていって酔っぱ
　　　らってしまうのです。ということはもともと
　　　の体質が問題で、お酒が強い親の子どもは、
　　　また、お酒が強いということです。ですか
　　　ら、弱い人はもともと弱いのですから、無理
　　　をして飲まないこと、飲ませないことが大事
　　　なのです。

**Q：先生は、お酒に強いか弱いかは、どのようなこと
と関係していると言っていますか。**

1．体の大きさや体力があるかどうか
2．アルコールを分解する酵素の量が多いかどうか
3．親からの遺伝で、酵素の働きが強いかどうか
4．精神的な問題で、無理をして飲むかどうか

8番 4-11

**新商品の発表会で男性が、新しい消しゴムについて宣
伝しています。この消しゴムを開発しようとしたきっ
かけは何ですか。**

消しゴムといえば、四角い形のものといったイメー
ジが強いですが、使っているうちにそのかどがだん
だん丸くなってきて、こまかいところが消しにくく
なって途中で捨ててしまう。みなさん、そういう経
験がおありだと思います。また、ボールペンで書い
た字を消すときの修正液は、ペンのように先は細
くなっていますが、結局、出てくるのは液体ですか
ら、こまかい作業はできませんでした。そこで、あ
る日、四角い消しゴムとペンの形をした修正液の両

方を眺めていて、このペンの先から液体ではなく消しゴムが出てきたらどうだろうと考えたのです。ゴムですから、シャープペンのように、つぎつぎに消しゴムが出てくるように作ることができました。これでもう、消しゴムを途中で捨てなくてもいいですし、ペンで字を書くように、こまかいところまで消せるようになりました。どうぞ皆さん使ってみてください。

Q：この消しゴムを開発しようとしたきっかけは何ですか。

1．ボールペンの字が消せる消しゴムが必要だったから
2．こまかいところまで消せる修正液が必要だったから
3．こまかいところまで消せる消しゴムが必要だったから
4．シャープペンのように、つぎつぎ出てくる消しゴムが必要だったから

9番 4-12

女子学生と男子学生が、アパートについて話しています。この女子学生が、アパートに入りたくない理由は何ですか。

女子学生　4月から住むところ、もう決めた？
男子学生　寮にするつもり。一人の生活はさびしそうだし、寮だったら、友だちと食事したり、あそんだりできるからね。
女子学生　そうなのよね。
男子学生　佐藤さんはどうするの？
女子学生　それが、寮にするか、アパートにするか、迷ってるのよ。アパートのほうが高いけど、絶対に自由だからね。
男子学生　じゃ、なんで、アパートにしないの？寮は門限があって不自由なんでしょう？
女子学生　そうなんだけど、わたしだって女の子だし、あんまり自由なのも…、ねえ。
男子学生　そうか。夜遅く、一人で帰るときもあるかもしれないからなあ……。
女子学生　そうなのよ。それが問題なのよ。

Q：この女子学生が、アパートに入りたくない理由は何ですか。

1．友だちと食事ができないから
2．寮より家賃が高いから
3．安全性が心配だから
4．夜遅く帰ることができないから

10番 4-13

女子学生と男子学生が、ある学校について話しています。この学校はどんな人材を育てますか。

女子学生　「コンシエルジェ」って知ってる？
男子学生　ううん。それ、どこの国の言葉？
女子学生　フランス語でね、もともとは「門番」とか「管理人」という意味なんだけど、わかりやすくいうとデパートの接客係で何でも相談に乗ってくれる人ってところかな。
男子学生　へえー、便利な人だね。じゃあ、特に専門の売り場で売ってるわけじゃなくて、ただ受付で、売り場を案内するだけでもないってこと？
女子学生　そうそう。だから、そのデパートのことは何でも知ってなきゃならないのよ。そのデパートにないものを聞かれたら、近くの別のデパートを案内したり、街のおいしい料理屋まで案内したりするそうよ。
男子学生　それはたいへんだなあ。
女子学生　だからね、その「コンシエルジェ」を育てる学校ができたんだって。
男子学生　へえ。どんな勉強するの？
女子学生　ビジネスマナーやサービスについて学ぶだけじゃなくて、消費者の心理についても学ぶそうよ。
男子学生　なんか、おもしろそうだね。

Q：この学校はどんな人材を育てますか。

1．デパートの客に商品を売る人
2．デパートの客の相談を受ける人
3．デパートを管理する人
4．デパートの客に心理学を教える人

11番 🔘 4-14

先生が、脳の働きについて説明しています。この先生の説明から、どんなことが言えますか。

先生　私たち人間の脳は、たくさんのエネルギーを消費しています。それは、からだ全体の20％にも上るのです。特に、10歳までの子どもの場合、半分近くのエネルギーが脳で消費されているといわれています。その脳で必要なエネルギーを作り出すための原料となるのが、グルコースと酸素です。たとえば、私たちは、ねむくなると、あくびをして大きく息を吸い込み、はき出しますが、このような呼吸動作は、酸素を体内に取り入れるということにほかなりません。取り入れられた酸素は、脳でも消費されるわけですから、ここで、次のような仮説が考えられます。

Q：この先生の説明から、どんなことが言えますか。
1．あくびと脳内の酸素の消費とは関係がない。
2．あくびと脳内の酸素の消費とは関係がある。
3．あくびと脳内のグルコースの消費とは関係がない。
4．あくびと脳内のグルコースの消費とは関係がある。

12番 🔘 4-15

先生が、さくらの花について話しています。この先生は、日本人がさくらの花が好きなのはなぜだと言っていますか。

先生　日本を代表する花と言えばサクラです。欧米や中国の人とはちがって、日本人の多くはあっさりした淡白な性格だと言われます。満開のサクラの花も、散るときは、実にあっさりした散り方を見せます。豪華に咲いた白い花が、時がくると、いっせいに散ってゆく。それを見て日本人は心を打たれるのです。自分も、サクラの花のように、いさぎよくサッと散りたい。それが日本人の美学であり、願望です。だから、こんなにも日本でサクラが愛されているのです。ところで、「花より団子」という言葉があるように、花見に出かけても、サクラを見ないで酒や料理を味わって

いる。サクラが酒を飲む口実になっている日本人も少なくありません。

Q：この先生は、日本人がさくらの花が好きなのはなぜだと言っていますか。
1．花が咲くと、とても豪華で感動的だから
2．いつか花を咲かせたいという日本人の願望を表しているから
3．散り方が日本人の性格に合っているから
4．サクラを見ながら、飲んだり食べたりできるから

13番 🔘 4-16

女子学生と男子学生が、新年度の授業について話しています。男子学生は、この授業のどんな点がいいと言っていますか。

女子学生　国際ビジネス学科の今度の実習、どんな内容か聞いた？

男子学生　うん。企業研究のプレゼンテーションだよね？　楽しみだね。

女子学生　うん。でも、作業の過程をレポートにまとめて、後で提出しなきゃならないじゃない？　それがたいへんだな。みんなの前で発表するのも苦手だし……。

男子学生　そうだね。でも、実際に、会社を訪問して、社長にインタビューしたり、就職したい会社の内部を見られるんだから、それぐらいがんばらなきゃ。

女子学生　へー、就職か。そういう目的もあったんだ。

男子学生　実際に、就職活動ができるとは思えないけどね。でも、ビジネスの現場を知ることってなかなかできないから、いい勉強になると思うよ。

Q：男子学生は、この授業のどんな点がいいと言っていますか。
1．作業の過程をレポートにまとめること
2．企業について研究し発表すること
3．働きたい会社の就職活動ができること
4．ビジネスの現場を体験できること

14番 🔘4-17

先生が、エネルギーについて説明しています。この先生は、これから最も必要になるのは何だと言っていますか。

先生　最近、地球温暖化が大きな問題となり、石油に代わる新しいエネルギーの開発が注目されています。風の力を利用したり、海の波の力を利用して発電する技術も進んでいますが、何といってもその中心となるのは太陽エネルギーです。いわゆる太陽電池を自分の家の屋根の上や屋上に設置して、自宅の電気に使うのですが、あまった電気は電力会社に売ることもできます。これが、日本では、まだまだ普及していないのは、やはり設置に費用がかかるという点と、電力会社が積極的でなく、結局、各家庭の電気料金が高くなってしまうというマイナスイメージがあるからです。太陽電池を利用する人が増えなければ意味がないわけですから、ここは、政治的な力が必要でしょう。環境保護の技術は、新しいビジネス分野でもあるわけですからがんばってほしいですね。

Q：この先生は、これから最も必要になるのは何だと言っていますか。

1．電力会社が積極的に技術を開発すること
2．風や海など自然の力を利用すること
3．政治的な力で太陽電池を普及させること
4．環境保護をビジネスとして考えること

15番 🔘4-18

男子学生と女子学生が、インターネット上の百科事典について話しています。女子学生がこの百科事典を使っている主な目的は何ですか。

男子学生　あれ？　ネット事典で調べ物？ネット事典って、記事の内容が100％正しいとは限らないって知ってるよね？

女子学生　うん。

男子学生　じゃあ、図書館の本で調べたほうがいいんじゃない？　ネット事典って、書いた人が名前を出さないから、信用できない

と思うんだけど。

女子学生　たしかにそうだけど……。でも、これが一番手っ取り早いじゃない？　少なくとも私にとってはそうだわ。もちろん、大事なことは、確かな文献で確認すればいいわけだから。それを探すのにも便利だしね。

男子学生　つまり、本格的な調査の準備段階ってこと？

女子学生　ん。そうやって調べて、ネット事典の記事がまちがってたら、今度は自分が訂正記事を書いてあげればいいって思うわけ。だから、けっこう信用できると思うんだけどな。

Q：女子学生がこの百科事典を使っている主な目的は何ですか。

1．ネット事典に自分の考えを載せるため
2．準備段階の知識をすばやく得るため
3．記事のまちがいを見つけるため
4．訂正記事を書いて有名になるため

16番 🔘4-19

男子学生と女子学生が、モアイという石の像について話しています。この男子学生が一番興味を持っているのはどんなことですか。

男子学生　このあいだ、シブヤ駅に行ったんだけど、あそこに大きな人の顔の像があるでしょう？

女子学生　うんうん。よく人が待ち合わせに使ってる石の像ね。

男子学生　ぼく、ああいう昔の遺跡が好きなんだ。

女子学生　シブヤには、犬の像もあるんじゃない？

男子学生　ああ、あれね。ああいう新しくて、本物そっくりなのは、あまり……

女子学生　どうして？

男子学生　1000年も2000年も前の人たちが残した物って、現実を気にしてなくて自由って言うか…、そのころの人の気持ちを想像するのが楽しいんだよな。実物と同じ像を見ても、興味は湧かないんじゃないかな。

Q：この男子学生が一番興味を持っているのはどんな
　　ことですか。

1．昔の人の気持ちを想像すること

2．実物によく似た像を見ること

3．昔の人の顔を想像すること

4．1000年も前の石の像が今も残っていること

17番 4-20

経営学の先生が、授業で、ある会社の取り組みについ
て話しています。先生は、この会社が売り上げを伸ば
した理由は何だと言っていますか。

先生　今日は、業績が落ちた会社を吸収合併して、
　　　売り上げを伸ばしている電子機器メーカーを
　　　紹介します。不景気が続く中、外国資本に買
　　　い取られないように、合併する会社も多いの
　　　ですが、この会社の特徴は、それまで赤字だ
　　　った会社を1年で黒字に変えてしまうところ
　　　で、しかも、社員を一人もクビにしないで、
　　　それをなしとげてしまうところなのです。利
　　　益を出すために、社員をクビにして人件費を
　　　減らすというのは、経営者にとって一番簡単
　　　な方法ですが、これをやらない。確かに、む
　　　だをなくし、生産効率を上げることも大事で
　　　すが、それを可能にするのは社員です。です
　　　から、まず、社員の不安を取り除き、寮を新
　　　しく建て替えたりして、働く環境を整える。
　　　そうして社員のやる気を最大限に引き出し
　　　て、更に生産性を高めるのです。そして実際
　　　に黒字にしてみせるのですから、やはり、人
　　　間の力こそが利益を生むのだということをこ
　　　の会社の経営は教えてくれます。

Q：この会社が売り上げを伸ばした理由は何だと言っ
　　ていますか。

1．社員を減らし、人件費を減らしたこと

2．働く環境をととのえて、社員のやる気を引き
　　出したこと

3．むだをなくし、生産効率を最大限に高めたこ
　　と

4．社員に経済学を教えて、社員の能力を高めた
　　こと

18番 4-21

司会者がテレビ番組で、大学の先生に読書のしかたに
ついて質問しています。この先生が勧めている本の読
み方はどのような方法ですか。

司会者　先生、本の読み方にはいろいろあると思い
　　　　ますが、先生ご自身は、どんな読み方をさ
　　　　れていますか。

先　生　そうですね。若いころは、単純に1ページ
　　　　目から最後のページまで、順番に読んでい
　　　　くことしか知らなかったのですが……

司会者　ふつうそうですよね。でも、それだと途中
　　　　で興味がなくなって投げ出してしまうこと
　　　　になって、読んだとは言えないし、そうい
　　　　う本がふえていくんですよね。

先　生　ですから、そういう本は、目次を確認しな
　　　　がら飛ばし読みして、一応、最後まで目を
　　　　通すことにしています。そのほうが時間の
　　　　節約になりますしね。もちろん専門書の場
　　　　合は、一文一文ていねいに読まなければな
　　　　りませんが、これは時間がかかりすぎる。
　　　　それで、最近、学生にお勧めしているの
　　　　は、一日に読む量を決めて、たとえば10章
　　　　に分かれている本なら、1日1章読むとし
　　　　て十日で読んでしまうのです。これだと、
　　　　書いた人の全体の意図が見えてきて理解が
　　　　深まるのです。まあ、小説なんかは、寝こ
　　　　ろがって気ままに読んでいますけどね。

Q：この先生が勧めている本の読み方はどのような方
　　法ですか。

1．最初のページから順を追って、読んで行く。

2．一文一文、時間をかけて、ていねいに読む。

3．一日に読む量を決め、著者の意図を考えなが
　　ら読む。

4．重要でない部分は飛ばして、最後まで読む。

19番 🔘 4-22

男子学生と女子学生が、「インターネットのお墓参り」について話しています。この女子学生は、「インターネットのお墓参り」について、どのように言っていますか。

女子学生　最近、インターネットでお墓参りをする人が増えているんだって。

男子学生　え？　それって、コンピュータの画面に向かって、お墓参りするってこと？

女子学生　うん、映像だけだけど、お花を供えたり、お線香もあげられるんだって。まわりの景色も変えられるそうよ。

男子学生　ふうん。なんか、変な感じがするなあ。なくなった人の骨とか具体的な物は何もないんでしょう。それで、お金はいくらかかるの？

女子学生　だいたい5000円ぐらいかな。2年目からは会費が毎年2000円ってところ。

男子学生　まあ、実際にお墓を買えば300万円もするっていうからね。

女子学生　そうよ。海外からもかんたんにお墓参りできるわけだし、宗教も関係ないから、便利だって考える人も多いそうよ。

男子学生　いや、ちょっと、便利すぎるのもどうかと思うよ。お墓なんだから。

女子学生　そうかなあ。私は、お墓が遠くて行けない人もいるわけだから、やっぱり、ないより、あったほうがいいと思うな。

男子学生　ぼくは、やっぱり、反対だな。それって、何か大切なものをなくしてしまう感じがするよ。

Q：この女子学生は、「インターネットのお墓参り」について、どのように言っていますか。

1．便利すぎて変な感じがする。
2．なくなった人に対して失礼だ。
3．利用する人にとって便利だからいい。
4．利用する人の気持ちがわからない。

20番 🔘 4-23

授業で先生が、技術というテーマで話しています。この先生は、今後、技術者に求められるのは、どのようなことだと言っていますか。

先　生　技術とはもともと人間のためにあるものです。しかし、今では、人間のほうが技術の進歩に追いつかなくなって、混乱しているようです。例えば、コンピュータの機能は、毎年のように新しくなって、5年もたつと使えなくなってしまうものもあります。そのたびに新しく買い換えなければならないのですから、お年寄りがついていけなくなるのも無理はありません。ただ、新しさ、便利さだけを追求するのでなく、100年単位といった時間の長さにも耐えられるように、高度な技術を人間の文化に生かす方法が求められているのです。

Q：この先生は、今後、技術者に求められるのは、どのようなことだと言っていますか。

1．技術を文化の一つとして活用していくこと
2．新しくて便利な機能を追求すること
3．高齢者のために新しい技術を開発すること
4．より高度で複雑な技術を開発すること

練習 4-25

学生が、コンピュータの画面を見ながら先生の説明を聞いています。学生は今、画面のどの項目を選べばいいですか。

先生　えー、これからこの大学のコンピュータの使い方について説明します。では、コンピュータの画面を見てください。今日は、大まかな説明しかしませんが、もっとくわしいことを知りたい人は、右上の「利用の仕方」などを見ておいてください。ああ、今じゃなくて、後で。後で見ておいてください。今日はまず、コンピュータを使えるようにするために、利用者の登録をします。では、画面の右下の項目を選んでください。

1番 4-26

先生が、仕事に対する意識調査の結果について話しています。この先生が注目しているのは、グラフのどの項目ですか。

先生　このグラフは、国民に「どのような仕事が理想的だと思うか」と尋ねた結果です。前回2005年の調査にくらべて、高い収入や、収入の安定よりも、「自分にとって楽しい仕事」を選んだ人が増えていることがわかります。これは、前回のときよりも経済が安定してきて、社会的な不安がへってきているためと思われます。特にそれを表しているのがこの項目で、仕事がなくなるかもしれないという心配が、今の社会では、少し和らいできていることがわかります。

2番 4-27

経営学部の先生が黒板に図をかきながら話しています。この先生は図の（A）に何と書きましたか。

先生　本学の経営学部は、21世紀のビジネスをリードする企業家を育成しようと、昨年新しく作られた学部です。当学部の教育方針は、大きく三つの点に絞られます。まず第一は、新し

い分野に積極的に取り組む人、チャレンジ精神旺盛で、いろんなことに興味を持ち企画開発ができる人、つまり、自分で事業を起こす力のある人を育てることです。第二は、地域の文化や伝統をビジネスに結びつけて考えることのできる人を育てることです。せっかく企画開発したのに、環境や人々の暮らしに被害を与えるものでは意味がありません。暮らしに根づいた文化こそが資本であるという考えです。第三は、国際感覚を身につけた企業家を育成することです。企業経営のグローバル化に対応して、世界で十分にビジネスができる人材が必要とされているのです。

3番 4-28

ペットショップの店員が、小型のアクアリウムの作り方について話しています。この店員が話しているのは、どの水槽ですか。

店員　今日、お話しするのは、最近、人気のある小型アクアリウムの作り方です。最初に水槽を良く洗って、底に砂を敷きます。人によっては、流木や石を置くこともありますが、今回は省略します。木や石が好きな方は、ご自分でレイアウトしてみてください。それから、なくてはならないのが水草ですが、これはマツモを使います。これは、根から栄養分をとる植物ではありませんので、そのまま水の中に投げ入れてもだいじょうぶですが、今回は、水に浮かべたりしないで、ひとつにたばねて底の砂にさしてみました。後は、これに魚を入れるだけ。非常に簡単ですが、小型アクアリウムの完成です。

4番 4-29

スポーツ大会の実行委員をしている男子学生と女子学生がメモを見ながら話しています。このふたりは、メモのどの項目について委員会で話し合うことにしましたか。

男子学生　ねえ、来週、スポーツ大会の実行委員会

があるだろう？　今年も、去年と同じようなやり方でいいかな。これが去年の実施概要なんだけど。

女子学生　えーと、去年は夏休み初日ということで、いやがる人が多かったのよね。

男子学生　だから、今年は夏休み前になったんでしょ。それはもうみんな知っていることだから…。

女子学生　あ、思い出した。ここ、この全員参加っていうの。もう高校生じゃないんだから。スポーツが苦手な女の子だっているんだし……。

男子学生　じゃあ、メンバーがたりないクラスはどうするの？

女子学生　だから、二つ以上の種目に出てもいいことにすればいいんじゃない？

男子学生　それはそれで、また、問題になりそうだな。

女子学生　じゃあ、来週の委員会で話し合えば？

男子学生　そうだね。そうしよう。

5番　4-30

先生が、授業で、「類推」の過程について説明しています。この先生は、図のどの部分が大切だと言っていますか。

先生　よく似ている事実や規則を利用して、新たな結論を導くことを「類推」と言いますが、たとえば、ロボット工学も人の体の構造をもとにして、そのシステムを一般化し、機械のシステムとして新たに作り出すものだと言えます。そこには「類推」が働いているわけです。図を見てください。たとえばここに、鳥という元の情報があります。これを頭部と胴体部、羽、そして足の４つのパーツからなるものとして一般化します。これを機械システムに変換・対応させ、新たな結論として、飛行機が出来上がるというわけです。こうしてみると、完成品を見ることになれている私たちは、機械化の過程が大事だと思いがちですが、類推が成功するかどうかは、最初の情報をどう処理するかにかかっていることがわかります。

6番　4-31

男子学生と女子留学生が特別講座の案内を見ながら話しています。この女子学生はどのコースに申し込みますか。

男子学生　日本語の特別講座、どれにしたの？

女子学生　ちょっと迷っているんです。

男子学生　何を？

女子学生　わたし、もっと日本の文化を知りたくて…、日本事情がいいかなと思うんですが、文学的なテキストも読んでみたいと思うし、マンガやアニメもおもしろそうだし……。

男子学生　じゃ、読解中心っていうことだね。

女子学生　そうですね。

男子学生　あれ？　でも、これ。２年生が対象だよ。

女子学生　あ、本当ですね。じゃあ、小説は来年にして、今年はこっちにします。

7番　4-32

先生が、四つの図について話しています。この先生が、例を挙げているのは、どの図のタイプですか。

先生　みなさんがグループ研究をするときに、さまざまな意見が出ると思いますが、そのたくさんの意見を取りまとめて整理するには、このような四つの図で表すと効果的です。たとえば、どの会社がいい会社か、比較するとしましょう。給料などの待遇の面と、それから将来性という二つの要素で10段階評価し、それをタテとヨコの座標で表すこの図を見れば、その会社が全体の中でどの位置にいるかすぐにわかり、とても便利です。ただし、とりあげる要素が二つだけというところがこの図のポイントです。

8番 🎧 4-33

女性と男性が、メタボリック症候群対策のパンフレットを見ながら話しています。この男性は、パンフレットのどの項目について、できないと言っていますか。

女性　田中さん、メタボリックのこと気にしてたけど、どう？　これ、薬局にあったメタボ対策のパンフレット。

男性　ありがとう。えーと、……

女性　ねえ、最初のふたつは、結局、ダイエットと同じでしょ。

男性　うん、まずは、一番もとになる内臓脂肪を減らしましょうってことだからね。ぼくも、ここまでならなんとかできるけど、次のは無理だなあ。

女性　何言ってるのよ。タバコなんて害ばっかりで、いいことなんてないじゃない。

男性　そんな……、いっぺんに全部やろうとしても、続かないよ。

女性　じゃあ、これは？　飲むだけなら簡単でしょう。

男性　いや、それは、もう病気の症状が出ている人の対策だよ。ぼくはまだ、ちょっと太って見えるだけなんだから、まずは運動から始めるよ。

女性　そうね。病気には見えないわね。

9番 🎧 4-34

先生が、情報社会の問題点について話しています。この先生が最後に挙げる問題は、どれにあてはまるものですか。

先生　私たちは毎日、数え切れないくらいの情報に接しているわけですが、この情報社会では、便利な反面、それを悪用する犯罪も増えて来ています。ここに挙げてあるのはその代表的なものですが、結局、情報も人が作ったもので、文字・言語がベースになっています。確かに、画像や音声もプラスされ、高度になっていますが、どこまでいっても言葉が中心になっていることに変わりはありません。ですから、ここに挙げた四つの例も、うそをつく犯罪と、それから、その大事な言葉、大事な情報を使えなくしてしまう犯罪の二つに分けることができます。これからお話しするのは、うそをつく犯罪のうち、こちら、昔から、人をだましてお金を持ち逃げする、いわゆるサギにあたりますが、インターネットにうその情報を流して利益を得ようとするもっと悪質な情報操作もこれに入ります。

10番 🎧 4-35

先生と女子学生が、「インタビュー調査」について話しています。この女子学生は、自分がした調査について、「留意点」のどの項目がうまくできなかったと反省していますか。

先生　インタビュー調査は、どうですか。うまくいっていますか。

学生　はい、先日、まだ30代前半の若い会社社長に会って、お話を聴きました。調査の内容を説明すると、仕事の話なら、ぜひ会社までとおっしゃるので、忙しい時間帯は避けて、おうかがいして来ました。

先生　そういうふうに、相手の都合にあわせることが大事ですね。で、ほしい情報は得られましたか。

学生　はい。さすがに経営者ですから、いろいろ貴重な情報まで話していただいて、たいへん勉強になりました。おもしろかったです。

先生　そうですか。で、プライバシーについてはどうでしたか。

学生　はい、注意しました。むしろ、先方のほうから個人情報を話されたので、後で、録音の確認をしていただきました。

先生　じゃあ、うまくいったということですね。

学生　それが、初めての調査だったので、こちらが緊張してしまって、ふんいきが硬かったように思います。次は気をつけたいと思います。

先生　次も、がんばってくださいね。

11番 4-36

先生が絵文字の話をしています。この先生の説明によると、Dの例はどういう意味を表していますか。

先生　われわれは言葉を使って他人に情報を伝達します。しかし、簡単な規則を決めておけば、絵や図といった視覚的なイメージを使って、意味を伝えることもできます。たとえば、これを見てください。左にある目の絵は「見る」という意味を表します。その右に書かれたマルとバツで、肯定か否定か、という意味を表しています。そして、実線か点線かで、時を表します。普通の線、つまり、実線は過去を表し、点線は未来を表します。ですから、Aの例では、「過去に見た。」という意味を、Bの例は、「将来、見る」という意味を表現しています。そうすると、Dは、どんな意味を表しているでしょうか。

12番 4-37

感覚に関する授業の後で、女子学生が先生に質問をしています。この先生が女子学生に説明したことはどんなことですか。

学生　先生、さっきの感覚の性質について質問があるのですか。

先生　はい。「順応」と「対比」についてですね。

学生　ええ。「順応」のほうは、かんたんにいうと「慣れる」ということですね。

先生　そうそう。熱いお風呂に入ったときも、しばらくがまんすると、それほど熱く感じなくなるっていうこと。

学生　はい、わかりました。それより、「対比」のほうなんですが。

先生　そっちは、色の説明がわかりやすいかな。これ、見てください。どっちも同じ灰色の四角なんですが、黒色の上に置くと、明るく見えませんか。逆に、白っぽい色の上に置くと、暗く見えてしまう。つまり、明るさの違いが強調されるんですね。それから、スイカを食べるときによく塩をふりかけますよね。あれもそうです。塩のからさによって、スイカの甘さが強調されて、おいしく感じるんですよ。

学生　ああ、それ、よくわかります。ありがとうございました。

13番 4-38

先生が、人材の４つのタイプについて話しています。この先生が話している企業にとって、最も必要なのは、どのタイプの人材ですか。

先生　人材にはいろいろなタイプがありますが、大きく４つに分けることができます。また、企業が求める人材というのは、その企業が置かれている状況によって、異なります。最初に数人で、新しい分野を切り開いた会社が、拡大・成長して、安定し、その後、どんなにきびしい状況でもがまんできるようになる。この企業の４つの状況に、人材の４つのタイプも対応しているのです。最初に偵察し開発する時期には、タグボート型、拡大時にはリーダーシップ型、調整の時期にはマネージメント型、そして守りに入った時はアンカー型の人材が必要なのです。今回お話しするこの企業ですが、以前はとても有名な一流企業だったのですが、前の社長が失敗してイメージダウンし、その上、原料の値段が急に上がったため、今はとてもきびしい状態と言えます。ですから、必要な人材のタイプは、こちらになります。

14番 4-39

先生が、植物の細胞融合について話しています。この先生は、動物の細胞融合と植物の細胞融合がちがうのは、図のどの部分だと言っていますか。

先生　細胞と細胞を合体させて新しい細胞を作るのが細胞融合です。これは、植物細胞でも動物細胞でも原則的には同じです。ここでは植物の場合をお話しします。たとえば、トマトとジャガイモの細胞を融合させてみましょう。ただし、植物細胞の場合、動物細胞とちがって、細胞のまわりに二重の壁ができているので、これをまず、取り除かなければなりません。それにはセルラーゼなどの酵素が利用されます。そうして細胞壁を取り除いた細胞は

プロトプラストと呼ばれます。これを溶液に
入れると細胞融合が起こるのです。

15番 🔘 4-40

先生が、ボランテイアの適性診断について説明してい
ます。この先生が説明の中で取り上げた人は、どのボ
ランティアが向いていますか。

先生　これは、みなさんがどんなボランティアに向
　　　いているかという適性診断をするためのチャ
　　　ートです。左の上からスタートして、質問に
　　　「イエス」か「ノー」で答えて、矢印の先へ
　　　進んで行きます。試しにやってみましょう。
　　　ある人の場合です。その人は、「みんなから
　　　信頼され」、「部屋がかたづいていないと落
　　　ち着かず」、「チームプレーは得意」ではあ
　　　りませんが、「パソコンは上手」で、特に、
　　　「今、夢中になっていることはない」人で
　　　す。この人の場合、どのボランティアが向い
　　　ているでしょうか。

16番 🔘 4-41

先生が、イヌの行動について話しています。この先生
の説明によると、2匹のイヌの親しさを表しているの
は、どれですか。

先生　これは、2匹のイヌの上下関係を表した図で
　　　すが、最初、出会った2匹のイヌは、どちら
　　　が強いか、お互いに、にらみ合って確かめま
　　　す。そのときは、まだ、両方ともしっぽは上
　　　げたままです。そうして、ちょっとしたケン
　　　カをすることもありますが、たいていは、す
　　　ぐに上下関係が決まって、一方が、相手に服
　　　従することになります。それは、強いほうの
　　　イヌが、しっぽを上げて、弱いほうがしっぽ
　　　を下げていることでわかります。それから、
　　　弱いほうのイヌが、強いほうの機嫌をうかが
　　　うような行動をとることもあります。そうし
　　　てお互いに慣れてくると、強いほうのイヌも
　　　しっぽを下げて、親しく触れ合うようになる
　　　のです。

17番 🔘 4-42

男子学生と女子学生が、アンケート調査の結果につい
て話しています。この二人が、このあとさらに調査をし
ようと考えているのは、どの人たちについてですか。

男子学生　このグラフさ、やっぱり今の社会の不安
　　　　　を正直に表していると思わない？
女子学生　うん、そうね。
男子学生　特にこの二つ。確かに、「危険である」
　　　　　と「どちらかといえば危険である」と答
　　　　　えた人の合計は、「携帯電話」が二番目
　　　　　に多いんだけど、「このわからない」と
　　　　　答えた人の数は多すぎるよね。
女子学生　うん、「わからない」ってことは、「心配
　　　　　だ」ってことだからね。この人たちに、も
　　　　　っとくわしく聞いてみたほうがいいかしら
　　　　　ね。何か、わかるかもしれないわ。
男子学生　うん、そうしよう。それと、もう一つ。
　　　　　やっぱり気になるのが、「食の安全」だ
　　　　　な。
女子学生　そうね。最近、消費者をだます事件が続
　　　　　いて起きて、社会問題にもなっている
　　　　　し、具体的にどんなこと起きているのか
　　　　　聞いてみたいな。
男子学生　うん、じゃあ、この人たちについて調べ
　　　　　てみようよ。

18番 🔘 4-43

先生が、心理学の授業で、「防衛機制」の種類につい
て話しています。この先生が挙げる例は、図の中のど
れにあたりますか。

先生　人は、大きな不安を抱えているとき、その不
　　　安を解消するために、いろいろ心的な問題解
　　　決方法を試みます。それは自分を守るため
　　　の働きであり、「防衛機制」と呼ばれてい
　　　ます。このうち、今日は、四つの作用につい
　　　てお話しします。まず「抑圧」ですが、これ
　　　は、実際に、いやなことがあったのに、それ
　　　をむりやり忘れたり、なかったことにして、
　　　無意識に閉じ込めてしまう心的作用です。次
　　　に、「合理化」ですが、これは、自分のミス
　　　をほかの人のせいにしたり、自分に都合のい

いように理由をつけたりすることです。それ
から「逃避」、これは、やらなければならな
い問題を避けて、逃げてしまうこと。たとえ
ば、宿題をしないで、ゲームばかりしている
子どもなどが、そうです。最後に、「置き換
え」です。これは、ある人や物事に対する感
情を別の対象に向けてしまうことです。
では、次の例はどうでしょう。会社で仕事に
不満や怒りを持っている人が、家に帰って、
その不満や怒りを自分の子どもにぶつけたと
します。これは四つの中のどれにあたります
か。

19番 4-44

女子学生と男子学生が、個人の情報を読み取る認証装
置について話しています。この男子学生は、どんな認
証装置がいいと言っていますか。

女子学生　最近は、セキュリティーが進んで、個人
　　　　　の認証装置もいろいろできているのね。

男子学生　ああ、生体認証装置って言うの？　指の
　　　　　指紋を読み取ったりするんでしょう？

女子学生　それがね、もっと安全性を高めるため
　　　　　に、指の静脈を読み取るのもあるらしい
　　　　　わよ。

男子学生　へー。なんか苦手だなあ。機械に手を差
　　　　　し出すんでしょう？

女子学生　なに言ってるのよ。今は銀行のＡＴＭに
　　　　　も設置されてるんだから。ほかにも、手
　　　　　の甲(こう)で識別する装置もあるし、一
　　　　　番精度が高いのは、目の虹彩を読み取る
　　　　　装置ね。

男子学生　やめてくれよ。目は心の窓だって言うじ
　　　　　ゃないか。それを機械に見せるなんて。

女子学生　あなたって、いつの時代の人？

男子学生　ぼくは、指で数字を押す装置でじゅうぶ
　　　　　んだよ。

女子学生　そんなの暗証番号を盗まれたら終わりじ
　　　　　ゃない。それじゃ、プライバシーを守れ
　　　　　ないわよ。

男子学生　いいんです。盗まれるような財産なんか
　　　　　最初からないんだから。

20番 4-45

先生が、サービスとホスピタリティの差異について話
しています。この先生が一番わかりやすいと言ってい
るのは、どの点ですか。

先生　ビジネスの世界では、サービス追求の考え方
　　　から、お客に仕えるのではなく、お客をもて
　　　なすホスピタリティ中心の考え方に変わって
　　　きています。ただ、大勢の客の言うことを聞
　　　くだけのロボットのような対応ではなくて、
　　　客一人一人との出会いを大切に考え、人間的
　　　に対応することで、そこに利益だけではなく
　　　喜びが生まれるのです。何が違うのかを一言
　　　で言うのは難しいのですが、その結果を見れ
　　　ば一目瞭然でしょう。サービスの場合、だれ
　　　に対しても同じサービスをするのが基本です
　　　から、その結果、客との関係は一回きりとい
　　　うことになります。それに対し、ホスピタリ
　　　ティの場合、喜びを経験できた客は、次の機
　　　会にも足を運ぶようになり、関係は長く続い
　　　て行きます。結果的にそれが利益へとつなが
　　　るのです。

⊙청해 연습문제

問	1番	2番	3番	4番	5番	6番	7番	8番	9番	10番
答	④	③	①	②	④	③	①	③	③	④
問	11番	12番	13番	14番	15番	16番	17番	18番	19番	20番
答	③	④	①	③	①	③	④	②	③	②
問	21番	22番	23番	24番	25番	26番	27番	28番	29番	30番
答	④	②	①	③	③	③	④	③	②	④
問	31番	32番	33番							
答	③	②	③							

⊙청독해 연습문제

問	1番	2番	3番	4番	5番	6番	7番	8番	9番	10番
答	①	②	④	①	③	④	④	②	①	②
問	11番	12番	13番	14番						
答	①	③	②	④						

⊙독해 연습문제

問	1番	2番	3番	4番	5番	6番	7番	8番	9番	10番
答	④	②	③	①	③	④	③	②	①	④
問	11番	12番	13番	14番	15番	16番	17番	18番	19番	20番
答	②	③	③	③	②	①	④	③	②	③

⊙제 1회 모의시험

⊙ 독해

問	1番	2番	3番	4番	5番	6番	7番	8番	9番	10番
答	③	②	①	③	②	④	①	③	②	④
問	11番	12番	13番	14番	15番	16番	17番	18番	19番	20番
答	③	④	①	②	④	④	③	②	②	③

◉ 청해

問	1番	2番	3番	4番	5番	6番	7番	8番	9番	10番
答	③	③	②	④	③	④	③	②	②	①
問	11番	12番	13番	14番	15番	16番	17番	18番	19番	20番
答	④	④	②	③	③	③	①	②	④	②

◉ 청독해

問	1番	2番	3番	4番	5番	6番	7番	8番	9番	10番
答	③	②	④	④	②	①	③	②	②	②
問	11番	12番	13番	14番	15番	16番	17番	18番	19番	20番
答	③	③	①	③	③	④	②	①	②	②

◉ 제2회 모의시험

◉ 독해

問	1番	2番	3番	4番	5番	6番	7番	8番	9番	10番
答	②	②	③	④	④	④	①	①	②	①
問	11番	12番	13番	14番	15番	16番	17番	18番	19番	20番
答	④	③	②	①	③	②	②	④	①	④

◉ 청해

問	1番	2番	3番	4番	5番	6番	7番	8番	9番	10番
答	①	③	④	④	②	④	③	③	③	②
問	11番	12番	13番	14番	15番	16番	17番	18番	19番	20番
答	②	③	④	③	②	①	②	③	③	①

◉ 청독해

問	1番	2番	3番	4番	5番	6番	7番	8番	9番	10番
答	③	③	④	④	①	②	④	③	③	②
問	11番	12番	13番	14番	15番	16番	17番	18番	19番	20番
答	②	③	④	②	③	①	②	④	④	①

日本語　JAPANESE AS A FOREIFN LANGUAGE

日本留学試験　第1回　模擬試験
Examination for Japanese University Admission for International Students

日 本 語 解 答 用 紙
JAPANESE AS A FOREIGN LANGUAGE ANSWER SE

受 験 番 号
Examinee Registration Number

← あなたの受験票と同じかどうか確かめてください。
Check up on your Examination Voucher.

名　前
Name

聴　解 Listening Comprehension

解答欄 Answer	1	2	3	4		解答欄 Answer	1	2	3	4
練習 正しい	①	②	●	④	11番 正しい	①	②	③	④
練習 正しくない	●	●	③	●	11番 正しくない	①	②	③	④
1番 正しい	①	②	③	④	12番 正しい	①	②	③	④
1番 正しくない	①	②	③	④	12番 正しくない	①	②	③	④
2番 正しい	①	②	③	④	13番 正しい	①	②	③	④
2番 正しくない	①	②	③	④	13番 正しくない	①	②	③	④
3番 正しい	①	②	③	④	14番 正しい	①	②	③	④
3番 正しくない	①	②	③	④	14番 正しくない	①	②	③	④
4番 正しい	①	②	③	④	15番 正しい	①	②	③	④
4番 正しくない	①	②	③	④	15番 正しくない	①	②	③	④
5番 正しい	①	②	③	④	16番 正しい	①	②	③	④
5番 正しくない	①	②	③	④	16番 正しくない	①	②	③	④
6番 正しい	①	②	③	④	17番 正しい	①	②	③	④
6番 正しくない	①	②	③	④	17番 正しくない	①	②	③	④
7番 正しい	①	②	③	④	18番 正しい	①	②	③	④
7番 正しくない	①	②	③	④	18番 正しくない	①	②	③	④
8番 正しい	①	②	③	④	19番 正しい	①	②	③	④
8番 正しくない	①	②	③	④	19番 正しくない	①	②	③	④
9番 正しい	①	②	③	④	20番 正しい	①	②	③	④
9番 正しくない	①	②	③	④	20番 正しくない	①	②	③	④
10番 正しい	①	②	③	④					
10番 正しくない	①	②	③	④					

聴 読 解 Listening & Reading Comprehension

解答欄 Answer	1	2	3	4
練習	●	②	③	④
1番	①	②	③	④
2番	①	②	③	④
3番	①	②	③	④
4番	①	②	③	④
5番	①	②	③	④
6番	①	②	③	④
7番	①	②	③	④
8番	①	②	③	④
9番	①	②	③	④
10番	①	②	③	④
11番	①	②	③	④
12番	①	②	③	④
13番	①	②	③	④
14番	①	②	③	④
15番	①	②	③	④
16番	①	②	③	④
17番	①	②	③	④
18番	①	②	③	④
19番	①	②	③	④
20番	①	②	③	④

読 解 Reading Comprehension

解答欄 Answer	1	2	3	4
問1	①	②	③	④
問2	①	②	③	④
問3	①	②	③	④
問4	①	②	③	④
問5	①	②	③	④
問6	①	②	③	④
問7	①	②	③	④
問8	①	②	③	④
問9	①	②	③	④
問10	①	②	③	④
問11	①	②	③	④
問12	①	②	③	④
問13	①	②	③	④
問14	①	②	③	④
問15	①	②	③	④
問16	①	②	③	④
問17	①	②	③	④
問18	①	②	③	④
問19	①	②	③	④
問20	①	②	③	④

日本語　JAPANESE AS A FOREIFN LANGUAGE

日本留学試験　第2回　模擬試験
Examination for Japanese University Admission for International Students

日 本 語 解 答 用 紙
JAPANESE AS A FOREIGN LANGUAGE ANSWER SE

受 験 番 号 Examinee Registration Number	

← あなたの受験票と同じかどうか確かめてください。
Check up on your Examination Voucher.

名　　前 Name	

聴　解　Listening Comprehension

	解 答 欄 Answer 1 2 3 4		解 答 欄 Answer 1 2 3 4
練習	正しい ① ② ③ ● 正しくない ● ● ● ④	11番	正しい ① ② ③ ④ 正しくない ① ② ③ ④
1番	正しい ① ② ③ ④ 正しくない ① ② ③ ④	12番	正しい ① ② ③ ④ 正しくない ① ② ③ ④
2番	正しい ① ② ③ ④ 正しくない ① ② ③ ④	13番	正しい ① ② ③ ④ 正しくない ① ② ③ ④
3番	正しい ① ② ③ ④ 正しくない ① ② ③ ④	14番	正しい ① ② ③ ④ 正しくない ① ② ③ ④
4番	正しい ① ② ③ ④ 正しくない ① ② ③ ④	15番	正しい ① ② ③ ④ 正しくない ① ② ③ ④
5番	正しい ① ② ③ ④ 正しくない ① ② ③ ④	16番	正しい ① ② ③ ④ 正しくない ① ② ③ ④
6番	正しい ① ② ③ ④ 正しくない ① ② ③ ④	17番	正しい ① ② ③ ④ 正しくない ① ② ③ ④
7番	正しい ① ② ③ ④ 正しくない ① ② ③ ④	18番	正しい ① ② ③ ④ 正しくない ① ② ③ ④
8番	正しい ① ② ③ ④ 正しくない ① ② ③ ④	19番	正しい ① ② ③ ④ 正しくない ① ② ③ ④
9番	正しい ① ② ③ ④ 正しくない ① ② ③ ④	20番	正しい ① ② ③ ④ 正しくない ① ② ③ ④
10番	正しい ① ② ③ ④ 正しくない ① ② ③ ④		

聴 読 解　Listening & Reading Comprehension

	解 答 欄 Answer 1 2 3 4
練習	① ② ③ ●
1番	① ② ③ ④
2番	① ② ③ ④
3番	① ② ③ ④
4番	① ② ③ ④
5番	① ② ③ ④
6番	① ② ③ ④
7番	① ② ③ ④
8番	① ② ③ ④
9番	① ② ③ ④
10番	① ② ③ ④
11番	① ② ③ ④
12番	① ② ③ ④
13番	① ② ③ ④
14番	① ② ③ ④
15番	① ② ③ ④
16番	① ② ③ ④
17番	① ② ③ ④
18番	① ② ③ ④
19番	① ② ③ ④
20番	① ② ③ ④

読 解　Reading Comprehension

	解 答 欄 Answer 1 2 3 4
問1	① ② ③ ④
問2	① ② ③ ④
問3	① ② ③ ④
問4	① ② ③ ④
問5	① ② ③ ④
問6	① ② ③ ④
問7	① ② ③ ④
問8	① ② ③ ④
問9	① ② ③ ④
問10	① ② ③ ④
問11	① ② ③ ④
問12	① ② ③ ④
問13	① ② ③ ④
問14	① ② ③ ④
問15	① ② ③ ④
問16	① ② ③ ④
問17	① ② ③ ④
問18	① ② ③ ④
問19	① ② ③ ④
問20	① ② ③ ④

일본유학시험

EJU 단번에 격파하기 – 일본어과목(청해 · 청독해 · 독해 · 기술)

초판발행	2009년 4월 20일
1판 8쇄	2019년 2월 28일
저자	마츠오카 타츠미(松岡龍美)
책임편집	서대종, 조은형, 신명숙, 무라야마토시오
펴낸이	엄태상
마케팅	이승욱, 오원택, 전한나, 왕성석
온라인 마케팅	김마선, 김제이, 유근혜
경영기획	마정인, 조성근, 박현숙, 김예원, 전태준, 오희연
물류	유종선, 정종진, 고두, 최진희, 윤덕현
펴낸곳	시사일본어사(시사북스)
주소	서울시 종로구 자하문로 300 시사빌딩
주문 및 교재 문의	1588-1582
팩스	(02)3671-0500
홈페이지	www.sisabooks.com
이메일	book_japanese@sisadream.com
등록일자	1977년 12월 24일
등록번호	제300 – 1977 – 31호

ISBN 978-89-402-0800-7 18730

* 이 교재의 내용을 사전 허가 없이 전재하거나 복제할 경우 법적인 제재를 받게 됨을 알려드립니다.
* 잘못된 책은 구입하신 서점에서 교환해드립니다.
* 정가는 표지에 표시되어 있습니다.